叛國者與親日文人

蔡登山——著

目次

前言　還原歷史真相・是非留與人說

當代學者朱大可說：「在中國語境下治史的學人，都會面對一種奇怪的『老花效應』——距離今天越近，歷史被模糊、歪曲和謊話的程度就越高。基於這種原因，近代史和民國史，始終是民族記憶的難點，因為它被大量的政治謊話所包圍。有良知的當代學人，近年來共同發起民族記憶修復運動，旨在重新展開歷史敘事，以逼近真相。」

民國史雖說是距離我們最近的，但某種程度卻也是最為隱晦不明的。因為有太多的迷霧，有太多的人為刻意的遮蔽存於其間，以致讓人感覺是雖近卻又實遠，朦朦朧朧看不清。因此如何掃除這些迷霧，還原其歷史真相，是重要而刻不容緩之事。

在抗日戰爭中，日本喊出「大東亞共榮圈」的口號。學者李文卿認為，「大東亞共榮」思想的發展，除了明治維新運動中的「近代國家」之轉型因素外，另一個建構關鍵在於一九三〇年代以後日本「帝國主義」的興盛。在帝國主義的高張下，日本除了自身佔有兩個殖民地（臺灣、朝鮮）外，為了拓展帝國勢力以取得與西方勢力的抗衡之前提下屢對中國採取武力侵略態勢，想一舉進入世界的帝國之林。它的「大東亞共榮」，實際上卻是複製了歐美的帝國主義思考模式，它是以日本為盟主地位的東亞思考。它以「八紘一宇」為其思想支柱。「八紘一宇」一詞，出於日本最早的編年體古書《日本書記》中「兼六合以開都，掩八紘而為宇」之句。傳說是古代神武天皇發佈的詔令，意思是合天下為一家，而其家長則為萬世一系的天皇。學者余杰更進一步指出，所謂「大東亞共榮圈」，就是以「文明」的日本為「盟主」，治理「非文明的支那」乃至其他亞洲國家，建立以日本為殖民者的亞洲新殖民大帝國。亞洲各國將成為日本政治上之附庸、經濟上之原料供應地、文化上之僕從。在此思想下，日本軍國主義者將侵略他國的戰爭，美其名為「大東亞聖戰」。企圖營造一個以日本為主的新東亞共同體，藉以主導東亞對抗歐美勢力。以「八紘一宇」的觀念，透過「萬世一系」、「東亞一家」的宣導，藉以建立一個以天皇為中心的大東亞帝國。

一九三七年南京大屠殺的策劃者和實施者之一的松井石根在給家人的信中說：「中日之間的戰爭，一直是『亞洲家庭』之間的兄弟鬩牆。這些天來，我始終相信，這種鬥爭是讓中國人反躬自省的方法。我們這樣做不是因為恨他們，相反是因為我們太愛他們。就好像在家裡，一般來說，做哥哥的必須忍受弟弟所有的壞行為，但是，為了讓弟弟行為得當，做哥哥的有時也要懲罰弟弟。」這種將指揮野獸般的皇軍對南京手無寸鐵的老百姓慘絕人寰的屠殺，在六個星期中殺害三十多萬人，強姦婦女三萬多起的暴行，其根源就是來自以「大東亞共榮圈」為核心的強盜邏輯和戰爭哲學。

其實早在一九三一年「九一八」事變之前，日本帝國主義在滿洲的特務機關所支配的浪人，即預先勾結了許多中國的失意軍閥、政客及土匪流氓，利用這些或明或暗的所謂「漢奸」，到處刺探軍政消息，挑撥、離間、造謠，使東北軍內鬨。如張作霖之被炸，及東北軍新舊派之分裂和傾軋，很多地方都有日本利用漢奸在作亂。這是初次出現大批漢奸的時候。後來東北淪陷以後，大批漢奸就公開地做起偽滿洲國的官吏，而不顧一切廉恥地粉墨登場了。當時上自溥儀、鄭孝胥，下至偽滿洲國的警察、包探，沒有一個不是受日本軍隊及特務機關指揮和監督的。所以，我們可以說：東北的漢奸，根本就是日本帝國主義統治東北的爪牙和走狗。一個極鮮明的殖民地被侵略者統治著的典型，就是利用那裡的敗類出來欺騙和監視自己的同胞。

繼東北失陷造出大批漢奸的，便是一九三三年「四一二」熱河血戰的結果，簽訂塘沽協定以後，許多新漢奸便利用塘沽協定的屈辱條件，及「戰區」的畸形組織，大肆活動。冀東偽組織下的殷汝耕、池宗墨等大批漢奸，便是這樣發展起來的。同樣的情形，察北方面的德王、李守信、王英等大批漢奸，也是在同等條件之下，利用充當中日戰區的緩衝地帶而轉變為漢奸的。

繼冀東偽組織而起的冀察政務委員會，原是中央衡量當地情形，適應「特殊」環境而設立的政權。更明白地說，冀察政務委員會的設立，在中國官方的立場上，是一方面維持地方秩序，加強華北國防；而以為應付日本在華北的侵略行為，企圖消滅冀東的非法偽組織的。

然而事實上卻發生相反的結果：日本侵略者認為冀察政權的設立，是「華北特殊化」的初步機構。因而，日方屢次以「華北、日、滿一元化」的要求，在政治、經濟、文化上逼迫冀察當局。日方同時就引用陳覺生出來做北寧鐵路局長，撐出齊燮元之類的老牌漢奸出來，趕走蕭振瀛等。甚而重新提拔張自忠，勾引張等組織「赴日考察團」，以便與張秘密訂立華北政變的陰謀。據說，日方曾經與張自忠商定：由張出來代替宋哲元的軍長及冀察政務委員長，由張負責使華北特殊化，接受日方完全開發華北和控制華北的軍事政治經濟權；接受「共同防共」與「取締抗日」救國的一切勢力。這種陰謀，實際上是由於日方感到宋哲元年來未能接受引誘的直接反映。華北戰爭爆發以後，證實了漢奸勢力在平津方面的浩大，是早已形成的局勢。

一九三七年十二月十三日，南京陷落後，日軍為打擊國民黨抗戰意志，指令王克敏立即成立偽臨時政府。王克敏曾任北洋政府財政總長，在冀察政務委員會中是有名的親日分子，深得日方青睞。翌日，「中華民國臨時政府」匆忙粉墨登場，並發表宣言，以五色旗為「國旗」，以卿雲歌為「國歌」，「定都」北平，並改北平為北京。轄河北、山東、山西、河南四個省公署和北平、天津兩個市政府。

一九三八年日本要在華中建立親日政權，指定陸軍特務部負責籌措，華中日軍特務機關長原田熊吉原本看上了唐紹儀，但不久唐紹儀被刺身亡，只好另覓對象。此時梁鴻志主動找上門來。原田熊吉很重視梁鴻志在北洋時期的政治經歷和他與「華北臨時政府」漢奸的歷史關係，認為他是「進行新政權機構建設的最合適人選」。同年三月二十八日，「中華民國維新政府」在南京成立。梁鴻志任「行政院長」，溫宗堯任「立法院長」，陳群任「內政部長」，陳籙任「外交部長」。下轄蘇、浙、皖三個省政府和南京、上海兩個特別市政府。

一九四〇年三月三十日，汪精衛將北平、南京的傀儡政權合於一體，在南京成立偽國民政府，自任代理主席兼行政院院長。汪精衛在就職典禮上稱，要還都南京，「全國以內只有此唯一的合法中央政府」。儘管表面上華北、華中偽政權同時宣告解散，但由於得到華北日軍的支援，華北偽政權更名為「華北政務委員會」後，實際上自成一體，根本不認同汪偽中央。汪偽政權建立後，一方面實行與日本所謂「善鄰友好、共同防共、經濟提攜」原則，瘋狂劫掠淪陷區經濟資源，協助「大東亞聖戰」；另一方面積極在敵佔區建立各級偽政權，組建偽軍，以「和平反共建國」為口號，破壞抗戰，配合日軍對抗日根據地進行「清鄉」和「掃蕩」，殘酷殺害淪陷區人民。

早在一九三七年八月二十三日，國民政府就公布了〈懲治漢奸條例〉，作為戰時懲處通敵行為的法律依據。其中對漢奸做出說明：「甚麼叫做漢奸？凡是中國人，不論直接或間接給敵人做走狗，用種種方法來擾亂我們的軍事，破壞我們的策略，洩漏我們的機密，慘（殘）害我們的同胞的都是。」

在抗日戰爭中，其實有一群文化人，他們或為詩人、文人、報人、小說家、政論家、翻譯家、編輯家，按理說他們在他們各自的領域上都卓然有成，奈何他們附逆了，大節一虧，遂所有半生成就付之東流。加之大家都「因人廢言」，因此有關他們的種種，都被刻意遮蔽了，只留下被扭曲或謾罵的材料。筆者認為對於他們的附逆，我們不應迴避不談，也用不著為其翻案，事實上他們絕大多數都已遭國法審判，得其應有之罪責。但我們也不應「因人廢言」，而將他們的成就全盤抹煞。我們要透過他們的作品，檔案資料、回憶錄、口述歷史、當年的報刊雜誌等等文獻，試圖去還原歷史的真相。本書是對這群所謂「附逆文人」的梳理，其中前人談論已經很多的，如周作人等，就不再列入。當然還有相當多的人，如文載道、瞿兌之、周化人等等，因篇幅所限，則留待日後再討論。

從「同光詩人」到「偽滿總理」的鄭孝胥

鄭孝胥（1860-1938）

鄭孝胥是「同光體」的開創者和代表詩人，所謂「同光體」是清朝復古學古的詩歌派別，代表詩人有陳衍、鄭孝胥、沈曾植、陳三立等人，因為他們大致活動在同治、光緒年間，故稱之。在相當長的時間裡鄭孝胥是以詩人自詡的。宣統三年（一九一一年），他到京師拜謁朝中前清王朝貴冑，他的名刺就寫著「詩人鄭孝胥」。這一方面可以看出他恃才傲物自命不凡的詩人性格，也反映他對自己詩才的自重自負和自賞。鄭孝胥詩學古趨向，在於謝靈運、孟郊、柳宗元、王安石、陳與義、姜夔、元好問諸家，它的特點是意度簡穆，韻味淡遠，造語生峭，往往清言見骨。陳衍論道光以來詩，區分為「清蒼幽峭」、「生澀奧衍」兩派，把鄭孝胥列在清末前一派之首。他晚歲有《海藏樓詩》行世。詩集末附名流詩話，間有：「韓公豪多於曠，大蘇曠多於豪，而公詩如其書，純以氣勝，前無古人，則豪曠固是本色。」之評語。

鄭孝胥（一八六〇—一九三八），字蘇戡，號太夷，福建閩縣（今福州市）人。父鄭守廉，咸豐三年（一八五三年）進士，官至吏部考功司主事，因久任京官，親朋中頗多當時的達官貴人。鄭孝胥從小飽受傳統教育，很有文才，一八七九年秋，鄭孝胥的未來岳父福建船政大臣吳贊成，為了試探他的才學，命他當場作〈言志賦〉一篇，鄭孝胥操筆構思，數千言一揮而就，才思敏捷，在場者無不稱奇。一八八二年，鄭孝胥中福建鄉試第一名，同榜中舉的還有陳衍和林紓等人。一八八五年，他前往天津，投靠直隸總督李鴻章，跟著李鴻章一起辦理洋務工作。李鴻章與吳贊成有姻親關係，所以對鄭孝胥頗為關照。當時嚴復在北洋水師學堂擔任教習，後來鄭孝胥曾經受嚴復之託，監督其長子嚴璩讀書。一八八九年，鄭孝胥考取內閣中書，就留在北京任職。這一年他三十歲，他有詩道：「三十不官寧有道，一生負氣恐全非。」雖然有清一代，已經是西風殘照，但不掩鄭孝胥「一生負氣」的壯志豪情，在政治上他有著一展身手的強烈願望。一八九一年，因李鴻章之子、駐日公使李經方奏請清政府，將鄭孝胥調往日本任職。鄭孝胥抵日之後，先任公使館秘書，翌年出任駐東京領事。一八九三年，再轉任神戶兼大阪領事。駐日期間，時值日本明治維新之後，鄭孝胥對變法富強發生濃厚的興趣，與日本政界和文人學者多所往還。一八九四年，中日甲午戰爭爆發，鄭孝胥隨著駐日公使汪鳳藻閉館返國。同年十二月，進入湖廣總督兼署理兩江總督的張之洞幕府工作。因為鄭孝胥曾任外交工作，而被任命為洋務文案，不久又任洋務局提調，成為張之洞的重要幕僚。在此期間，又結識了黃遵憲、趙鳳昌、梁鼎芬、譚嗣同、汪康年、林旭、楊銳、陳三立、錢恂、康有為、梁啟超等人。一八九八年，鄭孝胥得到張之洞的保薦，返回北京，以道員職位候補，派在總理各國事務衙門章京上行走。此時，正是康有為等維新派展開變法之時，鄭孝胥雖然不是變法的主力，但其思想主張與康有為、譚嗣同、林旭等激烈的變法者十分接近，因此受到光緒皇帝接見，在乾清宮陳述練兵之策，深得光緒帝嘉許。

一八九八年九月，戊戌變法失敗，鄭孝胥南下，前往武漢重新歸入張之洞幕府，被派任蘆漢鐵路南段總辦。張之洞對鄭孝胥的才幹頗為倚重，再派其委辦湖北全省營務處。一九〇〇年，中國北方山東、直隸等地爆發義和團事件，鄭孝胥輔佐張之洞彈壓當地的會黨，並聯絡兩江總督劉坤一，訂立《東南互保章程》。一九〇二年，鄭孝胥任隨員，輔佐張之洞與英商訂立通商章程。在張之洞幕府八年期間，他被稱為張之洞的「鄭總文案」，他參與策劃了張之洞的幾乎所有政治、經濟和文化的活動。一九〇三年，岑春煊任兩廣總督，奏請調鄭孝胥到省，擔任洋務處督辦、營務處總辦。同年七月，岑以「邊防不靖」，再請借調湖北武建軍，由鄭孝胥統帥督辦廣西邊防，駐兵龍州。因鎮壓少數民族反抗鬥爭有功，深受岑春煊賞識。鄭孝胥在龍州三年，因為調度軍餉與財用，而自立銀號，並用這些錢在地方上興辦教育，創學社，開學堂，並送地方青年出洋或到上海遊學。後因在廣西「剿匪」問題上，與岑春煊發生分歧，岑主嚴剿，鄭主安撫，兩人相持不下，鄭孝胥遂報病力辭都辦。

解職後的鄭孝胥，在上海築「海藏樓」為居所，嘗取蘇東坡「萬人如海一身藏」的詩意，顏所居，世稱「鄭海藏」，常與遺老輩相唱和。在上海的鄭孝胥，參與各種新興事業，如路礦、金融、工商、新聞、出版、教育等，得到很高的聲望。而他的書法與詩詞，更是當時人最為稱譽的。鄭孝胥時任上海中國公學校長，學部聘請為頭等諮議官，預備立憲公會推舉他為會長。一九〇七年，兩江總督端方以安徽按察使，岑春煊則以廣東按察使職位，邀請鄭孝胥前往任職，都被他所拒。同年，中國公學獲得兩江總督方面的津貼，鄭孝胥從校長改稱監督。一九〇八年春，鄭孝胥辭去監督職務，由夏敬觀繼任。鄭孝胥是當時支持立憲的積極人士，除了擔任預備立憲公會會長外，也曾於一九〇八年六月，電請北京中央召開國會。

一九一〇年鄭孝胥應東三省總督錫良與奉天巡撫程德全的邀請，出任錦瑷鐵路督辦，與承包商簽訂《錦瑷鐵路借款包工合同》，並親自前往葫蘆島勘查地形，籌畫開發港口的事宜。一九一一年，清政府派鄭孝胥為湖南布政使。他才剛到達長沙接任後的隔日，就接到湖廣總督瑞澂的電報，返回京城，以備內閣諮詢。鄭孝胥抵達北京後，四川爆發激烈的保路抗爭，曾與盛宣懷密謀對策。清政府派端方前往四川平息騷亂，端方邀鄭孝胥同行，但他並未前往。辛亥革命爆發時，正在北京議政的鄭孝胥疾馳回任，卻因長沙易幟而阻隔於上海，武昌起義推翻了清朝，也改變了鄭孝胥的命運，它把原本春風得意躊躇滿志的鄭孝胥，變成一個「清朝遺老」。鄭孝胥對它的仇視可想而知，在武昌起義後的第十七天，他在日記上寫下長長的一段話，在他看來清王朝存在「綱紀不振，苟安偷活」的地方，但是這一切都可以通過有限的「改革」手段來解決，尚不需要「覆滅宗祀」式的天翻地覆的革命運動。因此鄭孝胥對當時政治多有批評，對號稱民主共和的民國採敵視的態度。他的詩文始終用宣統甲子，不以民國年號紀年，他的書法，知名中外，有來信買字者，裡頭有「民國」字樣的，全都置之不理。他自稱：「寧使世人譏我為不達，不能使後世指我為不義。」他對已遜位的溥儀則仍視其為皇上。

之後的十多年間，鄭孝胥居於上海，韜光養晦，更曾一度閉門謝客，似乎是想隔離於世局之外。事實上，他無時不在注視時局動向，終日奔走，多方聯絡，廣通聲氣，尋找時機，以圖東山再起，復辟帝制。他與日本朝野政治人物多有交結，也常派遣長子鄭垂往來南北，觀察各地情勢。鄭孝胥本人則與許多清朝「遺老」組織「讀經會」，每周集會一次，主要是研究所儒家經典。另還有與壬午（一八八二年）鄉試同年諸人，組「一元會」，幾個月聚會一次，飲酒作樂，抒發過去的經歷。一九一七年，鄭孝胥得到溥儀「御賜」的「貞風凌俗」匾額，他在其日記中寫道：「辛亥以來，海藏樓抗立國中，幸免天傾地限之劫。今得御書以旌之，足為臣下之勸矣。」由此可見鄭孝胥對民國的看法與對清朝的忠心。

一九一七年五月間，清時任陝甘總督的升允前來上海，與鄭孝胥等人商討擁立溥儀復辟之事。七月，徐州軍閥張勳在北京發動兵變，擁立溥儀復辟，並召鄭孝胥前往北京候用。但復辟在短短十二天內就在各方聲討下草草結束，鄭孝胥還在上海尚未動身。他後來寫詩，頗為自負地認為，如果當時有他在場，應該是回天有術，大有恢復封建捨我其誰的氣派。

在海藏樓過了十二年相對平靜的生活之後，一九二三年，鄭孝胥在胡嗣瑗等人的鼓動下，離開上海，前往北京拜見溥儀。鄭孝胥能夠入宮叩見溥儀，是仗著溥儀的兩個師傅，一是英人莊士敦（Reginal Fleming Johnston），他認為鄭孝胥的道德文章是第一流的，而辦事才幹和魄力，也是第一流的，是他在中國人中最佩服的一個。其次是陳寶琛太傅，他也稱許鄭孝胥的風格，說他屢次不肯做民國官，不肯拿民國錢，一直忠於皇室。這時溥儀正在選拔英才，圖謀再度復辟的時候，自然樂於接見，並且兩人談話極為投機，於是溥儀認為鄭孝胥是不可多得的人才，便派他出任小朝廷的「懋勤殿行走」，不久升任總理內務大臣。鄭孝胥感激之餘，還寫了兩首詩。鄭孝胥眼見溥儀小朝廷在缺人管理之下，衰敗不堪，在任內務大臣後，打算革新皇室規章，清理資產，裁減員額，甚至打算讓溥儀出洋留學。無奈朝中積弊甚深，皇親貴戚，又百般抵制，不肯合作，鄭孝胥只得辭去總理內務大臣的職務，仍任「懋勤殿行走」。

一九二四年十一月五日，國民軍總司令馮玉祥派將領鹿鍾麟率軍進入紫禁城，以兵圍總統府、囚曹錕於延慶樓，命黃郛出主攝政內閣。將溥儀趕出宮廷，並將宮內所藏千百年來的鼎彝圖書、珠玉寶器，以及九洲百國上貢的希世奇珍，洗劫一空（以後這些寶物多半落入外國人之手，這真是中國文物的一大浩劫）。離開紫禁城的溥儀，移居到其父載灃的醇王府（北府），在同月二十九日，鄭孝胥、陳寶琛、莊士敦帶著溥儀逃往北京的日本大使館，尋求庇護。鄭孝胥日記詳載經過說：「午後，詣北府，至鼓樓，逢弢庵（陳寶琛）之馬車，曰：『已往蘇州胡同矣！』馳至蘇州胡同，無所見，余命往德國醫院。登樓，唯見上（溥儀）及弢庵，云莊士敦已往荷蘭、英吉利使館。余定議章上幸日本使館，上命余先告日人。即訪竹本，告以皇帝已來。竹本白其公使芳澤，乃語余：『請皇帝速來。』於時大風暴作，黃沙蔽天，數步外不相見。余至醫院，慮汽車或不聽命，議以上乘馬車；又慮院前門人甚眾，乃引馬車至後門，一德醫持鑰從，一看護引上下樓，開後門，登馬車，余及一僮驂乘。德醫院至使館有二道，約里許：一自東交民巷轉北，一自長安街轉南。余叱御者曰：『再赴日使館！』御者利北道稍近，驅車過長安街。上驚叫曰：『街有華警，何為出此！』然車已迅馳。余曰：『咫尺即至！馬車中安有皇帝？請上勿恐。』既轉南至河岸，復奏上曰：『此為使館界矣！』遂入日使館。竹本、中平迎上入兵營。」

從此鄭孝胥把他和溥儀的政治生命完全交給了日本人來操縱，成為一個唯日本人馬首是瞻的可恥政客。後來溥儀又移往天津的張園居住。其間的過程日本駐華公使芳澤謙吉在《外交六十年》書中有一手的報導：「……馮玉祥部將鹿鍾麟進入紫禁城後，宣統帝深感危險，遂命帝師莊士敦來訪，請求庇護，余以事勢緊迫不及向日本政府請示，因念余身為公使，對於外國政治犯握有庇護權，且彼窮途來歸，自應承諾。迨宣統帝到日本公使館後他即奔入守衛隊長官舍。余得守衛長報告後，即將本人二樓官邸兩間，讓其居住。這是大正十三年（即民國十三年）十一月下旬的事。到了同年十二月下旬，遂將宣統帝及其家族三人移居館員宿舍。但帝在此居住一個月後，又覺得危險不安，乃欲移居天津日本租界，余亦同意。於是皇后與妃仍留使館，而宣統帝偽裝苦力向天津逃避。行時並至余病榻前含淚話別。余對宣統帝云後三日，皇后等亦行。」溥儀是一九二五年二月二十三日住入天津日本租界的張園，這段期間內，忠心耿耿的鄭孝胥，一直追隨著溥儀，為溥儀出謀獻策，也獲得了溥儀的信任，用溥儀自己的話說，「可以說是到了榮祿與慈禧之間的那種程度」。

一九二八年九月，鄭孝胥經與溥儀商議，並取得日本駐華公使芳澤謙吉的同意，作為溥儀的代表，經日本浪人太田外世雄聯絡安排，偕其長子鄭垂訪問日本。太田替他向日本軍部引進，又介紹他和黑龍會首腦見面。鄭孝胥在日本因為是溥儀的代表，因而甚受歡迎，如曾任天津總領事的有田八郎和吉田茂，以及曾任天津駐屯軍司令官的南次郎和高田豐樹，還有日本顯赫的人物如：近衛文麿、宇垣一成、米內光政、平沼騏一郎和鈴木貫太郎等，都有聯絡。這次訪問，不但加深了與日本侵華勢力的勾結，也為日後投靠日本鋪平了道路。

一九三一年九一八事變後，日本加緊侵略滿洲的腳步，當時已有日本策動吉林、奉天獨立、迎溥儀為帝的傳聞。日方也開始與溥儀接觸，利用溥儀為滿蒙新國傀儡之建議，出自奉天特務機關長土肥原賢二；故劫取溥儀，置諸關東軍之掌握，亦為土肥原最得意的傑作。土肥原去天津靜園（案：溥儀於一九二九年七月九日搬到天津靜園）夜見溥儀，據溥儀的回憶：「他向我問候了健康，就轉入正題，先解釋日軍行動，說只對付張學良一人，說什麼張學良『把滿洲鬧得民不聊生，日本人的權益和生命財產得不到任何保證，這樣日本才不得已而出兵。』他又說：『關東軍對滿洲絕無領土野心，只是誠心誠意地要幫助滿洲國人民，建立自己的新國家。』希望我不要錯過這個機會，很快地回到我的祖先發祥地，親自領導這個國家，日本將和這個國家訂立攻守同盟，它的主權領土將受到日本全力保護；作為這個國家的元首，一切可以自主。他誠懇的語調和恭順的笑容，和他的名氣、身份，給人的唯一感覺，就是這個人說出來的話，不會有一句是靠不住的。不過我心裡還有一個極重要的問題，我問道：『這個新興國家，是什麼樣國家？』『我已經說過，是獨立自主的，是由宣統帝完全做主的。』『我問的不是這個，我要知道這個國家是共和，還是帝制？是不是帝國？』『這些問題到了瀋陽都可以解決。』『不』我堅持的說，『如果是復辟，我就去，不然的話我就不去。』他微笑了，聲調不變地說：『當然是帝國，這是沒有問題的。』『如果是帝國，我可以去！』我表示了滿意。『那麼就請宣統帝早日動身，無論如何要在十六日前到達滿洲。詳細辦法到了瀋陽再說。動身的辦法由吉田安排吧。』他像來時那樣恭敬地向我祝賀一路平安，行了禮，就告辭了。接著我在靜園裡便開一個御前會議，在這次會議上，陳寶琛和鄭孝胥兩人展開激烈的辯論。陳說：『當前大局未定，輕舉妄動有損無益。羅振玉迎駕之舉是躁進，現在啟駕的主意何嘗不是躁進。』鄭說：『彼一時，此一時，時機錯過，外失友邦之熱心，內失國人之歡心，不識時務並非持重。』陳：『日本軍部即使熱心，可是日本內閣尚無此意。事情不是遊戲，應請皇上三思而定。』鄭：『日本內閣不足道，日本軍部有帷幄上奏之權，三思再思如此而已。』陳：『我說請皇上三思，不是請你三思！』鄭：『三思！三思！等日本人把溥偉扶上去，我們為臣子的將陷皇上於何地？』陳：『溥偉弄好弄壞，左不過還是個溥偉，皇上出來只能成不能敗，倘若不成，更陷皇上於何地？更何以對得起列祖列宗。』鄭：『眼看已經山窮水盡了！到了關外，又恢復了祖業，又不再愁生活，有什麼對不起祖宗的？』陳：『你有你的打算，你的熱衷，你有何成敗那是毫無價值可言！……』我在會上沒有表示態度，但心裡認為陳寶琛忠心可嘉，但嫌迂腐。」

此後日方急於要把侵佔東北作為既成事實，免得國際干預和輿論攻擊，他們幾經考慮，認為劫取溥儀非採取一個有效而激烈的辦法不可。於是在天津以及靜園做了一連串恐怖事件，使溥儀無法安居。一九三一年十一月十一日，溥儀瞞著陳寶琛等遺老，祇帶著鄭孝胥鄭垂父子離開天津。偷渡白河，於是出大沽，達營口，住進了對翠閣溫泉旅館時，行動便受了日軍的限制，事事都要聽坂垣大佐的擺佈。一星期後又搬到旅順，住的是大和旅館，行動限制比住對翠閣時尤為嚴密。這時溥儀更感到惶恐不安，他知道他的命運完全操在日本人手中。他在回憶錄中說：「這時佔據我全心的，不是東北老百姓死了多少人，不是日本人要用什麼辦法統治這塊殖民地，它要駐多少兵，要採什麼礦，我一概不管；我關心的只是要復辟，要他們承認我是個皇帝。如果我不為了這點，何必千里迢迢來到這裡？我如果不當皇帝，我存在這世上還有什麼意義呢？陳寶琛老夫子以八十高齡的風燭殘年之身來到旅順時，曾再三對我說：『若非復位以正統系，何以對列祖列宗之靈！』我心中把土肥原、坂垣恨得要死，……」。陳寶琛老臣謀國，前赴旅順，純為進諫，並非攀龍。日後溥儀便聽了陳寶琛的諫言開了十二個條件給坂垣，每條都是著重在「正統系」。不久溥儀便和坂垣會談，其談話摘要如下：坂垣說：「這個新國家名號是『滿洲國』，國都設在長春，因此長春改名為新京，這個國家由五個主要民族組成即滿族、漢族、蒙古族、日本族和朝鮮族，日本人在滿洲花了幾十年的心血，法律地位和政治地位自然和別的民族相同，比如同樣可以充當新國家的官吏。……」他不等中島翻譯完又拿出滿蒙人民宣言書以及五色的滿洲國國旗，放到我面前的沙發桌上我氣得肺部都要炸了，我的手顫抖著把那堆東西推了一下，問道：「這是個什麼國家？難道是大清帝國嗎？」「自然這不是大清帝國的復辟，這是一個新國家，東北行政委員會通過決議，一致擁戴閣下為新國家的元首，就是『執政』。」聽到從坂垣的嘴裡響出

「閣下」兩字，我覺得全身的血都湧到臉上來了。這還是第一次聽到日本人這麼稱呼我呢？「宣統帝」或者「皇帝陛下」的稱呼，原來就被他們取消了！這如何能夠容忍呢？我激動得幾乎都坐不住了，大聲道：「名不正，則言不順，言不順，則事不成！滿洲人心所向，不是我個人，而是大清的皇帝，若是取消了這個稱謂，滿洲人心必失。這個問題必須請關東軍重新考慮。」「滿洲人民推戴閣下為新國家的元首，就是人心所歸，也是關東軍所同意的。」「可是日本也是天皇制的帝國，為什麼關東軍同意建立共和制呢？」「如果閣下認為共和制不妥，就不用這個字眼。現在不是共和制，是執政制。」「我很感謝貴國的熱誠相助，但別的都可說，惟有這個執政制不能接受。皇帝的稱謂是我的祖宗所留下的，我若是把他取消了，即是不忠不孝。」「所謂執政，不過是過渡而已。將來在議會成立之後，我相信必定會通過帝制的憲法，因此目前的執政，不過是過渡時期的辦法而已。」「議會沒有好的，再說大清皇帝當初也不是什麼議會封的。」我們爭來爭去總談不到一起，最後坂垣收拾起他的皮包，表示不想再談了。他的聲音沒變，可是臉色更青更白，笑容沒有了，一度回到他的口頭上的宣統帝的稱呼又變成了閣下，「閣下再考慮考慮，明天再談。」他冷冷的說完，便告辭走了。

第二天，坂垣叫鄭孝胥、羅振玉向溥儀傳話：「軍部的要求再不能有所更改，如果不接受，只能被看做是敵對的態度，只有用對待敵人的手段做答覆，這是軍部最後的話！」面對日本這種流氓式的恐嚇手法，溥儀聽了，半晌說不出話來，但這時他的生命已操在關東軍的手中，他只得叫鄭孝胥再和坂垣商量：「執政制暫定以一年為期，如逾期仍不實行帝制，到時即行退位。」後經鄭垂的反覆「說服」之下，溥儀最後決定接受日本方面的方案，並將「一年為期」改為「暫為維持」。《鄭孝胥日記》中說：「上乃決，復命方繩栻往召坂垣，遂改『暫為維持』四字。坂垣退而大悅。昨日本莊兩次電話來詢情形，坂垣今日十一時當去。暫許之議，十時乃定。危險之期間不容髮，蓋此議不成，則本莊、坂垣皆當引咎辭職，而日本援立之策敗矣。」其後鄭孝胥父子與坂垣議定四點：（一）關東軍保證在一年以後滿洲國改為帝制。（二）溥儀外稱執政，但在宮中仍用皇帝體制。（三）日本在短期內承認滿洲國。（四）第一任國務總理為鄭孝胥。而據陳曾壽的女婿周君適的《偽滿宮廷雜憶》書中說，其實，早在開會以前，鄭孝胥已和關東軍訂下密約，把東北的權利整個出賣了。鄭孝胥這筆賣國交易，贏得了「國務總理」的席位。直至溥儀就任執政以後，他才把密約拿出來給溥儀簽字追認。

坂垣把這商議結果帶回瀋陽，呈經關東軍審閱後都甚感滿意，立即通知「新政權準備委員會」積極籌備，並決定三月六日舉行滿洲國開國典禮。一九三二年三月一日偽東北行政委員會發表滿洲國建國宣言，並決定公推溥儀為執政。三月八日下午溥儀一行抵長春，三月九日在永衡宮官銀號舉行執政就任典禮，並升滿洲國旗，國號大同。鄭孝胥代溥儀宣讀了「執政宣言」。日本侵略者一手炮製的「滿洲國」宣告成立。同一天「特任鄭孝胥為國務院總理」，頒佈各部「總長」、各省省長的任命。傀儡政權的頭目們在關東軍的卵翼下，粉墨登場。

傀儡執政，袍笏登場，鄭孝胥除自為國務總理兼教育部長外，又命他的長子鄭垂做了國務院總務廳廳長，次子鄭禹做了秘書官。難怪大家都不服氣，於是把偽滿的人事，變成了你爭我奪的局面。原定日本人只做各部院的顧問，後來鄭孝胥為了難於駕馭財政總長兼吉林省長的熙洽而大傷腦筋。於是他聽了兒子鄭垂的話將日方派在國務院的顧問駒井德三升任為總務廳長，用「以日制華」的手段來壓制熙洽。那知駒井得寸進尺，認為廳長係司長級，無法制裁熙洽，乃要挾鄭氏父子用國務院的命令，把他升任為國務院總務長官，由於這一轉變，各部的日籍顧問，都變為各部總務司長，由司長立刻變為次長，此後各院部行政大權，完全操在日人掌握，因此偽滿的人民可說只知有日本人，而不知有中國人；國務院內也只知有駒井而不知有總理了，其人狂傲驕橫，而且自恃地位特殊，實權在握，根本不把鄭孝胥和傀儡「總長」們放在眼裡。所以溥儀後來在東京國際軍事法庭作證時，檢察官問：「你個人是否有自由？」溥儀答：「自由二字在我已喪失過十四個年頭，我不但沒有皇帝的自由，並且沒有做人的自由，我不但不能隨便傳見外國人，也不能隨便召見臣下，各處文件，都是日本人製好在我面前照唸一遍，好像做戲。……」

一九三二年九月十五日，滿洲國國務總理鄭孝胥與日本關東軍司令兼駐滿洲國大使武藤信義，簽署了《日滿議定書》。日本自可控制滿洲國之國防與內政，並可逕由國務院總務廳之日籍長官執行。（鄭孝胥只做一個蓋章總理）滿洲國的人事調動，須先經關東軍的同意，即陸軍部的總務課長亦須經關東軍的保薦。滿洲國實際上成了日本的保護國。日本為了使溥儀更加傀儡化；為了更便利於統治東北這塊殖民地，遂於一九三四年（偽滿大同二年）三月一日，便將滿洲國改稱「滿洲帝國」，自然執政制也改為皇帝制了。溥儀在身穿「龍袍」祭天之後，又著「大元帥」服在關東軍首腦和偽政權群丑及一些遺老們的簇擁下「登極」稱帝。原羅振玉、寶熙、胡嗣瑗、鄭孝胥所擬十餘個年號都未被採納，而由溥儀自定為「康德」。鄭孝胥的「國務總理」也改稱「國務總理大臣」了。滿洲帝國完全的在日本掌控下，就算鄭孝胥身為國務總理大臣，根本毫無作為可言。才任職半年，就向溥儀遞出辭呈。鄭孝胥在日記中寫道任國務總理大臣的無奈與無所事事：「容隱處此，徒糜歲月」。又稱：「任總理已八閱月，所為者特司官部吏之事，而疲於奔命，頗自惜其精力銷磨於無用之地。」鄭孝胥的態度，也讓日人覺得不那麼好擺布，於是在一九三五年五月，以財政部大臣熙洽不發給經費為手段，迫鄭孝胥自動辭職，由張景惠接任。儘管鄭孝胥還自以為「行年七十六，自詡好身手」，但日本軍國主義者還是無情地拋棄了他。辭職之後的鄭孝胥，頗想歸老北京，但日本人屢不放行。一九三八年三月二十八日，鄭孝胥病逝於新京（長春），傳言是被毒殺，年七十九歲，葬於瀋陽。他的長子鄭垂、次子鄭禹，同任總理秘書官，一九三五年鄭垂突然暴斃身亡。而鄭禹在一九四二年任奉天（瀋陽）市長。偽滿垮台，鄭禹去向不明。直到三十多年後的一九七七年才證實，鄭禹在日軍大崩潰前夕，搭乘保證不受攻擊的遠洋客貨輪「阿波丸」號，企圖逃命，不料為美國海軍誤擊而沈沒海底。

日本帝國主義在侵佔東北，策劃成立偽滿洲國傀儡政權之初，為了欺騙國際視聽，以建設滿洲「王道樂土」相標榜。學者李文卿認為，其實它是承繼明治維新以後的近代儒教思想而來，可視為日本「皇道論」的滿洲版，目的在於建構以日本為中心的亞洲一體論。它明白表示滿洲國的皇帝必須從屬於天皇・皇道體制，將王道主義置於天皇制・國體之下來施行。因此滿洲國徹底成為日本帝國建構的一環，以「盟邦」的身份完遂大東亞戰爭，幫助達成大東亞共榮圈的建造。而鄭孝胥在擔任偽滿洲國總理期間，不斷寫文章、作演講、作「訓詞」，開口「王道」，閉口「孔孟」，逢人必講，開會必說，而且把他的《王道要義》作為自己的「傑作」廣為印發，對來訪者贈送。學者李侃認為，當時由於鄭孝胥的「王道」說教符合日本帝國主義的意圖，因此，不但容忍而且鼓勵他對「王道」大肆讚頌。但是隨著日本對偽滿洲國控制和統治的日益強化，軍國主義的野心和勢力日益膨脹，鄭孝胥的「王道」和「弭兵」說教，就與日本侵略勢力的口味格格不入，甚至背道而馳了。曾任偽滿洲國總務次長的古海忠之就說：「以往，滿洲建國的口號是『王道樂土』、『民族協和』；滿洲國的政治是行『王道主義』。而關於『王道主義』，中國人是按照其固有觀念理解，而日本則以自身的立場和利益為前提，按照對自己有利的方式加以解釋。」又說：「當日本帝國主義侵略滿洲的各項條件都已具備時，明確地提出了『日滿一德一心』、『日滿一體不可分』關係等口號，……他們取下了在建國精神中提出的王道主義的招牌，以『八紘一宇』的所謂『皇道精神』取而代之，……進而排斥王道，最後使之銷聲匿跡。」而鄭孝胥曾舌敝唇焦的宣揚「王道」，也成了歷史的反諷了。

作為「同光體」詩人，同時代人對鄭孝胥的詩頗多讚譽。陳衍在《石遺室詩話》讚之曰：「三十以前專攻五古。規模大謝，浸淫柳州，又洗鍊於東野，摯之之思，廉悍之筆，一時殆無與抗手。」汪國垣《光宣詩壇點將錄》，借用《水滸》梁山好漢一百零八將，品評當時詩人成就高下，給鄭孝胥的位置竟是第二號人物「天罡星玉麒麟盧俊義」。評價不可謂不高。在海藏樓他的生活是優裕的，他又寫得一手好書法，據說他鬻書的潤資年入可達萬金。但他的思想深處並不僅以做一個文人為然，他有著即使「埋首十年」，也要「出任天下事」的勃勃野心。一九二三年，他走出海藏樓，跟隨溥儀去了。之後他把自己的政治生命，交給日本人來操縱。

一九三一年四月，鄭孝胥曾回到上海，回到海藏樓，他把海藏樓售出。學者傅道彬認為，鄭孝胥售出海藏樓，肯定不是經濟的考慮。鄭的此次專程返回上海，顯然是在與自己的精神領地告別，表現出他決計投身反動政治不再回頭的決心。對於鄭孝胥的附敵行為，與他同為遺老的朱祖謀（彊邨）曾找人勸阻，但終告無效，令他相當痛心。據龍沐勛（榆生）在〈彊邨晚歲詞稿跋〉云：「……會『九一八』變起，東北淪於倭寇。鄭孝胥圖挾愛新覺羅・溥儀由天津潛往遼瀋。先生惄焉憂之，曾囑陳曾壽力加勸阻。先生病日篤，一日強起，邀予往石路口知味觀杭州餐館小酌，語及東北事，相對噓欷者久之。復低聲太息云：『吾今以速死為幸。萬一遜帝見召，峻拒為難。應命則不但使吾民族淪胥，即故君亦將死無葬身之地。』嗣是遂臥床不復能興。」盧冀野也說：「（朱彊邨）後來聽說溥儀的出關，他是不贊成的，罵鄭孝胥『置吾君於爐火之上』！他與散原同負文學重名，也同是比較明白大義的遺老。」而相對於鄭孝胥，盧冀野在〈談黃天霸〉文中就說：「槿翁告訴我：『鄭孝胥在小孩子時代，常常披著長衫，右手捉住小襟，跳上方桌，揚揚的叫道：吾乃黃天霸是也！』他小時候就愛上黃天霸，無怪一生只是甘心做滿清奴才了。」而到「九一八」之後，他卻不再是易代之際依舊生活在過去時代的文化遺民，而是一個政治上墮落投靠日本人懷抱的反動政客和無恥文人了。

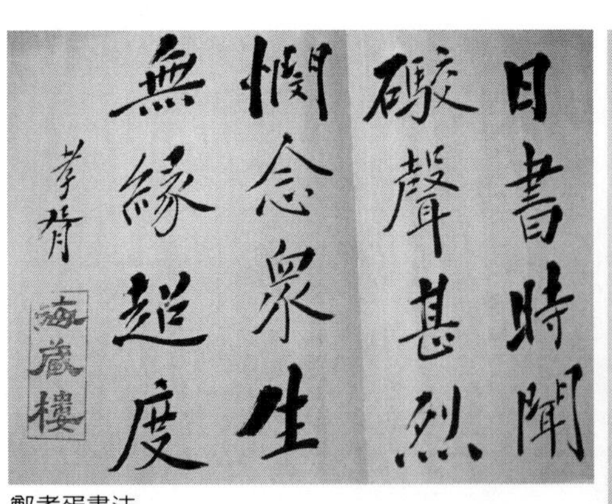

鄭孝胥書法

從「弄潮兒」到「落水者」的江亢虎

江亢虎（1883-1954）

他是「時代的弄潮兒」，他早在一九〇七年（光緒三十三年）即已閱讀馬克思社會主義的理論著作，而且為之著迷。他立定志向，決心著書立說，奔走倡呼，要做一個馬克思社會主義的中國教宗，開山鼻祖。一九一一年他發表了第一篇關於「社會主義」的演講，接著又建立第一個「社會主義研究會」，刊行了第一個鼓吹「社會主義」的雜誌，建立了第一個「中國社會黨」。他就是江亢虎。當年李大釗就曾加入中國社會黨，並曾為該黨天津支部的負責人。在長沙，青年毛澤東也是在讀了江亢虎有關「社會主義」的書籍後，對社會主義產生了極大的興趣。江亢虎可說是毛澤東的老師，是曾予毛澤東早年思想影響最大的一個「社會主義」的前驅者。

江亢虎（一八八三—一九五四），原名紹銓，號洪水，亢廬，祖籍安徽省旌德縣江村，生於江西省上饒弋陽陶灣一個仕宦之家。他從小聰明過人，自稱「十歲即屬文字」。其父見其聰敏過人，必能「亢宗耀祖，光大門楣」，乃以「亢甫」字之。他嫌「甫」太抽象，不如「虎」之有生氣，乃改「甫」為「虎」。他又曾自道：「江水滔滔，洪水也；虎，猛獸也；亢，高昂也。洪水猛獸，俗指為天災巨禍。江亢虎者，實兼洪水猛獸二者而駕凌之。」

江亢虎十六歲，應童子試，以案首入庠，次年參加鄉試，高中第四名舉人，自是不凡。滿清末年，因為時代劇變，江亢虎並沒有重複走著一條舊士子學而優則仕的老路。當時遊學東瀛的風氣很盛行，他乃放棄功名，趨赴時髦，入北京東文學社寄讀，未幾，得入日本早稻田大學習法政，並兼修英文、德文。一九〇一年回國，袁世凱已慕其名，遣人賚致重幣，禮聘他為北洋編譯局長。但他年少氣盛，看不慣那輩老官僚的嘴臉，不到一年，他便掉頭東去，再次赴日本留學。一九〇四年因腦病輟學回國，再謁袁世凱，用為刑部主事，後改任京師大學堂東洋語文教習。那時的學生平均年紀都比他大，後來在汪偽政權中出任監察院長的梁鴻志，便是江亢虎的學生之一。所以，當年江亢虎在南京（時任汪偽考試院院長）酒酣耳熱之際，便不免當眾大吹法螺地說：「毛澤東嗎？他做我的徒弟還是後來的事，只有梁眾異才是我的弟子。」果然，梁鴻志在人前還很恭敬地叫他一聲「老師」。

一九〇七年，江亢虎第三次去日本，轉攻社會學，這時日本馬克思主義思想已遍播文化界，譯書頗多。江亢虎乃初次與馬克思主義思想接觸，半明半昧，似通不通，遂熱衷於德、法文字之學習，以便研究原著，意欲普遍閱讀其他社會主義學說書刊。一九〇九年，首著〈無家庭主義〉、〈自由營業管見〉，發為謬論，恐遭物議，不敢用本人名號，託名徐安誠，寄給法國巴黎吳稚暉所辦之無政府主義雜誌《新世紀》周刊發表。一九一〇年，江亢虎作環球之遊，在比利時首都布魯塞爾發表〈無家庭主義意見書〉，對早在一九〇三年以來所形成的「三無主義」（無宗教、無國家、無家庭）思想作了詳細的論證和說明，建立了以破除家庭為中心的無政府主義思想體系。江亢虎驚世駭俗的說：「欲求親愛、自由、平等快樂者，必先破壞家庭。破壞家庭較之廢宗教、傾政府，論事則根本之圖，而成功則咄嗟立辦，更不難以平和手段得之。」

學者黃波在談到江亢虎時認為：「一個少負不羈之才、長有鄉曲之譽的人，濟世之心和功名之心在他那兒是相伴相生的，他不願意做社會的配角，他要做時代的弄潮兒。」這其中影響江亢虎較大的是他的舅父、也是後來成為他岳丈的劉干卿。江亢虎在赴日求學之前，就住在劉干卿家，劉干卿常給江亢虎以教誨，並將自己所讀之書及讀書筆記送給江亢虎。一九一〇年初，時年二十七歲的江亢虎赴歐洲留學途中，轉道長沙時，與劉干卿同去觀戲，散場後，劉干卿對他說：「人世如劇場，紛紛者皆備節目砌末之用，所謂正角者，全幕僅一、二人而已。今海內多事，中國且為新劇場之中心，汝宜勉為正角，否則寧勿登臺也。」江亢虎後來回憶這一情景時，說當時「聞言汗下，期期不能作一語。」確實劉干卿的一席話對於江亢虎後來一生之行事的影響，是無庸置疑的。

一九一一年春，江亢虎歸國後，因不能昌言社會黨，乃託名「個人會」。以「社會者個人之團體，個人者社會之份子」作號召，在大門口掛上「個人會」的招牌，著手籌組新團體。卻是苦於乏人問津，無人願予領教，組會不成，顏面無光，乃以丁憂為名，到南京去住下。千方百計，再鑽門路。於是因南通狀元張謇之介，遍訪南京、蘇州兩地的各育嬰堂，然後撰文為嬰兒請命，痛加指責各地育嬰堂為「人世間另一地獄」。因此他自告奮勇要在南京勸業場創辦模範育嬰堂和褓姆傳習所，詎料各方反應冷淡，不獲支持，計劃遂胎死腹中。

一九一一年六月，江亢虎曾到過杭州女學聯合大會去演講「社會主義與女學之關係」，這是國內第一篇公開鼓吹「社會主義」的演講，也是江亢虎回國後第一次公開揭櫫「社會主義」的旗幟於大眾。但這事卻掀起軒然大波，當時浙江巡撫曾子固（韞）以為他的思想甚於洪水猛獸，驅逐出境，並電北京，謀興大獄，幸賴兩江總督張人駿力保免禍。從此他便以「洪水」為號，後來他的社會主義論文集，題名為《洪水集》。江亢虎雖在杭州驚險一場，但卻因禍得福，他聲名鵲起，回到上海，上海的「惜陰公會」、「女子進行社」、《天鐸報》都支持他，於是他「打鐵趁熱」於七月十日在上海張園發起成立「社會主義研究會」，到會聽講的四百餘人，入會者約五十人。並發行《社會星》作為他的機關報，他宣稱：「社會主義在中國今日，正如漫漫長夜，涼蟾已墜，曙色未晞，惟見數點疏星，依稀閃爍於沉陰積晦之中。」《社會星》僅發行三期，即被清廷取締禁止。同年十一月五日，江亢虎以社會主義研究會發起人名義召集特別會，提議改研究會為「中國社會黨」。這不僅是中國第一個社會黨，也是中國第一個以「黨」命名的政治團體。

「中國社會黨」以戀愛自由、教育平等、遺產歸公為初步，以「二各」（各盡所能、各取所需）與「五非」（非私產、非家族、非宗教、非軍國、非祖國主義）為究竟，即個人自治、世界大同為依歸。江亢虎制訂黨綱八條：贊同共和；融化種界；改良法律，尊重個人；破除世襲遺產制度；組織公共機關，普及平民教育；振興直接生利之事業，獎勵勞動者；專徵地稅，罷免一切稅；限制軍備，並力軍備以外之競爭。一九一一年底，據該黨自己宣佈，在全國各地建立起支部「四百九十餘起」，擁有黨員「五十二萬三千餘人」。這個數字雖然很誇大，但當時全國確有不少地方建立了中國社會黨支部，如天津支部幹事就是後來中共的創始人之一李大釗，又如蘇州支部的總務幹事是陳翼龍，成員有顧頡剛、葉聖陶、王伯祥等。一九一二年一月十四日，葉聖陶日記中記載：「江君亢虎素抱社會主義，曾周遊各國，專為考察此主義，歸國後竭力鼓吹。……其語詳括簡要，條理明晰，不愧為此主義之先覺者，而其演說才亦至可欽佩。」同月十八日，葉氏又記：「頡剛謂『社會主義我深贊成』，挽余及伯祥共入社會黨。」當月二十一日，葉聖陶等人即赴社會黨支部談話會，參加社會黨，葉氏並在日記中慨歎，「聞此間黨員已有二百人之多。社會主義之流行乃速於置郵，可喜也。」在該黨黨員中，就職業和階級而言，占首位的是知識份子，其次是工商業者，再次就是破產的農民、手工業者和其他勞動群眾。中國社會黨還曾積極宣傳男女平等，支持女子參政。其規章中寫道：「黨員……無論男女，義務權利平等。」它是民國初年各黨派團體中最早「有女黨員，且其義務權利完全平等」的一個黨。

江亢虎因與袁世凱有舊交，乃於一九一二年六月旋赴北京，謁見袁世凱，袁的智囊梁士詒、張一麐等都在座上。江亢虎侃侃而談，申言他所主張的乃是世界社會主義，但不妨礙現在國家之存在，更不想瑣屑干預政府之行為，更無取而代之野心。並自吹其社會黨黨員已擁有二萬人之多。當時袁世凱頗想借重他，但他獅子大開口，非內閣總理不幹，這樣談判終於無成。江亢虎這樣的自視甚高，意氣飛揚，儼然可以「布衣傲王侯」，連袁世凱都要賣他的賬，但湖南都督譚延闓、湖北都督黎元洪卻不把他放在眼裡，黎元洪在他的轄區，禁止社會黨活動，封閉支部，並電北京請求嚴加取締。黎元洪聲言社會黨乃非法分子的結合，《大江報》為該亂黨的秘密機關，妖言惑眾，應予以查封，並收捕何海鳴、凌大同等人。江亢虎十分氣憤，在《天鐸報》有討譚社評、致黎元洪公開信，極盡譏諷之能事。後來江亢虎從京漢鐵路南下，剛抵漢口，即被黎軍警拘捕。旋因張振武案發生，輿論譁然，黎元洪恐因拘江亢虎而更遭物議，乃釋之。旋返上海，有人出版《縛虎記》一書替他宣傳，他也自鳴得意，其社會黨二次聯席會議，假上海中華大戲院公演《縛虎記》一劇，即由江亢虎粉墨登場，現身說法，他五短身材，稍嫌臃腫，宛如美國滑稽明星哈臺出場，觀眾為之叫絕。

由於江亢虎的鋒頭出得太足，也頗引起一般名流的反感，章太炎既聲討於前，劉師復又鳴攻於後。倡無政府主義的劉師復寫了一本《伏虎集》，專門批駁江亢虎的社會主義不過賣狗皮膏藥，欺世盜名。他指出江亢虎「忽而推崇共產主義，忽而排斥共產主義，忽而以集產主義為共產主義，忽而以遺產歸公為共產之真精神，顛倒瞀亂，尤難究詰也。」

一九一三年三月，宋教仁被刺，江亢虎發佈宣言，認為宋案法律解決全然無效，應該繼之以政治解決，大總統袁世凱以次應親身到案，公開審判，以伸法權。又電告袁世凱，「請自引罪辭職，以明心跡而謝天下」，這一下可惹火袁世凱，於是袁世凱宣布江亢虎的罪狀：「實行共產，剷除強權，必至劫掠煽亂！解除夫婦名義，必至滅倫傷化！至預備世界大革命，則意在破壞現在之秩序，為萬國的公敵！」並下令內務部咨行各省嚴禁其社會黨的活動。

社會黨被袁世凱政府取締，江亢虎流亡美國，他在美國生活七年，其間他任美國加州大學中國文化課講師，加州大學並授予他名譽哲學博士學位。一九一五年江亢虎又受聘兼任美國國會圖書館中文部（後為東方部）主任。在美期間，江亢虎仍心繫社會主義，並廣泛研讀了西方各派社會主義理論，特別是對馬克思的科學主義有了進一步的了解。一九二〇年九月，江亢虎返國。

一九二一年四月，由於時任北京政府大總統的徐世昌的支持，江亢虎取得外交部護照，前往蘇聯考察。行前並曾應孫中山之邀，前赴廣州勾留了十天。因為這時的中國人士去蘇俄還是一個破天荒的創舉。江亢虎此行，是沿著中東路西伯利亞鐵路西行，由於遠東共和國行政委員會會長克拉斯諾索霍夫，曾久居美國，是江亢虎在美國時的朋友，所以江亢虎在赤塔一帶留居月餘，觀察周詳。到了莫斯科，江亢虎竟被待以國賓之禮，六月二十二日共產國際第三次代表大會舉行時，江亢虎便以社會黨人資格列席，且有發言權。會議期間，江亢虎三次聽到列寧的講話，並且與列寧有過兩次特別會談。江亢虎回憶說：「（列寧）殷殷問余行程及中國近況，並致慰勞企望之意。」除列寧外，托洛斯基、越飛等重要份子都曾與之晤談。江亢虎赴俄的一個重要原因，是希望在蘇俄政府的幫助下，收復我國外蒙古，然後在那裡進行社會主義的試驗。但事情最後卻事敗垂成，對此學者汪佩偉認為「平心而論，江亢虎從民初提出《籌邊策》，到赴俄組織華僑義勇軍以收復外蒙，其動機無可非議，其熱忱也堪稱可嘉。他的征蒙『辦法大綱』，就其內容來看是積極的，對中國、蘇俄和蒙古都有利無害。大綱中規定蘇俄紅軍在蒙事問題解決後『退出蒙疆』，外蒙『仍合併為中華民國之一部』，這些規定不僅合理，而且維護了中國國家主權，理應給予充分的肯定。」

從蘇俄鎩羽歸來的江亢虎，於一九二二年在上海創辦南方大學，自任該校首任校長。一九二四年一月，在孫中山在廣州改組國民黨的同時，江亢虎在北京第三次組建中國社會黨（一九二五年更名為「中國新社會民主黨」），自任總理，下設政務、民生、技術、訓練、宣傳、黨務、理財、交通、事務九股。並宣布四大綱領：一、主張新社會主義新民主主義，適合國情，救正各派流弊。二、採公開合法運動，不參加秘密破壞之事。三、務自創實力，反對利用他黨，尤其反對借重外國。四、取得政權後，政治經濟同時改進，根本解決。立法在意見溝通，行政必須事權統一，對於他黨絕不誅逐異己，但須解除武裝。

一九二五年江亢虎以社會黨代表資格，出席了段祺瑞召開的「善後會議」，並成為制憲委員。同年八月，江亢虎因被新聞界披露兩件醜聞而聲名狼藉：一是他晉見清廢帝溥儀；二是馮玉祥查獲的江亢虎寫給溥儀的恭維信。南方大學師生認為江亢虎參預「甲子清室密謀復辟案件」，掀起驅江亢虎風潮。江亢虎被迫卸去校長職務，並於一九二六年自行解散「中國新社會民主黨」。人們突然間發現，新派人物江亢虎，原來不過是一個「頗念舊恩、尚不忘本」的「復辟黨」（《嚮導》第一百二十三期）！江亢虎一方面高談「社會主義」，一方面做「稱臣的『人妖』」，這真是「文人末路」，「人格破產」，令每一個善良、正直的人「羞與為伍」。輿論的撻伐，此起彼落。江亢虎可說是身敗名裂，舉世共棄了。

於是一九二七年夏，江亢虎前往美國，再度任職於美國國會圖書館。一九三〇年辭去在美的工作，前往加拿大，任蒙特利爾麥吉爾大學中國文學院院長及漢學系主任教授。直到一九三四年夏回國。

一九三四年八月二十一日他從上海啟行，搭乘大阪商船鳳山丸在八月二十三日抵基隆，九月九日則由基隆出發，乘大阪商船福建丸離臺，短短三星期臺灣之旅，留下一部《臺游追紀》。他在書中特別提到：「生平未抵此歷史上一名島，亟欲一觀野番初民生活，和蘭殖民遺規，延平王開拓之功，清政府經營之跡，及四十年來日本化之現狀。」當時的臺灣是在日本統治時期，日本對江亢虎來訪確實很重視，他一到臺北中華總會館，總督府特派員已在該處等待。與其說是歡迎江亢虎，倒不如說是「監視」更為貼切。當時日本刻意經營臺灣成為對外宣傳的櫥窗，江亢虎在基隆登岸後發現「交通、教育、衛生、慈善，種種設備，應有盡有。由廈到此，一水之隔，一夜之程，頓覺氣象不同。」雖然「沿途所見鄉村風景，農家裝束，與漳泉間完全無二。」但「公共建築，都市外觀，則一切皆日本式矣。」當他到臺北更見到「市政修明，設備周到，街衢清潔，屋宇整齊，衣食住行，充分無缺，人人可以安居樂業，長養子孫。日本統治之能，臺灣同化之速，可驚亦可嘆也。」可見當時臺灣各方面已較中國進步許多，讓江亢虎留下深刻的印象。江亢虎除了旅遊之外，就是拜訪各地的文藝團體。他非常在意能不能演講，但因日本政府監控森嚴，故敏感問題不能提出討論。他對於東洋文化大肆推崇，同時對白話文及文言文的討論更為熱烈。其中應「大同促進會」發起人之邀講〈新舊文化比較觀〉時，江亢虎便抱怨的說：「余敷陳東西兩洋文化之不同，而歸結新舊調和之必要與可能。無一語涉時事，然會場偵警密佈，每句皆譯記報告，可見政府對於思想言論監察之嚴。」

日據時代臺灣同胞嚮往祖國，對於祖國來人莫不予以盛大熱烈的歡迎，何況江亢虎還是一位「知名之士」呢。因此，江亢虎由熱情親切的臺籍人士竭誠招待，從基隆一路暢遊到高雄。臺籍名紳林獻堂、楊肇嘉等都和他詩酒聯歡，互有唱和之作。當年江亢虎遊臺時，對日本的態度與他後來的親日行動差異甚大。他希望臺灣詩人不該沉溺在文字遊戲中，更勉勵文人當盡時代的責任，對當時臺灣部分親日的言行委婉的表示不予認同，如大亞細亞協會請其演說，他婉辭謝絕，「因其頗帶政治色彩也，林君高唱中日親善之論調。」

由臺灣轉赴廈門，江亢虎再遊福州，聽說李濟深、陳銘樞等挾十九路軍搞偽人民政府，背叛中央，他竟然也想插入，但李章達、黃祺翔、徐名鴻等都不歡迎。江亢虎乃怏怏赴上海，再轉南京，以哲學博士頭銜，貼出海報，在夫子廟演講，引經據典，擁護中央安內攘外政策。共產黨支持的左派文人徐懋庸等所辦刊物，群起而攻之，他眼看時移勢易，右派遠不如左派之有力，只好輟講緘默。到處遊蕩，總是碰壁，不得已再回南京。有人控告他曾參與閩變，於是被南京衛戍司令部逮捕，經由汪精衛出面保釋，遂往天津。汪精衛的這一援手之恩，也是江亢虎日後走入汪偽歧路的原因之一。

抗戰爆發後，江亢虎輾轉西南，後來避居香港。一九三九年九月他接受汪精衛的邀請，從香港到上海，參加汪偽「和平運動」。一九四〇年，汪精衛組織南京偽「國民政府」，急於登場開幕。一時正苦於找不到志同道合，江亢虎是過去尚有些名氣，且為日敵所許可的傀儡人物。於是他不惜羽毛，自甘下賤，適逢其會，便落水為奸了。初分配為偽政府考試院副院長，院長為華北漢奸王揖唐。後來王揖唐改繼王克敏為偽「華北政務委員會」委員長，對偽院長，仍戀棧不肯放棄。經汪精衛再三託人勸其辭職後，江亢虎始得扶正為偽考試院院長。

江亢虎熱中政治，走了一輩子的旁門左道，熬到五十八歲才當上了一個漢奸偽官，比比群奸之中，猶以他的偽官癮最大，在偽考試院裡跟女職員拉拉扯扯，勾勾搭搭，鬧出不少笑話。又以偽典試、襄試委員的名字大做其嵌字格的歪詩。而當偽安徽省長出缺，他也曾見獵心喜，到處找些皖贛同鄉去向汪精衛請願，要求汪精衛以他繼任偽安徽省長，頗有斯人不出，如皖民何之概。而精明如汪精衛者，早已看穿江亢虎的把戲，他來個裝聾作啞，相應不理。江亢虎謀差不遂，懷恨在心，便發表一篇文章，題目赫然是〈餓死事大〉。嬉笑怒罵，語語含刺。他坦承自己下水當漢奸是為了「餓死事大」吃飯問題，然而卻是備位閒曹，冷羹殘粥吃不飽。原為怕餓死而失足，結果是失足以後仍有餓死之虞，因此餓死事更大了。言下之意，汪精衛當漢奸非為混飽肚皮，那當然是「失節事小」有以致之。這篇文章把汪精衛罵得很慘，在淪陷區曾經傳誦一時，汪精衛自此對他更為不懌，可是江亢虎笑罵由他，好「官」仍優為之，連汪精衛都拿他沒法。

一生鑽營，四年漢奸。抗戰勝利後，一九四五年十月，國民黨軍統局在北京將其捕獲，遂將其關押在北平監獄。一九四六年初，將其移押到南京老虎橋監獄。隨後，南京首都高等法院對江亢虎進行了長達一年多的審訊。最後判他無期徒刑，褫奪公權終身。可是江亢虎居然不服，初審、覆審兩度上訴。眼見最高法院行將定讞，他又出人意外的控訴主審法官「枉法」，成為當時不大不小的花邊新聞。案經南京地方法院審理，地院認為江亢虎叛國有據，主審法官用法量刑均無不合，乃予不起訴處分。江亢虎的無期徒刑移付上海提籃橋監獄執行。一九五四年十二月七日病死於獄中。

江亢虎一生複雜多變，他從一個四品京官，轉變為維新人士、無政府主義和空想社會主義者；又從一個「社會主義」的宣傳家淪為無恥政客，最後墮落成可恥漢奸。江亢虎為什麼會從弄潮兒而一變為落水者？學者黃波認為，可以追論到江亢虎「勉為正角」的人生理想。江亢虎決不是一個耐得住寂寞的人，始終想做時代舞臺上的正角、主角，但最後卻以丑角落幕，「勉為正角」的理想成就了江亢虎，也害了江亢虎。可謂確論。

「佳人做賊」的梁鴻志

梁鴻志（1882-1946）

梁鴻志（眾異）是福建長樂人，八閩多才，清末以來，尤多文章詞賦之士。其間以文章鳴者，有嚴復（幾道）、林紓（琴南）；以詩名者，前有鄭孝胥（海藏）、陳衍（石遺）；後有黃濬（秋岳）、梁鴻志（眾異）。黃梁較晚出，聯鑣並轡，馳騁騷壇，有閩派兩大詩人之目。秋岳詩力追宋人，近於鄭海藏，得勁峭之旨；眾異則力求平淡，得力唐人，功力較深湛。秋岳以文人自命，所存《花隨人聖盦摭憶》一書，已足傳其人。而眾異卻不安於做一個詩客，一心想做政壇魁首，終致賣國取辱，自傷其身。又福建一地也多出漢奸，除鄭孝胥以「偽滿總理」於抗戰勝利前病死外，黃秋岳、梁鴻志均以通敵或附逆而伏法。梁鴻志著有《爰居閣詩集》，共九卷。一九三七年，中華書局曾用聚珍仿宋字付印，和夏敬觀、李拔可、黃秋岳三家詩集同一版式，預備同時發行，不料黃秋岳首先通敵，事洩正法；梁鴻志利祿薰心，做偽府官員，中華書局便將黃梁二人的書擱置，只發行了夏敬觀的《忍古樓詩集》和李拔可的《碩果亭集》。梁鴻志既袍笏登場，有的是錢，他就自行重印，一九三八年，梁鴻志將詩稿交由文楷齋雕板，當時對於板式十分重視，選了好多種詩集作參考，最後決定以閔葆之的《雲海樓詩存》作樣本，《爰居閣集》的刊刻精美，是詩界所公認的。章士釗固是見慣善本的詩人，他也稱許此書的「精槧」，其貴重當可想見。梁鴻志用來贈送親友，接著又印了續集一大冊，裝成錦套。抗戰勝利後，他以漢奸罪名被捕入獄，在獄中鬱悶得很，又復做起詩來，積成一百多首，分為上下卷，上卷名為《入獄集》，下卷名《待死集》。

梁鴻志（一八八二—一九四六）出身閩侯望族，曾祖父梁章鉅（一七七五—一八四九），字茝林，號退庵，為嘉慶進士，官至江蘇巡撫，是嘉道間名震朝野的收藏家（一般資料都稱梁章鉅為梁鴻志之祖父，是錯的。後來成為梁鴻志女婿的朱樸曾問於梁氏，乃其曾祖無誤，「梁氏便興致勃勃的引我們去看許多退庵公的墨蹟。據梁氏說，那些遺墨並非家傳，而是得諸書賈畫販之手，而今重為子孫所保有，言下不勝欣然。」）。梁章鉅平生縱覽群籍，精研金石之學，勤於著述，為清代各省督撫中著述最多者：計有《浪跡叢談》、《論語集注旁證》、《孟子集注旁證》、《歸田瑣記》、《南省公餘錄》、《退庵隨筆》、《楹聯叢話》等七十餘種。梁鴻志的外祖父林壽圖（一八〇九—一八八五），字恭三，號歐齋，別署黃鵠山人，工書畫及詩詞。梁鴻志生於光緒八年，父親梁居實給他取名鴻志，字仲毅，後又改「眾異」，指望其出人頭地。由於父親曾任大清國駐日本長崎的領事館職務，梁鴻志六歲時也在日本度過兩年的童年生活。回國不久，父親亡故，其母守節撫孤，几燈課讀。梁鴻志天資不錯，於書無所不讀，也能博聞強記，弱冠中秀才。一九〇三年，年二十一，中舉人，次年入京參加三年一度的全國會試，座師龔心釗激賞其文，惜薦而未中。翌年廢科舉，這對於一心想通過科舉而擠進官場的梁鴻志而言，是個不小的打擊。科舉之路既已斷絕，梁鴻志乃入京師大學堂，他和海鹽朱芷青（聯沅）最相得，又和黃秋岳同從陳石遺學詩，久之梁、朱、黃成了詩文摯友。

一九〇九年四月梁鴻志自京師大學堂預備科畢業，先分發到山東登萊高膠道尹公署科長。後調任奉天優級師範學堂教員。不久又去北京，在學部任職，充當小京官。其時革命怒潮澎湃，這班久居北方的破落子弟，耳濡目染的無非做官討差事一類，自然畏忌革命事業，最進步的思想，也只是康梁式的立憲而已。因之梁鴻志和朱芷青在學部做小京官，碌碌無所建樹，退食之餘，無非沉酣詩酒，聊以自娛。民國成立後，梁鴻志在唐紹儀主持的國務院任職。又兼於詩友薛大可在袁世凱授意下，創辦的《亞細亞日報》擔任政論文字及新聞編輯。其時如丁佛言、黃遠生、劉少少、李猶龍、黃新彥、黃秋岳，均在該報襄助。梁鴻志文筆恣肆，能極嬉笑怒罵之情，所寫的評論，又熟諳史事，引古證今，夾敘夾議，頗引人注目。

袁世凱死後，黎元洪繼任總統，段祺瑞出任國務總理。當時閩人曾雲沛（毓雋）、陳懋鼎（徵宇）均在國務院任秘書，曾雲沛尤為段祺瑞所親信，梁鴻志得他們提挈吹噓之力，於皖系全盛時期，當上段祺瑞手下第一大將段芝貴總司令的秘書長。當時北洋政府之官場風氣，習於頹靡，部長以次所有要人，每屆週末，例必紛紛聚集天津，以圖一夕犬馬聲色之歡。梁鴻志知之，以為循此途徑或當有所遇合，於是每值週末，亦必購頭等火車票由北京赴天津，僕從煌赫，攜線裝詩文書集，兀坐車廂中，故矜其高貴與風雅之致。積時既久，果然結識段總理屬下不少政要。一日，竟與王揖唐相遇，當時王揖唐方由吉林督辦內調陸軍總長未就，乃奉段氏之命組安福系俱樂部，自為總裁，適與梁鴻志同車，互相通問之下，王揖唐見梁鴻志所攜詩集，皆為珍本，商請借閱，梁鴻志自欣然以應。王揖唐固能詩，閱後附詩一首送還，梁鴻志讀之，立即依韵次和回呈，王揖唐大為驚奇，遂訂為文字交，且由文字交進而結為政治緣，這是梁鴻志此後一生出處功過之最大關鍵也。

一九一八年三月七日晚，王揖唐、王印川、劉恩格、黃雲鵬、田應璜、解樹強、江紹傑等人在宣武門內安福胡同梁式堂的住宅開會，成立了安福俱樂部，並決定三月八日為正式成立日。安福俱樂部下設有幹事部（主任王揖唐）、評議會（主任田應璜）、政務研究會（主任李盛鐸）。幹事部下分文牘、交際、會計、庶務、遊藝五課，課下復設股。安福俱樂部實際上是一個議會政黨，之所以用俱樂部的名義而不用政黨名義，是因為袁世凱解散國民黨後，政黨為人所忌。未幾，王揖唐就把梁鴻志籠絡入安福系，出任臨時參議院秘書長。同時又擔任安福俱樂部會計副主任，當時徐樹錚滯留庫倫，王揖唐久居上海，整個俱樂部的指揮權無形轉移到交際主任曾毓雋之手。從此曾、梁兩位福建同鄉好友互相勾結，假借俱樂部開支之名，將交通部的公款，大肆侵吞。不久，王揖唐復將梁鴻志薦於段祺瑞充任秘書，往來奔走於議會與政府之間，又儼然一政客矣。

一九二〇年七月，直皖戰起，皖敗，段祺瑞去職，安福俱樂部亦隨之宣告垮台。在吳佩孚通緝段系十三太保名單中如徐樹錚、段芝貴、曾毓雋、李思浩、朱深、姚震、方樞、王郅隆、姚國增，皆屬部長、督軍等一流人物，而梁鴻志以一秘書職位，赫然列名其間，其重要可知。梁鴻志以事先逃匿北京東交民巷日本使館得免，又在日本使館的協助之下，乘火車逃往天津，住進租界，當上寓公。梁鴻志在政治上雖然失勢，但卻因此發了一筆橫財。原來直皖戰爭爆發時，在段芝貴的總司令部裡存有三百萬大洋的軍餉，皖系一打敗仗，軍餉無兵可發，幾個首腦一商量，乾脆把這筆軍餉私分了，梁鴻志一人就分得五十萬銀圓，拿著這筆驚人的鉅款到天津逍遙，順手倒騰點古代字畫。他博覽群書，善於鑒賞辨偽，一個朋友介紹一位窮途末路出賣祖傳閻立本真跡的人給他，他鑒定後說：「此乃贗品，臨摹的不錯，不過，玩玩可以，收藏則價值不大。」半買半騙的把這個孤本珍畫搞了過來，轉手倒賣給日商岩崎，再次牟得暴利。

一九二四年，第二次直奉戰爭爆發，直系兵敗垮台。經馮玉祥邀請，段琪瑞重新出山做了臨時大執政，原擬以王揖唐任秘書長，但王揖唐深知段此次上台，本身已沒有實力，要受張作霖和馮玉祥的制約，秘書長的日子更不好過，乃辭之，轉薦梁鴻志以自代。梁鴻志對這個位置十分中意，立即走馬上任，並把家從天津遷回北京，賃廡西城。因所住宅院是以前黨附袁世凱「六君子」之一的楊度舊邸，故擬一聯貼於門：「旁人錯認楊雄宅，日暮聊為梁父吟」。暗嵌楊梁二字，而且還用「梁父吟」的典故，以貪慕權勢攀龍附鳳的心態而自比於躬耕壟畝時期的諸葛亮，卻未免有污先賢。段琪瑞東山再起，安福要人各有報效，李思浩、曾毓雋各釀金數百萬，梁鴻志擁有厚貲，獨他分文未賺，竟踞清要之位，李、曾等人對他不無微詞，因此梁鴻志在位時也深自斂抑，案牘之餘，惟搜求古玩，尤於宋元版本，古今名人手蹟及珍籍抄本，收藏最富，琳琅滿室，摩挲為樂。

一九二六年四月，駐北京的國民軍鹿鍾麟部推翻了段政府。梁鴻志灰溜溜地跟著段祺瑞退避天津，重做寓公。在以後數年中，他一直居住在天津或大連。這時他已經算是很有錢的闊佬，不意在去大連旅遊的時候，在咖啡館裏邂逅了一個鉅賈的棄婦，梁鴻志相貌堂堂風度翩翩，能說會道知情達趣。兩人很快蜜裏調油，同居到最後，這個豪門怨婦居然心甘情願地送給他一大筆可觀的存款和房產。一九二八年底，他在大連海濱黑石礁築臨海小樓一幢，名為「爰居閣」。「爰居」云者，取魯語「海多大風，爰居逃災」之意！「九一八」事變後，段祺瑞離津南下，住進上海霞飛路前安徽省主席陳調元的公館，梁鴻志也跟隨南下，在上海賃屋而居。每月從段祺瑞那裡分得一千大洋，其享受之優裕，為舊時政客之冠。

「七七事變」前，蔣介石曾邀梁鴻志上廬山晤談，梁鴻志急忙趨赴，結果只談幾句即出來。正巧戴季陶撞入，問蔣梁表現如何，蔣笑答，「小政客，沒有什麼作為」。此話傳入梁鴻志耳中，遂終生恨蔣入骨，後來梁鴻志當了漢奸成天把「親日反蔣」掛在嘴邊絮叨，並宣佈「徹底否定國民政府」的「政策指導」，這在群奸中是少見的。

一九三七年十二月，王克敏等一批北洋遺老在華北淪陷區成立了「中華民國臨時政府」，並邀請梁鴻志北上做官。梁鴻志心有所動，但又考慮不可能得到合適的位置，乃婉言謝絕。因為在數年前，他在上海找著名相士徐遂初算了一卦，江湖術士鑒貌辨色，投其所好矇他：「歲在戊寅，東山再起，位至閣揆。」梁鴻志對此批文牢記不忘，一九三八年正是戊寅年，他相信正是自己大展宏圖的時候。當時上海已經淪陷，日本大特務土肥原從華北弄來個叫王子惠的組織華中偽政府，正以熱火朝天的幹勁拉人下水，梁鴻志心想東邊不亮西邊亮，興沖沖地自告奮勇入夥。不料這個王子惠從側面打聽了一下，別人告訴他：「梁眾異乃是安福系政客出身，平生慣於賣友，論手腕你恐怕不是他對手。」王子惠聽後產生戒心，對梁鴻志閉門不納。梁懷著滿腔「賣國無門」的「悲憤」自行找到了日本華中派遣軍自我推銷，事有湊巧，恰好日方感覺王子惠名頭不響號召力太差，是以一拍即合。一九三八年三月二十八日偽「中華民國維新政府」在南京隆重開張，偽政府未設主席，梁鴻志出任「行政院長」，是最高級別的首腦，果然正是相士徐遂初預言的「位至閣揆」。

「維新政府」其實控制的地盤小得可憐，只有南京、上海兩市及蘇、浙、皖三省部分地區。即使上海也無法全部控制。當時維新政府的漢奸，在上海時常被暗殺，梁鴻志等人在維新政府成立前後很長一段時間，一直躲在上海日租界的新亞酒店內辦公，故有「酒店政府」之譏。維新政府以梁鴻志為行政院長兼交通部長，溫宗堯為司法院長，陳群為內政部長，陳籙為外交部長，陳錦濤為財政部長，王子惠為實業部長，陳則民為教育部長，任援道為綏靖部長，胡礽泰為司法部長。以上的閣僚多為過去北洋政府中的要人

從左至右，依次為王克敏、汪精衛、梁鴻志。

與官僚，社會號召力並不大。更使梁鴻志難堪的是，偽政府運行後，手下的幾個「部長」都知道他是個沒啥背景的文人，空頂著行政院長名號而無生殺予奪之權柄。對他不怎麼尊敬，任「實業部長」的王子惠就對終於屈居梁下很不開心，時常對他出難題，陽奉陰違；而「內政部長」陳群，是杜月笙的拜把子兄弟，曾是上海灘風雲人物，更看不起梁鴻志這種無力的文人，一次衝突後嘗對人放言：「梁以為他當個行政院長就了不得了？他算個什麼東西？大家都是為日本人做事，誰也不比誰大！」。對此梁鴻志有詩云：「拋卻文書即酒杯，駸駸佳日去難回。身疑春繭重重縛，心似勞薪寸寸灰！階下弓刀類兒戲，眼中幢節幾人才？鞭笞六國尋常事，祇惜秦人不自哀。」他以「首揆」之尊，卻要仰承別人的鼻息，難怪他內心是痛楚的。又有一次，他作為偽政權最高首腦到上海特別市「視察」，沒準心裏還認為會給他來個紅地毯夾道歡迎呢，結果偽市長傅筱庵都不去車站接他，等他自行下榻新亞酒店後，才去拜訪。在交談中，傅又從口袋中掏出名片，指著自己的頭銜，還對他炫耀：「我這個市長，可是日本人『特別』委任的！」一個市長竟以這種態度對待行政院長，梁鴻志頓時氣得說不出話來。

日本東京方面以為「維新政府」既無進展，認為不如與北方合流，較易整理。但日本在我國南方之軍人雅不欲聽命北方，而又不便反對東京的主張，經過他們苦思焦慮，居然創出一種明合暗分之局，此亦政局中之奇聞也。所謂明合暗分，即「華北臨時政府」、「南京維新政府」依然讓其分別存在，毋須另組統一政府，但南北兩政府每月得聯合開會一次，處理雙方有關聯絡事項，雙月在北，單月在南。因華北臨時政府成立在先，第一次會議乃在北平行政委員會（即北洋政府時代之外交大樓）開會，以王克敏為主席，南方政府閣員一律到齊。第二次則在南京開會，北方臨時政府人員亦一律南下參加，以梁鴻志為主席。其實此種會議，毫無意義，議案通過而不實行，形同兒戲，開會期間只是應酬遊玩而已，因無權利之爭，遂無意見之衝突。如此安然度過半年之後，不料日人又花樣翻新，仍思組一南北統一政府，由上海「梅機關」主辦，以特務機關長影佐禎昭為主持人，適其時汪精衛被日方由河內接到上海，遂由此產生汪偽政權。

汪精衛決定要在上海召開國民黨「全國代表大會」，商定國事。他派陳允文、周化人秘密到北方去活動，由李景武、焦瑩分頭拉人，居然拉到東北——奉、吉、黑；西北——陝、甘、青、寧夏、新疆；內蒙——熱、察、綏；華北——魯、晉、豫、冀，及平、津、青島三特別市的「代表」四十二人，在滬西極司菲爾路七十六號開會，選舉中執監委。同時又選出常務委員及主席團，議定即開「六全大會」之「一中全會」，宣布還都組府。為此得先拆散「維新政府」，才好「還都」。於是由周佛海、梅思平等一番策劃，通過岑德廣的關係，加以運用，拉緊陳群，勾住任援道，答應只要支持汪的和平運動，將來在中央政府中可以官任原職。這時的梁鴻志已是焦頭爛額，他自知無力與汪精衛抗衡，建立不到兩年的維新政府，就要被汪政權所併吞，他伸手討要汪偽政權「行政院長」職位未果，老實的就任無實際權力的「監察院長」，總聊勝於無官可做。

在汪政權的重要活動中，梁鴻志的大名雖時常出現，但在各個實際部門，沒有他插足的餘地。他除了領取一份優厚的俸祿外，乾脆長期躲在上海公寓裡享清福。孫曜東說：「梁鴻志在上海汾陽路買了一幢外國人留下的豪宅，每周有一半時間從南京溜回上海，以詩酒自娛，每周五下午必有牌局和宴會。常去打牌的除我之外，還有盛老四（即盛恩頤，盛宣懷的四兒子）、周文瑞（盛宣懷的孫女婿、台灣銀行行長）、李鼎士、朱象甫（北洋時代的名士，與梁私交很好，但拒不下水）。『五家作夢』之餘，就聽他大吹詩書文人。我曾請他代為求一張鄭孝胥的字，他大不以為然，說：『不必！他的字只求與古人形似，而未得古人之神韻，不行。以後我給你寫好了！』說到章士釗的詩文，竟以『狗屁』斥之。對於趙尊嶽，只首肯他的詞。對於葉恭綽，只說其字還可以。他所佩服的只有一個人，即黃濬（秋岳），是個被槍斃得更早的漢奸文人。」梁鴻志在維新政府時期，又依仗權勢，廉價買進一批珍貴書畫文物，其中尤以宋代名人蘇東坡米南宮等書畫三十三幅墨寶大冊，最為名貴，故其齋名，除「爰居閣」外，又有「三十三宋齋」之稱。據經堂（朱樸）〈記爰居閣主人〉文中說：「爰居閣實在並沒有什麼閣子，正如梁氏自己的文字中所說，僅存其名而已，其實是位置在一幢古舊的洋房之中的。一進門便可以看到許多花木，想見主人不獨是一個知名的書畫善本的收藏者，而且還是一個園藝的愛好者。爰居閣在那幢古舊的洋房的左廂，雖然離開喧鬨的馬路很不遠，但兩邊的窗子被那花木的綠蔭一掩映，便很自然的使人忘掉了煩囂，頗有『結廬在人境，而無車馬喧』之樂。在這裡我便找出梁氏選擇這幢古舊的房屋作為住宅的理由；詩人的作風，原是不同於一般貴人達官的。不用說，爰居閣中四壁所懸掛的，總是琳瑯滿目的了，那篇梁氏自撰的『爰居閣記』高懸在上首，和它遙遙相對的，是譚瓶齋所書的『三十三宋齋』一塊匾額。……在滿壁琳琅的珍件中，令人們特別會注意的，卻是一個人的照片，那便是過去和梁氏歷史最深的段芝老。那照片是和我們常見到的一樣，所不同的是多二行上下款：『眾異老弟』和『段祺瑞』，寥寥七個字，可見得他們關係之親切了。」梁鴻志在伴食之餘，無所事事，有時滿腹牢騷，無從排解，只有寫寫舊詩，他的〈懷人感舊〉：「世故換人殊有力，餘生想見且軒眉。一鳴何地容我喙？萬事輸人勝以詩。閱報攤書真兩失，聽香讀畫鬱千悲。何當共子謀娛野，盡意看山快暫時」，就記載了他當時的這份心情。

抗戰勝利後，汪偽集團樹倒猢猻散，眾漢奸下場各異，有服毒自殺的、有畏罪潛逃的、也有搖身一變，變成「潛伏敵偽的忠貞人士」了的。梁鴻志樂觀地認為他不沾軍事，手上沒有血債，先躲躲鋒頭，過些日子或可托關係「轉行」，他知道京滬兩地，目標太明顯，於是他把家裡草草的料理一下，甚至文物字畫都沒搬動，就攜了他的一位新娶的姬人及年才兩歲的幼女，賃屋匿居蘇州。本來那時的戶口管理並不嚴密，蘇州又多深邃的舊宅，如其真是能蟄伏而毫不露面的話，也可能避過鋒頭。但據其後來給女兒梁文若的遺書云：「去秋獄事將起，我避地吳閶（案為蘇州）城外，惟慧（其第二姬人慧真）意（第三姬人意真）兩太太知之。吾家梟獍（案指其姪女星若，為黃秋岳之弟竹生之婦），誤聽人言，以為我不出頭，則累其夫婿。於是勾結我舊部（案指任援道），意圖破我秘居。適我令意（意真）來滬，晉（即星若）遂圈置其家，強迫同行，並有某人（案為任援道）及其副官偕往。吾秘居既已不密，只得歸案。」任援道在「維新政府」時是梁鴻志的部屬。抗戰勝利後任援道亮出「牌子」，他是軍統派出潛伏人員，所以沒有被清算為漢奸，但軍統要他把漢奸一個個「咬」出來，任援道認為黃竹生與梁鴻志有姻婭之誼，遂對黃竹生說：「只要梁院長肯挺身自首，我敢保證他生命的安全。至於你，只要能供給情報，能使梁院長歸案，自然是一項最大的功勳。」因此梁鴻志的落網可說是被姪女婿給出賣的。任援道得訊以後，立即趕去會晤，並把梁鴻志帶回司令部。任援道還裝作有心搭救，決定親自陪梁鴻志去上海，與李思浩商量後再做決定。李思浩與梁鴻志是段祺瑞時代的同僚，當時梁鴻志任秘書長，李思浩則為財政總長。李思浩當時已自顧不遑，他籌思再三，認為除與軍統接洽以外，別無他法。於是梁鴻志寫了一份自白書請任援道轉交給戴笠。一九四五年十月十九日，梁鴻志被軍統特工押至上海福履理路的楚園裡。

楚園是前上海警察局長盧英的私產，勝利後徵為「優待所」，所捕的漢字號人物，都先寄押其中。有溫宗堯、唐壽民、盛幼盦、聞蘭亭、楊揆一、繆斌、林康侯、袁履登、唐海安、吳蘊齋等五十餘人，在戰前他們何嘗不是響噹噹的人物，如今一個個眉頭深鎖，靜候最後命運之決定。梁鴻志到時大家握手寒暄，梁鴻志還強為笑語，對溫宗堯說：「欽甫兄先到了！楚園一名成讖，今日我輩真成楚囚了。」大家喟嘆不已。當時也被關在楚園的報人金雄白對梁鴻志的才學是極為推崇的，他說：「我半生混跡在文化界，對當代的碩學鴻儒，相識不可謂不多，但能如梁氏那樣的博聞強記，卻從未一見。楚園中尚留有百衲本《二十四史》

及《全唐詩》各一部，閒來翻閱，有不解處向他請教，他無不詳為指點，而窮其本末，我生性好弄，故意提出歷史上的某一事以試探，而他能將某事發生於某代某朝某年而絲毫無誤。更難得的是一部《全唐詩》，達九百卷所採二千二百餘家，得詩四萬八千餘首，我偏找出極冷僻而不為人知的幾首詩，誦上句，而眾異不待思索，隨口接誦下句，這種讀萬卷書而又有驚人的記憶力，足見其天賦與功力的深厚，不能不為不學如我者所嘆服。」梁鴻志的楚囚生活頗為優越，因為在偽府是「選任級」的大官，看守所長認為政治上的事無常理可循，這些傢伙翻雲覆雨，沒準明天就會官復原職。是以對他照顧周到的近乎殷勤，不但可以在楚園內隨意散步，居然把私家廚子也帶了進來，最後一合計，乾脆姨太太也進來一齊起居。不過，好景不長，梁鴻志也感覺到了風聲不妙，舊曆年年夜聚餐時上寫下了「息壤在彼」的條幅請眾奸簽字留念。他這時已經悲觀了，這是用春秋戰國時一個典故，意思是提醒大家以後誰能僥倖脫難，別忘了今日共此燈燭光的患難之情。望著這張簽滿名字的白紙，梁鴻志等人禁不住失聲痛哭。

一九四六年四月三日，他們被逐一驗明正身，押上軍統局的十輪大卡車。除楊揆一、盛幼盦等二十餘人解往南京外，其餘送往上海提籃橋監獄。孫曜東說：「梁鴻志年紀大了，由我和金雄白幫他拎行李。車上氣氛很沉悶，大家心裡都明白這下要進提籃橋了，唯有梁鴻志不知。到了提籃橋的大門口停車，軍統的人跳下去與門衛聯繫開門，梁鴻志這才問：『這是什麼地方？』金雄白想事到如今瞞也沒有用了，就說是提籃橋。想不到梁鴻志一聽就大呼小叫起來，一車子人全都扭頭看他。他似乎覺得，依他的『水平』，好像還不夠進提籃橋似的。」這班漢奸都關進「忠」字號監房裡，梁鴻志仍獨處，其餘兩人一室。提籃橋監獄，是個極典型的「有錢能使鬼推磨」的地方。只要有錢買通獄卒獄吏，什麼信都能送得出去，什麼東西也都能帶得進來，外面有人接濟的，裏面人盡可以花天酒地。有的人過生日，甚至可以叫飯館子往裏面送整桌的酒宴。因家屬們常去永安公司食品部買東西往裏面送，後來竟由永安公司統一登記好，備好貨，用卡車送進提籃橋。孫曜東說：「但是梁鴻志沒有錢。一來他那汾陽路的豪宅不知被軍統抄過多少遍了，他最為珍愛的《宋三十三名賢墨寶》（中有歐陽修、王安石、蘇東坡、蘇轍、曾鞏、陸游等人的手跡），已成為戴笠的戰利品，其他文物書籍均已星散，存在浙江興業銀行的幾十萬存款也已凍結歸公，所以他兩個姨太太手裏都沒有什麼錢；二來他的人緣壞透了，因嘴巴不饒人把人都得罪光了。他原先手下的人也沒人得過他的好處，故也沒人講他的好話。所以輪到他倒楣的時候，向人求救，自然是『十函九不回』了。所以，人家可以吃好菜好酒。他只能望眼欲穿，一旦有人見其可憐，分給他一點魚，一碗麵，或是幾隻月餅，他就感動得趕緊寫詩致謝。」

提籃橋監獄不同於楚園，它是真正的牢房，據金雄白形容牢中情況：「長不過八呎，闊才五呎，三面是堅厚的圍牆，前為鐵柵，室西向而不通風，夏日苦熱，眾異體又肥碩，常揮汗如雨。室內又無燈，僅長廊中疏落高懸若干盞，作為禁卒窺視獄囚動作之用，光線黯弱，陰森可怖，眾異常移几近鐵窗前，偷一線之光，伏身握管作書。」梁鴻志還寫下了首〈七無詩〉，自謂仿明李夢陽的〈獄中八詠〉，詩中「七無」是說他在獄中，無床、無几、無燈、無硯、無茗器、無酒、無書。這詩後來題在他的辯護律師朱鴻儒的扇面而流出。在獄中梁鴻志猶不廢吟哦，其中與他唱和最多的是趙叔雍（趙鳳昌之子，汪偽時任陳公博的秘書長，勝利後初關南市車站路看守所，後解提籃橋），其中有首〈落暉　次叔雍韵〉云：「又見遙燈送落暉，旋憑高枕對窗扉，漸空塵障冤親盡，迴念朋尊故舊稀。洗面細君惟有淚，忍寒聲叟不求衣，一身久作無家客，已信春歸客未歸。」最能代表他在獄中的心境。

一九四六年六月三日（農曆端午前一天）陳公博在蘇州獅子口被槍決，次日梁鴻志見報寫下傳誦一時的〈端午日得公博凶問哭之以詩〉云：「歡呼歌哭總成塵，才第當年辟萬人。逝者已矣行自念，路人猶惜況相親。古來大獄皆冤獄，似子求仁竟得仁。功罪無憑恩怨在，故應長夜伴靈均。」此詩為陳公博鳴冤叫屈，立場當然不對。梁鴻志之所以「哭」陳公博，在於兩人「文氣」相投，陳公博欣賞梁鴻志的詩，梁鴻志欣賞陳公博的文，一旦遭槍決，不免有「兔死狐悲」之感。

當時關在提籃橋的還有喜歡舊詩的陶亢德和柳雨生，他們在抗戰期間就圍著梁鴻志轉，還惟恐巴結不上。現在與梁鴻志在獄中不期而遇，自是感慨良多。梁鴻志有詩送給他們，其中有〈贈陶柳二生意有未盡，再贈一絕句〉云：「東坡二友共南遷，與古為徒意凜然；伴我幽囚得陶柳，故應一笑傲前賢。」梁鴻志此詩自比蘇東坡而自認其情況勝過蘇東坡，因為當年蘇東坡南遷時只帶著陶靖節、柳子厚的集子，謂之「南遷二友」，而今天我老梁還有兩個活生生的陶亢德、柳雨生相伴，比起蘇東坡又何其幸運！當然足以「傲前賢」了！

梁鴻志到提籃橋後很快被提審，五月下旬被判死刑，他不服，提出上訴，法院又駁回。一九四六年十一月九日，上海高院接到判決書和密令，馬上派檢察官戴榮澤去監獄負責行刑。孫曜東說：「臨刑那天正在放風，獄警提前把犯人都趕回監房，我們就知道又要提出人去執行槍決了，果真叫到了梁鴻志。他換上一身乾淨的衣服，走過我的監號時說：『曜東，我恐怕要走了，保重！』不久就聽到了處決他的槍聲。後來聽獄警說，臨刑前梁寫了兩封信，一給蔣介石，一給家屬。第一槍子彈卡了殼，第二槍才擊中的，身子向右側倒地而斃。」遺體由家人悄悄領走掩埋，現已湮滅無遺跡可尋。

梁鴻志的遺書，洋洋數千字，託獄卒帶給其女梁文若，後由金雄白發表於香港《大人》雜誌中，始使人知其臨命情形。梁文若的夫婿就是後來聞名港臺的古董商人朱省齋（朱樸），在遺書中梁鴻志也提及「吾鄉薄產，損耗已盡……字畫尚有數件，將來擇兩件以畀左筆（朱之外號）」。梁鴻志在獄中，除「三十三宋齋」的長物毀散外，最令他放心不下的是只有九個月大的小女兒。梁鴻志獄中雜詩有云：「昨日詣訟庭，庭外見嬌女，牙牙初欲語，見爺呼不止。逕前撫其頰，父女緣盡此！獄成人聚觀，所恨不見爾，佛言別離苦，此苦緣愛始，從今斷諸愛，心或身先死。期汝為緹縈，嗟汝未毀齒，那知汝爺冤，此冤真井底，他年汝長成，字與誰氏子，慎勿學汝爺，讀書明道理。」梁鴻志並將其托孤與金雄白，並說：「我自知不免，此女童稚失怙，其母又方在盛年，能否為我終守，殊不可必。如她一旦遠離而去，請念同難之誼，請賢伉儷對我這一弱息加以撫領，臨命托孤，請勿固卻。」金雄白出獄後自顧不及，避往香港，此女幼小，乏人照顧，後來章士釗慨然收容故人之後，教育以至成長。一九七三年七月一日，九二老人章士釗在香港病逝，七月三日，中國新聞社北京電：「人大常委會副秘書長連貫，章士釗的女兒章含之，以及章先生的親屬、生前友好劉存一、洪晃、黎明暉、梁熙若等今天中午乘飛機離開北京前往香港，參加香港各界公祭人大常委會委員、政協全國委員會委員、中央文史研究館館長章士釗先生的活動。」這位梁熙若就是梁鴻志的最小女兒，當時已二十八九歲了。

又梁鴻志伏法後一個月，上海高等法院接到一陳姓者代表張梁氏（案梁鴻志元配李氏所出的已嫁長女），告發二太太趙慧真、三太太丁意真隱匿理應依法沒收的逆產，狀中列舉隱匿實物計：「金條四百多根、美金若干萬元、古人名畫及宋元版本若干箱……」其中尤引人矚目者為價值連城的《宋三十三名賢墨寶》。但經法院搜查結果，僅獲《古今圖書集成》（中華書局影印）一箱，宋拓《修內司法帖》兩件、白龍山人（王一亭）中堂兩件，雜以一些不值錢的扇面等物，事後處趙、丁罰金三十萬元（此時之法幣已大貶值）以資結案。

梁鴻志的《爰居閣詩集》中有兩句：「他年精衛終填海，何處爰居可避風。」論者以為這是一種詩讖：汪精衛死在海外，固然是他叛國的結果；而爰居避風，不到魯國去，不止於東門之外，反倒變節辱身，在敵人卵翼之下，組織小朝廷，走上不歸路，終以漢奸伏法。真個是精衛終於填海，爰居無處避風了，思之令人浩歎！

性毒文章不掩工——也談黃秋岳

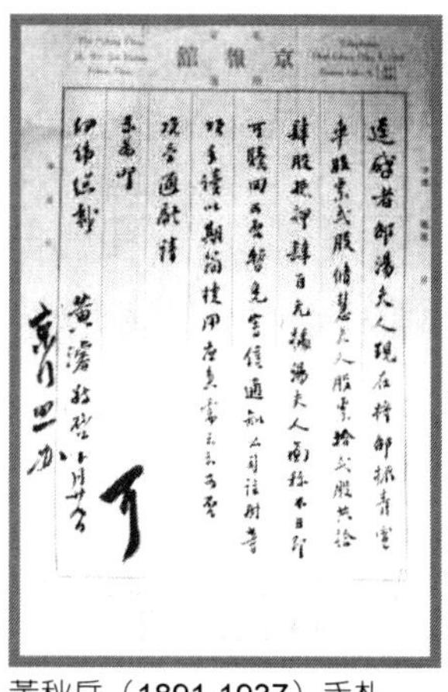
京報館

黃秋岳（1891-1937）手札

報人金雄白在《江山人物》一書中說：「本世紀之初，福建籍人士中有過兩位馳譽全國的文士，黃秋岳（濬）以文著，梁眾異（鴻志）則以詩名，而兩人均為『學而優則仕』一念之所誤，浮沉宦海，不得善終，但論其學識之精深淵博，似尚不應因政治上之功過，以人廢言。」近人以梁、黃二人既屬同門，運命亦相近，又是姻親（案：梁鴻志之姪女嫁給黃秋岳之弟），故多並稱之。其實二人在處事，詩風等方面亦不盡相同。秋岳詩力追宋人，近於鄭海藏（孝胥），得勁峭之旨；眾異則力求平淡，得力唐人，功力較深湛。秋岳以文人自命，所存《花隨人聖盦摭憶》一書，已足傳其人。而眾異卻不安於做一個詩客，一心想做政壇魁首，終致賣國取辱，自傷其身。儘管如此，兩人最終均以漢奸罪名，被判處死刑而伏法。丁亥（一九四七）十月，汪國垣（辟疆）〈題梁鴻志《爰居閣詩續》卷首〉稱：「又程穆庵語余云：乙丙之間，眾異遊杭州，秋岳亦來。一日，集湖濱樓外樓，談笑甚洽。眾異忽熟視秋岳曰：『君定不免。』黃雖驚，然以為戲言。眾異更申言者再。座客忽詰之曰：『君既精相法，盍自言其休咎乎？』梁對鏡久之，歎曰：『我亦不免。』此抗戰前一二年事，穆庵所親見親聞者。不謂逾年黃果以通敵死國法，又十一年梁亦被極刑。姑布子卿之術果足徵乎？亦異事也。」

黃秋岳（一八九一—一九三七），名濬，號哲維，室名「花隨人聖盦」。出身於書香門第，其祖父黃玉柱是清咸豐年間舉人，其父黃彥鴻，字芸淑，本籍臺灣新竹人，光緒十四年戊子科舉人，十六年庚寅科進士，簽分戶部主事，供職北京。光緒二十一年乙未臺灣淪日後，遂久居都下，把籍貫改為福建侯官（今福州）人。黃秋岳自幼隨外祖父讀書，四歲識字，七歲能詩，九歲便可懸腕作擘窠大字，因而自幼乃有「神童」之譽。一九〇三年，年僅十五歲的黃秋岳來到北京，就讀於京師譯學館（今北京大學前身），因其年少聰慧，頗為在京的陳寶琛、嚴復、林紓等福建同鄉父執所賞識。其後，他又以才名曾受知於當時的政界巨擘梁啟超，乃至與詩壇領袖樊增祥、陳三立、傅增湘、羅癭公等人過從甚密，並隨之與當時國內名盛一時的書畫俊彥、文人學士、詩詞名流、顯宦子弟如楊度、陳師曾、張大千、徐志摩、況周頤等過從密甚。他與梁鴻志均為陳衍（石遺）得意弟子，「才氣橫溢，詩工尤深」，知名當世，早歲即有結集《聆風簃詩》。甲午舉人冒廣生（鶴亭）一九二八年有〈閱黃秋岳聆風簃詩遂至達旦輒題其耑〉，極贊其詩。陳衍《石遺室詩話》及《續編》屢論其詩，「平日朋好，每謂其詩患才多」。夏敬觀〈題聆風簃詩集〉詩有曰：「秋岳性情正，濟以學養素，贍辭工且速，記問入鎔鑄。」時人嘗以女性美比擬當世三十二家詩人，曰「黃秋岳如凝妝中婦，儀態萬方」。錢仲聯撰《近代詩壇點將錄》，仍列黃氏於其中，猶未因人廢詩。黃氏又擅駢文，陳衍嘗譽為「集有清以來之大成」。

黃秋岳年稍長，即到京師譯學館就讀。在這期間他對京劇產生了極大的興趣，課餘常去聽戲、看戲、品戲，他結合佛經《維摩詰所說經》中的傳說故事，編寫了京劇《天女散花》的本子，後經梅蘭芳修改、編整，成為以歌舞見長的古裝戲之一，於一九一六年在北京吉祥大戲院公演。在這以後，黃秋岳又赴東瀛，在早稻田大學就讀。在日期間，他不但精曉日語，還熟悉了日本的風土民情，崇尚日本的心理逐步形成。回國後，先居上海，後居北京。與同鄉、學友林白水同在《新社會日報》（後改為《社會日報》）供職，林白水任社長，黃秋岳任副總編輯。北洋政府時代，他曾先後在陸軍部、交通部、財政部等處任秘書、僉事、參事及國務院參議；北洋軍閥覆滅後，他蟄居京華，一度出任《京報》主筆。後又轉到南京政府任職，一九三一年，國民黨元老林森任國民政府主席，他也是福建閩侯人，十分賞識黃秋岳的才學，遂調他任行政院秘書主任。一九三二年，汪精衛擔任國民黨中央政治會議主席、行政院長等要職，崇尚日本、精通日文的黃秋岳為汪所賞識，薦至地位僅次於秘書長之簡任級機要秘書，得與聞密勿。汪精衛還將黃秋岳的長子黃晟（字濟良，畢業於燕京大學）調至外交部任副科長。

三〇年代前後，黃秋岳以其在掌故考據方面的厚實學養，曾在《中央時事週報》雜誌上，連載了其筆記體文章，續刊於《學海》，起迄於一九三四年至一九三七

左起：李釋戡、黃秋岳、趙叔雍、梅蘭芳、齊如山、羅復堪。

年間。積時既久，彙成巨帙。後成《花隨人聖盦摭憶》一書。《花隨人聖盦摭憶》一書，輯事四百二十三則，四十五萬言，是黃秋岳多年的心血結晶。該書對晚清以迄民國，近百年間的諸多大事，如甲午戰爭、戊戌變法、洋務運動、洪憲稱帝、張勳復辟均有涉及。內容不僅廣徵博引，雜採時人文集、筆記、日記、書札、公牘、密電，因其身分的特殊亦多自身經歷，耳聞目睹，議輪識見不凡，加之文筆優美，讀之有味，被認為民國筆記中罕能有此功力者。因此頗受史家陳寅恪的青睞；其後旅美學人楊聯陞、房兆楹亦極力推薦，咸認為此書不但史料價值極高，而且是近五十年來我國人士使用文言文所寫筆記的第一流著作。掌故學家瞿兌之推重該書謂「與夫交遊蹤跡，盛衰離合，議論酬答，性情好尚，而一時政教風俗之輪廓，亦顯然如繪畫之畢呈，倫比洪邁之《容齋隨筆》，確非諛詞」。學者趙益說：「《摭憶》一書，不僅能於晚清掌故一網殆盡，尤能知其人、同其情，因此述事或不儘然，議論則往往中的。特別是對曾國藩、左宗棠、李鴻章的分析，細緻如髮，一些論斷如曾、左皆不勾結宮廷，而李鴻章則好結內援，曾、左本非為世受清恩而戰等等，均能直切肯綮而成為一種定論。……深解人情如此，非『同情』者不能得。黃氏能做到這一點，一半是本人博聞強識、深明故實之學識使然，另一半則是與其平生遭遇相關。黃氏早年入京師學堂時，變故尚未發生，猶能親睹舊清之貌；鼎革之後，又以少年雋才見賞於梁啟超（任公）、樊增祥（樊山）、易順鼎（實甫）、俞明震（恪士）、陳衍（石遺）等老輩，……瞿兌之嘗謂掌故學者，既必須學識過人，又得深受老輩薰陶，並能夠眼見許多舊時代的產物。所有這些，黃氏可以說都已具備。見聞既富，體會並深，左右逢源，遂能深造自得。」

黃氏文筆極佳，《摭憶》一書文字以簡易清秀為宗，但頗有駢文華麗之風，同時又不傷於綺靡。作家周黎庵曾說文壇前輩包天笑「他到我處來閒談，見到案頭一本新書，他一見書名便如獲至寶，愛不釋手，此書是黃秋岳的《花隨人聖盦摭憶》，黃雖是個罪該萬死的大壞蛋，但書是喧騰人口的，北方在他死後五年出版，但銷到上海來只有區區二十本，而且不公開出售，我輾轉託友人搶到了一部，還不曾翻閱，便先給包老先生看到，連聲說要借給他先睹為快。我心裡老大不願意，但礙於這位老前輩的面子，不好當面打回票，只好說自己尚未看過，要借，必須限期歸還，他便挾著書走了。誰知一借幾個月不還，半載一年也音信渺然，我多次寫信到金神父路金谷村他的寓所索取，連回信也不給一封。後來實在忍不住了，便登門去求索。那時已是一九四五年抗戰勝利之後，不料金谷村已是金屋樓空，詢問鄰居，說包先生早已遷居台灣了。此事我真是耿耿在懷，一直要到八十年代上海書店重印此書，公開發售，才消了心頭之恨。」可見該書當時還真的是一書難求。

一九三二年，黃秋岳在南京政府任行政院機要秘書時，出身於上海同文書院及東京帝大的「中國通」的日本駐南京總領事須磨彌吉郎，在日本外交界一向以靠攏軍部、強調對華執武力威脅的強硬態度而著名。須磨為了刺探國府機密，最初以請教漢詩為名，接近黃秋岳。他見黃秋岳以名士自居，經常出入夫子廟為歌女捧場，入不敷出，乃以小恩小惠加以收買，使其按時提供行政院會議有關情報。後來，須磨因故被調回國內，仍由南京總領事館派人與黃秋岳保持聯絡。龔德柏在他的回憶錄中說：「他（黃秋岳）有寡人之疾，在北京時，就有小老婆，其中一個叫『黑牡丹』，由其名即可知係青樓出身。……黃濬有這樣的姨太太，且不止一個，當然花費很多。當時的北京政府，窮困異常，常欠薪水，而北京政府的薪水，又較後來南京國民政府之薪水為低，當然須靠不可告人之外快收入，以維持其腐爛生活。……我猜想他在北京政府時代，或已經當了日本間諜。因為那時以新聞記者而兼間諜者大有其人，如上海《申報》駐北京特派員秦墨哂，就是其中的最著者。」龔德柏又從行政院簡任秘書的薪水推論說：「這時簡任二級薪為六百元。扣除黨費等，可得五百七十餘元，若敘三級，則實際收入只四百九十三元五角。在我這安分守己的人，不常赴上海者，亦不過勉強維持，並無很多剩餘。但黃濬每星期六必赴上海，星期一上午七時回南京，一次上海就可花掉五六百元，而況每月有四個或五個星期，當然不敷開支。而況黃濬在上海又有一妾，亦青樓出身，更須花錢。所以黃濬除薪水外，必另有法外收入，毫無疑問。」據查黃秋岳的簡任二級俸為月薪五百六十元，又查出他在北平政委會，有一參議名義，每月又可領乾薪二百元；此外，北平市長袁良另也送給參議和顧問名義月領乾薪一百元；貴州省政府曹經沅代主席時給他名義乾薪兩百元；所以他合計每月有法幣一千六十元的收入，在當時僱個人力車伕每月不過十元，請個女傭不過數元，他月有千元，實在太富裕太好過了。壞就壞在他上海的寵妾是個交際花，天天和一幫上海亭子字輩的妻妾們打牌，一擲千金，因此黃秋岳還常常向人嘆窮。

文史作家莊練（蘇同炳）在《近世學者與文人群像》一書中，認為黃秋岳早年供職於北洋政府，以文學方面的才華見知於當時的權要人物。及至北伐成功，全國統一，以其文才而仍能供職行政院，擔任簡任級的秘書，已屬不易。然黃秋岳卻自嘆懷才不遇而心生不滿，常常對當時的權要人物作惡意的攻訐。莊練根據抗戰前在平津一帶行醫而與黃秋岳有相當不錯交誼的日本醫生矢原謙吉的《謙廬隨筆》說：「據《謙廬隨筆》記載黃濬所告之言，黃濬在上海南京兩地都有寓所，每逢週末便到上海度假。他在上海的寓所，恰好與財政部長某公相鄰，由於部長公館中傭僕車夫的言談而得知部長夫婦的極多私生活資料，再由黃濬轉告矢原，其中便有極多難聽的穢聞；對於其他政壇人物，黃濬亦常作不客氣的譏評。如當時在軍事委員會中擔任副委員長的馮玉祥將軍，便是其中一例。據矢原的記述，黃濬曾以惡意譏評的方式，譏刺馮玉祥之所以號作『煥章』，正是因為他的上代乃是麻將專家與星象專家，預知此公將來必以倒戈叛變起家，有如麻將中之換張易牌，愈換愈好，所以名之為『煥章』，以諧音『換張』之意，云。由此一例，可知黃濬與矢原閒談中所攻訐的其他政府高級官員，大概亦此之類。」而黃濬是一個自命豪放而揮霍成性的風流才子型人物。秘書一職，月入幾何？更造成他對政府的不滿。因此終於走上勾通敵人，甘心做賊的漢奸道路。

孫曜東在回憶錄《浮世萬象》中也說：「據說黃秋岳和日本人搞在一起主要是為了錢。他有兩房妻妾，妾叫梁翠芬，是北京八大胡同的第一名妓。試想有如此大美人纏在身邊，那錢是無論如何也不夠花了，……後來竟墮落到向其出賣情報。他們見面的地點是在南京的一家飯館裏，見面卻不講話，各自吃飯，吃完飯，便把對方掛在衣帽鈎上的帽子拿走。黃秋岳的情報就藏在帽子的內沿裏。這是後來黃的姨太太梁翠芬親口告訴我的。梁翠芬長相類似孟小冬，身段比孟小冬還要好，在某種意義上說，黃秋岳是為她送了命。」

一九三七年七月二十七日，當國民政府海軍部長陳紹寬奉命在行政院會議上提出報告，要求有關各部隊採取配合行動，擬將長江吳淞口封死，然後集中陸地砲火，要將日寇在長江中的幾十艘軍艦全部擊沉。命令下達後，次日即將行動前，卻見原本在長江的日艦，全部逃往吳淞口外的內海，功虧一簣，這顯然是有人走漏消息，但參與會議者除汪精衛、白崇禧、程潛、何應欽、黃紹竑、劉為章及俞濟時等人外，就只有行政院機要秘書黃秋岳了，蔣介石嚴令戴笠徹底追查此事，戴笠透過各種途徑調查，根據國民政府軍統局第一處處長鮑志鴻的說法，在逮捕黃秋岳之前，國民黨方面也曾經對黃秋岳作過多次的跟蹤。發現黃秋岳在下班後，每次獨自一人到玄武湖散步。黃愛吃紙包「巧克力糖」。他從不將包糖的紙隨便扔在地上。在玄武湖濱一棵有較大的空洞的樹，黃去時便把一包「糖紙」放進樹洞內，不久就發現被兩個化裝的日本浪人取走。又有幾次發現黃秋岳常到南京新街口一個小咖啡店去喝咖啡。每次均在一定的掛衣帽處放衣帽，就與日本特務趁掛放衣帽之時交換衣帽。情報即存放在衣帽之內。暗探跟蹤取情報的日本浪人，見他們都走進中山東路逸仙橋南一家日本人開的「私人醫院」去了。而那一「私人醫院」便是日本特務機關所在之處。封鎖江陰案被洩漏後，黃秋岳即被警備司令兼憲兵司令谷正倫扣押。審問時黃秋岳尚強辯，乃以前之證據示之，始俯首承認是和日本同盟社通訊，供給消息好幾次，每次由他口述，由他的兒子黃晟寫成報告秘密交付。黃秋岳自認圖的是金錢，每次所得，視消息的重要性而定，最高的一次為法幣六百元。最後南京軍委會開軍法會審，黃秋岳父子於同年八月二十六日，以叛國罪被判處死刑，執行槍決。與黃秋岳父子同日槍斃的共有十八人，其他十六人都非與黃秋岳同一案件。龔德柏說：「警備部槍斃這十八個間諜，足證平日他們早已獲悉一切，惟為顧慮日本瞎搗亂，故不發動。八一三開戰後，遂一網而獲之，一一審問，同日槍斃，可見黃濬即無江陰封鎖，亦必被殺，而況又有該重要案件呢？且一日殺十八人，在國際上殆無先例，故予世人之衝動亦非常厲害。谷正倫破獲這許多間諜案，而其難能可貴者，每案均述其案情，並舉出證據，並非以疑似故入人罪，所以輿論對之頗為讚美。」

對於此事顯而易見，黃秋岳漢奸案罪行充分，案情確鑿，在當時或事後似乎都別無異議，且早已為史家所採信，幾成定論。然而，名記者、名作家曹聚仁卻依事論理，直陳己見地寫了〈也談黃秋岳〉的時評，他認為「黃秋岳父子，以文士的散漫習氣，終於替日本方面做情報工作，那是事實。但做情報工作，乃是他做中央政治會議的秘書時期，他實在也很懶，只是把政治會議的決議案原封不動交給日本使館而已。這樣，日本方面所公佈有關國民政府的政治會議決議案，和南京方面一樣迅速。這就引起了國民政府當局的懷疑。經過了偵察，知道和黃秋岳的秘書工作有關。因此，一九三五年春天，便把黃秋岳從中央政治會議的秘書職位調開，他就失去了參與機密的機會了。邵力子先生也對我說：黃秋岳是不會知道軍事會議的軍事秘密的。」曹聚仁又說：「一九三七年八月間，日方已有在沿海作戰的計畫，因此，把他們在長江的海軍集中到長江下游來。他們的軍艦下駛，比國軍沉船封江早一星期，所以用不著黃秋岳父子來送情報的。到了今天，還說出賣長江封鎖計畫，也就等於說『九一八』之夕，張學良陪著胡蝶跳舞一樣，不合事實。」學者陳禮榮在〈民國「肅奸」的一大疑案〉文中，基本肯定曹聚仁的論斷，他認為曹聚仁所做出的結論，絕非為漢奸洗冤，而在於告誡世人要記住「眾惡之必察」的明訓，強調對於史事的考辨須得真實可信。事實的真相正如曹聚仁在文章的結尾肯定地說：「所以，黃秋岳父子是漢奸自不待言，但他們並沒有出賣長江封鎖的機會呢。」陳禮榮認為如果恰似曹聚仁所言，黃秋岳早在一九三五年春，便被當局從中央政治會議的秘書職位調開了，可為什麼一直到事發兩年之後，才會被當作「向日本出賣我國封鎖江陰重要軍事情報」的間諜被處決呢？這是不是意味著，面對一再失利的軍事敗績，當局為了鼓舞軍心民氣，不得不拉個人出來「祭刀」？假如曹聚仁所說不謬，那麼像黃秋岳這樣既有一定社會聲望，且又不傷大雅，早已是個無職無權、沒落政客的末路文人，當局就是殺掉他也根本不算什麼！

十年後的一九四七年春，史家陳寅恪偶讀《花隨人聖盦摭憶》，有感而發，曾寫下一首〈丁亥春日閱花隨人聖盦筆記深賞其遊暘台山看杏花詩因題一律〉。詩曰：

當年聞禍費疑猜，今日開篇惜此才。
世亂佳人還作賊，劫終殘帙幸餘灰。
荒山久絕前遊盛，斷句猶牽後死哀。
見說暘台花又發，詩魂應悔不多來。

詩畢，意猶未盡，陳寅恪復題短跋於後：「秋岳坐漢奸罪死，世人皆為可殺。然今日取其書觀之，則援引廣博，論斷精確，近來談清代掌故諸著作中，實稱上品，未可以人廢言也。」陳禮榮認為陳寅恪對於黃秋岳漢奸案的最先反應「聞禍費疑猜」，顯然是有其道理的。尤其是在「世人皆為可殺」的情勢下，他在詩的結尾處寫下「見說暘台花又發，詩魂應悔不多來」之句，應當包含著更多的無奈與悲哀。然而，畢竟是事關民族大義，所以他只能以「未可以人廢言」的忠告來勸勉世人正確看待黃秋岳及其《花隨人聖盦摭憶》。按理而論，假如黃秋岳真像政府當局及新聞傳媒所指控的那樣，陳寅恪斷然不會也不必要對其下場有如此「聞禍費疑猜」的情緒反應。

無獨有偶的，錢鍾書早在一九四三年就曾寫有〈題新刊《聆風簃詩集》〉七律一首，《聆風簃詩集》是黃秋岳的作品，錢鍾書詩云：

良家十郡鬼猶雄，頸血難償竟試鋒。
失足真遺千古恨，低頭應愧九原逢。
能高蹤跡常嫌近，性毒文章不掩工。
細與論詩一樽酒，荒阡何處酹無從。

兩位被稱為二十世紀最博雅的學人——陳寅恪、錢鍾書，對黃秋岳的惋惜，卻何等的相似！

黃秋岳工詩文，汪國垣在《光宣詩壇點將錄》評之曰：「秋岳詩工甚深，無論才學力皆能相輔而出，有杜韓之骨幹兼蘇黃之詼詭。其沉著隱秀之作一時名輩無以易之，近服膺散原，氣體益蒼秀矣。」清末民初著名詩人陳衍曾在《石遺室詩話》中說：「秋岳年幼劬學，為駢體文，出語驚其長老。從余治說文，時有心得。世亂家貧，捨去治官文書，與同學梁眾異、朱芷青最為莫逆，相率為五七言詩，遍與一時名士唱和。」正是由於有這些詩壇大老們的稱讚，因此便使得黃秋岳才名遠播。孫曜東在回憶錄中說：「在清末民初，福建出了一批才子，其中一個叫梁鴻志，他誰都看不起，卻獨獨佩服黃秋岳。齊如山也稱其為黃老師，羅癭公視其後生可畏。黃秋岳如此身價，竟願為一個『戲子』（案：指梅蘭芳）辦理文墨，只能以英雄見英雄，才人惜才人來解釋了。但是他後來竟墮落到向日本人傳遞情報，最後被蔣介石下令槍斃了。當時福建籍文人落水者較多，如鄭孝胥、梁鴻志、陳籙等。」

黃秋岳乃一代名士，僅僅為了一紅顏而淪為國賊，實在令人浩歎！梁鴻志在故交黃秋岳伏法時，曾寫有五言詩悼之云：「青山我獨往，白首君同歸，樂天哀天涯，我亦銜此悲。王涯位宰相，名盛禍亦隨；秘書非達官，何事而誅夷？」他以歪理試圖要為黃秋岳辯駁，奈何事實俱在，鐵證如山。而不久梁鴻志亦附逆，當起「維新政府」的「行政院長」，抗戰勝利後，以漢奸罪名遭槍決。黃、梁二人，其所為詩，未嘗無足觀，而竟先後以通敵而伏誅。這不禁讓人想起汪辟疆在《光宣以來詩壇旁記》稱「聯聖」方地山在安福系潰敗後，曾以梁、黃二人姓字作一聯曰：「梁苑嗣音稀，眾議方淆，異古所云今世免；黃庭初寫就，哲人其萎，維子之故我心夷。」巧妙地將「梁眾異」、「黃哲維」嵌入詩聯中，哲維是黃的別號，「哲人其萎」，其時去二人伏法尚有十餘年，沒想到方地山竟一語成讖。

曾經附逆的名翻譯家錢稻孫

錢稻孫（1887-1966）

說到錢稻孫，目前的資料不多，人們似乎將他從記憶中抹去，就如旅美學者楊聯陞所說的：「錢稻孫在日本語文方面，是第一流的名教授，抗戰前在清華服務多年，今日的清華校友很多不願意談錢稻孫的事。理由是在日本侵略者佔據華北的時候，錢稻孫曾在偽北大擔任過重要的行政職務。這當然是『白圭之玷』。」其實錢稻孫，光他的身世背景就夠嚇唬人了。他的父親錢恂是個外交家，曾任中國駐日、英、法、德、俄、荷、意等國使館參贊及公使。他的母親單士釐是詩人，也是我國最早邁出閨門、走向世界的知識婦女之一。另外，新文化運動的著名闖將錢玄同是他的叔父；著名的物理學家錢三強是他的親侄；著作等身、名滿天下的學者錢仲聯是他的堂弟……這樣一個出身名門大家的人，卻在民族大義下，走上了附逆的人生之路，尤其是與他叔父錢玄同那種大義凜然的民族氣節，形成強烈的反差。儘管如此，面對這樣一位名教授、學者、名翻譯家，我們實在不應等閒視之，在梳理他的生平，學者邱巍的《吳興錢家：近代學術文化家族的斷裂與傳承》一書及張喆的〈由著名翻譯家墮落為文化漢奸的錢稻孫〉一文，是這有限資料中的重要著作，也是本文主要的參考依據。

錢稻孫（一八八七—一九六六），浙江吳興人，出身官宦世家，也是書香門第，家學淵源，祖父錢振常（一八二五—一八九八）清代同治六年（一八六七）中舉人，同治十年中進士，同榜進士有瞿鴻禨、勞乃宣、張佩綸及魯迅的祖父周福清。曾擔任禮部主事十年，一直未被提升。光緒八年（一八八二），辭官歸里，做過紹興龍山書院山長（院長），蔡元培是他的學生。蔡元培在《自寫年譜》中說：「我的八股文是用經、子中古字義古句法湊成的，（龍山書院）

錢先生很賞識。」錢稻孫的父親錢恂（一八五四—一九二七），字念劬。是清末比較開明的外交家。周作人就說過：「他是清末的外交官，曾任駐日參贊，駐羅馬公使，可是並非遺老，乃是所謂老新黨，贊同改革，略有排滿的氣味，可以算是一個怪人。他年滿七十之後，常穿一雙紅鞋，鄉學年世誼的後輩稱之曰紅履公，或者此名起於他的介弟玄同亦未可知。」（案：錢玄同是錢恂的同父異母弟，小他三十三歲，與其長子錢稻孫同年。）錢恂十五歲就考入歸安縣學，但此後長期鄉試不售。二十歲時，肄業於國子監。光緒十年（一八八四年）為浙江寧紹台道薛福成門人。後受薛福成之命，整理寧波天一閣存書，編成《天一閣見存書目》。一八八九年薛福成被任命為出使英國、法國、義大利、比利時四國大臣，錢恂以隨員隨行。一八九〇年業師許景澄（文肅）為駐俄大臣，錢恂奉調赴俄羅斯，以參贊入駐俄使館。一八九三年，任滿回國後，再赴英倫。一八九五年，張之洞調請他回國，幫辦洋務。出任湖北自強學堂首任提調，協助總辦蔡錫勇為學堂聘請師資、制訂章程、籌措經費、建築校舍、管理師生、編訂教材、組織教學。一八九八年蔡錫勇病逝後，學堂不再設總辦，所有校務全由錢恂負責，為自強學堂的發展奠定了基礎。一八九九年錢恂被張之洞「派充遊學日本學生監督」。一九〇二年三月在日本東京成立的中國留學生會館，清駐日公使蔡鈞為會館總長，錢恂為會館副長。一九〇三年吳興同鄉胡惟德使俄，奏調錢恂為參贊，再度入俄使館。一九〇四年日俄戰起，年底回國。一九〇五年好友陸徵祥奏調其到駐荷蘭使館任參贊。一九〇七年出使荷蘭大臣，一年後轉任出使義大利大臣，這是錢恂一生仕途的頂峰。一九〇九年秋冬，他就回老家湖州開始歸潛生活了。一九一二年任浙江圖書館首任館長，對浙江的圖書古籍保護多有建樹。一九一三年錢恂又到北京，任職教育部社會教育司，同年被徵為袁世凱總統府顧問。一九一四年任參政院參政。一九一七年任北京大學國史編纂處纂輯股纂輯員。一九二七年病逝北京。

錢稻孫的母親是單士釐（一八五八—一九四五），字受茲，浙江蕭山人。出身書香門第，自幼即受嚴格詩文教育，聰慧好學。由於父親單恩溥在外做官，她隨著母親住在舅父許壬伯家，並跟其讀書，舅父諄諄教讀，使得單士釐得以涉獵子史、玩習文詞。她二十九歲以繼室身份嫁給錢恂（錢恂原配董氏一八八二年病逝），她能由閨閣走向世界，錢恂扮演極為重要的角色。她是我國最早邁出閨門、走向世界的知識婦女之一（比秋瑾早五年，比何香凝也要早），著有《癸卯旅行記》、《歸潛記》、《清閨秀藝文略》等。張喆說：「其中《癸卯旅行記》是第一部中國婦女出國遊記，她關注中國當時的教育，提倡文明開化，啟蒙婦女解放，反對殖民侵略，詳細介紹了西方文化與文明，是把俄國作家托爾斯泰介紹到中國來的第一位女作家；也是最早把歐洲神話介紹到中國來的第一人。她還是我國第一個使用西曆的人。」《癸卯旅行記》和《歸潛記》兩本書被鍾叔河列入「走向世界叢書」，錢仲聯極力推崇此二書，說：「無論從中國人接受近代思想的深度來看，或者從介紹世界藝術和學術的廣度來看，這兩部書在同時代的同類作品中，超出儕輩甚遠，足以卓然自立，這確定是中國婦女的光榮和驕傲」。

錢稻孫小時候隨祖父學習傳統經學，由於父親長期遊宦，「九歲畢四子書，授《毛詩》，皆母授也。」母親更扮演著啟蒙的角色。一九〇〇年隨著錢氏家族留日求學大軍（錢氏家族先後有錢稻孫母親、夫人、弟弟、叔叔、姐夫等赴日本留學）進入日本慶應義塾小學學習，一九〇二年畢業後升入成城學校，後又入日本東京高等師範學校附屬中學學習，完整地接受了日本的基礎教育，在日本七年多之後便赴歐洲留學，畢業於義大利羅馬大學。在學期間他學習了義大利文和法文，並自修美術。另外，還在大學裡學過醫學及德文。一九〇九年錢稻孫學成回國，曾在湖州府中學堂代過英文課。據邱巍書上說，茅盾是當年湖州府中學堂時的學生，他憶及當年，有這樣一個鏡頭：秋老虎時節，錢恂身穿夏布長衫，手持粗蒲扇，兒子錢稻孫高舉洋傘跟在其身後，弟弟錢玄同和他並排，但略靠後，一行人安步當車，在湖州的大街上漫步。一九一二年錢稻孫曾在北洋政府教育部編纂處，和許壽裳同部門，一九一三年又調到了專門教育司，而魯迅則在社會教育司。張喆說，錢稻孫在教育部時和魯迅是同事，兩人交往頗多，關係密切。魯迅在他日記中多次提到與錢稻孫一起吃飯喝酒，遊逛琉璃廠書肆，互贈書籍等等。在魯迅任教育部僉事的日記中，像這樣記述他與錢稻孫的活動比比皆是，尤其值得一提的是他們在一起設計了中華民國的國徽。一九一二年八月魯迅、許壽裳、錢稻孫三人接受負責設計國徽的任務。他們三人中許壽裳長於政治與哲學研究；魯迅對歷史、文學極有造詣；錢稻孫是長於繪畫。三人配合，甚為得體。一九一二年八月二十八日魯迅日記中記錄：「同擬國徽告成，以交范總長。一為十二章，一為旗鑑，並簡章二，共四圖。」國徽的圖案為錢稻孫所繪，說明文字出自魯迅手筆。

除教育部外，錢稻孫同時為北京醫專（北平大學醫學院前身）的日籍教授做課堂翻譯。日籍教授回國後，他即在醫專教人體解剖學課，以後又任北京大學講師，講授日文和日本史；後升為北京大學教授，兼任國立北平圖書館輿圖部主任；一九二七年離開教育部，一九二八年任清華大學外文系講師，一九三二年成為外文系與歷史系合聘教授。講授「源氏物語」、「第一年日本文」、「第二年日本文」、「日本通史」等課程。一九三六年更接替朱自清兼任清華大學圖書館館長。

一九三七年畢業於清華大學經濟系的楊聯陞就說：「我是錢稻孫日文班的學生，後來又以種種因緣，特別受過他的知遇，感激甚深。」楊聯陞又說：「（錢稻孫）大約從民國十年（一九二一），就在家裏（東廂房）設立『泉壽東文藏書』，搜集日本書籍，供人閱讀。大略以文史方面為主，內容之豐富，就個人圖書收藏而言，在當時可能是國內最大的。……我第一次到受璧胡同錢府，大約是在大二或大三的時候，好像是去借書，也許是為了商談標點《國學文庫》的事。那時北平有一家舊書鋪文殿閣，重新排印若干種關於邊防與非漢族的史籍雜著，名之曰《國學文庫》。起初沒有標點，後來錢稻孫介紹我在課餘之暇給他們句讀過十一二種，報酬是送了我一套《文庫》，約有三四十冊。……那幾年錢稻孫的太夫人還健在，但不大出來。太夫人能詩。記得老人家給錢稻孫的詩有『但冀傳家學，何妨執教鞭』之句。太夫人也能說日本話，有一次（可能是唯一的一次）我在錢府陪客人喫午飯，太夫人也在座。主客好像是東京帝大的和田清教授，明清史專家，那年剛得到文學博士。太夫人在席上介紹我說『這是稻孫的高足，日語很高明（上手）。』錢稻孫趕忙解釋：『高明可談不到。』那是真話。我的日本話，那時只能說幾十句。」

楊聯陞談到錢稻孫上課情景，說：「錢稻孫教書循循善誘，而又非常之認真。對於文法的講解，不厭其詳。不大注意會話，對讀音卻很重視。常說，有很多留日學生回國之後，拿起一本普通的日本書報來，還不能用日本音朗讀，很多漢字只含混著用中國現代音讀，是很可恥的。第二年日文選讀的資料，文學方面的不少，如夏目漱石的《我是貓》曾讀過一大部分。練習從中文譯成日文，則有時太難。記得有一次領導全班試譯《紅樓夢》〈劉姥姥信口開河〉那一回裡的一段：『那劉姥姥雖是個村野人，卻生來的有些見識，……因說道：我們村莊上，種地種菜，每年每日……』那一段確是好材料。可惜大家程度還差，多數的同學，只能對付著譯個三五句，只好看錢稻孫自己表演講解了。」

與周作人一樣，錢稻孫對日本文化的研究與翻譯，是深得中日兩國學界所推崇的，他被認為是「二十世紀上半葉最深刻地理解日本文化，最能理性地研究日本文化」的兩位中國人之一。由於對日本的「相知」而產生了「相畏」，到日本侵略中國之時，兩人的思想中都產生了「不敢抵抗」，抵抗就亡國的消極思想。錢稻孫的清華大學同事金岳霖在回憶錄中說：「在日本人佔領北平以前，我有一次碰到錢稻孫，他那時是清華的圖書館長。我表示非抗日不可。他說萬萬抗不得，抗，不只是亡國，還要滅種。我很想打他，可是受了『不能打』這一教訓的影響，沒有打。」對此，楊聯陞也有著相同的回憶，他說：「在七七事變之前，錢稻孫對時局確是偏於悲觀。他覺得就中日國力而言，如果單打獨鬥，我們實在打不過。有時在課外甚至於感慨的說：『我深恐日本會征服中國或中國的一部分，不過他們的氣數，一定會比元朝短的多。』」而歷史又是這樣無情，錢稻孫與周作人兩位研究日本文化的權威，卻在中日兩國民族矛盾激烈衝突的時期先後「失足落水」，走上了為國人所唾棄的漢奸道路。

日軍佔領北平後，北大、清華等校教授、學者及其他文化界知名人士紛紛南下，展開抗敵救國活動。與之相反，錢稻孫迅速投入到日軍的懷抱，他落水的速度甚至比周作人還要快，周作人總要瞻前顧後地「矜持」一下。一九三八年二月九日錢稻孫和周作人參加了由日本大阪每日新聞社出面召開，有著日本軍方背景的「更生中國文化建設座談會」。同年五月五日，由李公樸、胡風、光未然、胡繩、金仲華、陽翰笙等人參加的武漢文化界抗敵協會通電全國文化界，嚴厲譴責周作人和錢稻孫：「請緣鳴鼓而攻之，聲明周作人、錢稻孫及其它參與所謂『更生中國文化建設座談會』諸漢奸，應即驅逐我文化界之外，藉示精神制裁。」這是國內文化界對其首次聲討。

錢稻孫在偽華北臨時政府教育部長湯爾和的邀請下先後擔任了偽北京大學秘書長、偽北京大學校長、文學院院長，替日本佔領者網羅文化界人士，替他們開展奴化教育。在整個淪陷時期，錢稻孫很「活躍」。他在偽北京大學任職時，曾以偽北京大學校長身份「誘聘」陳寅恪，因為陳寅恪痛斥而遭拒；他還跑到天津想拉攏準備南下的鄭天挺、羅常培、羅庸等，也遭到了嚴詞拒絕。楊聯陞也說：「一九三九年，錢稻孫曾派聽差給我送來偽北大聘書，我只好親自送回，婉轉辭謝。大約在此時前後，錢稻孫又曾問過我要不要到日本某商業學校去教中文，我也謝絕了。」

在充當漢奸期間，錢稻孫很多時候與周作人「同台表演」，如一九四一年錢稻孫和周作人一起赴日本東京出席「東亞文化協議會」文學部會，並一同前往湯島第一軍醫院、橫須賀海軍病院慰問在侵華戰爭中負傷的日本傷病人員，周作人還向兩處捐款各五百元。一九四二年十一月三日至十日，第一次大東亞文學者大會在日本東京舉行。錢稻孫、沈啟无、尤炳圻、張我軍等代表華北地區參加，錢稻孫並在大會發言說：「東亞文明精神，中、日、印可謂鼎足而三，即中國之四海兄弟、日本之八紘一宇、印度之一蓮托生……吾人基於四海兄弟為一家之本義、東亞各國均應相親相敬相尊……」，為侵略者歌功頌德。第二次大東亞文學者大會錢稻孫沒有參加，第三次大東亞文學者大會於一九四四年十一月十二日在南京召開，錢稻孫與陶晶孫分別是正副議長。

楊聯陞談到：「七七後一兩年，錢稻孫主持一個編輯日華小字典的計劃。參加的人有端仁（案：錢稻孫長子，畢業於東京帝國大學物理系）、端義（案：錢稻孫次子，畢業於東京帝國大學語言學系）、尤炳圻同我，好像還有姚鑒（姚華子，也曾留日，專攻美術史）。辦法主要以三省堂出的簡明日英小字典為主，先把其中的字與詞，寫在卡片上，譯成中文，然後參考大中小型的字典詞典若干種，增刪改正。譯文要精簡明確，特別注重中日文漢字相同而意義或用法不同之處。每人分擔一部分，每星期日聚會一次（往往是一下午），由錢稻孫領導改定。晚飯總是到四牌樓同和居大喫大喝一頓。錢稻孫與出版社定有合約，預支了些版稅作編輯費，按月分給大家。為數雖不甚豐，大家做得都很起勁。到一九四〇年秋我出國時，共約完成近五分之二，後來似乎沒有下文了。」

一九四一年起，錢稻孫在《中和月刊》以及《日本研究》上陸續發表了日本古典詩歌《萬葉集》的選譯文章。《中和月刊》上的譯文僅僅是詩歌的羅列，沒有多種版本，也沒有講解和注釋，《日本研究》上的文章，則是揀選「一葉」（一首）和歌，從日文語法、時代背景和民俗文化上做詳細的講解。楊聯陞說：「錢稻孫對《萬葉集》的研究有數十年的功力，連日本專家都相當佩服。譯稿全部用文言，或四言，或五言、七言、雜言。我有時在錢府看他自己細改譯稿，真是字斟句酌，而且寫字一絲不苟實在敬佩。譯稿我在那時讀過若干首，但未抄錄。直到一九五六年，錢稻孫的《漢譯萬葉集選》才在日本出版，那一年錢稻孫七十歲。」錢稻孫在該譯著的序中說：「……集凡二十卷，收古歌四千五百有餘首。上自仁德天皇之代，當我東晉之初，下逮天平寶字之年，當我唐肅宗時，其間四百有餘載。作歌者自天皇以至於庶民，遍布其域中，且多莫考姓氏。……萬葉學泰斗佐佐木竹柏園先生名信綱，為選集中英華二百八十許篇，勗予成之。遂逐譯所選各歌，錄其原漢文之題與跋而略加疏說。別以己意增選二十餘章，合為三百餘篇。」一九四五年八月十五日，錢稻孫在華北作協主辦的第五次文學講座上，做了題為〈談談《萬葉集》〉的演講。這一回歸古典的學術報告，為淪陷時期錢稻孫個人乃至整個華北官方文壇活動，劃上了句點。日本學術界對錢稻孫的譯文特別敬重。十多年後《萬葉集選》在東京出版。日本著名學者佐佐木信綱為此譯本寫了「漢譯萬葉集選緣起」，語言學家新村出撰寫「後記」。漢學家吉川幸次郎也在「跋」中稱讚譯者道：「（中國人）對日本文學真正的關心與尊敬，始於本世紀。本書譯者錢稻孫先生與其僚友周作人先生開了先河。周先生的業績以《狂言十番》的中譯本為代表，錢先生的主要成就當推這部《萬葉集》的中譯本……（錢）先生兼備中國、日本和西洋三方面的教養。惟其出自先生之手，此譯本即使作為中國的詩作來看，也是最美的。」

張喆說，一九二一年，錢稻孫以離騷體翻譯的《神曲一臠》發表在《小說月報》上，被視為我國歐洲中古文學翻譯的開拓者，他也是國內翻譯介紹但丁第一人。《神曲一臠》後由商務印書館於一九二四年出版。他的譯文讀來極有韻味，並且進行了極具趣味和知識性的詮釋，介紹了許多義大利乃至西方文化，被有人稱為二十世紀早期「漢譯歐洲中古文學中的一支奇葩」。其實錢稻孫最大的翻譯成就則是對日本古典文學的翻譯。翻譯界有人士認為：錢稻孫有著深厚的日本語言和文字功底，他對日本文化的深刻理解不在周作人之下。因此，他譯出了《萬葉集選》，受到中日學界的一致好評。

抗戰勝利後，錢稻孫與周作人的人生軌跡就極為相似——都被判刑入獄。據一九五八年十一月至一九六六年六月和錢稻孫打過八年交道的蕭乾夫人文潔若說，五十年代初，他作為有歷史包袱的留用人員先被分配到山東齊魯大學去教醫學。他感慨繫之地對我說：「我是自己扛著鋪蓋隻身去赴任的。但那總比坐牢強多了。」後來他被調回北京，在衛生部出版社當一名編輯。一九五六年退休後，任人民文學出版社的特約翻譯。

文潔若說錢稻孫的畢生志願是完成《源氏物語》的翻譯。「那時，這部日本平安時代的名著已改約豐子愷先生翻譯了。於是，樓社長帶我去他家那次，他就不無遺憾地提出這個問題。樓社長回答說：『像這樣一部名著，完全可以有幾種譯本。將來您還是可以重新翻譯嘛。』今天回想起來，當初請錢稻孫放下《源氏物語》，改譯近松門左衛門和井原西鶴的作品，還是做對了。像和時間賽跑似的，豐子愷於『文化大革命』前夕總算把九十一萬字的《源氏物語》譯完，該書已於八〇年代初分三卷出齊。倘若仍滯留在錢稻孫手裏，以他的速度，至多能譯出全書的一半。如今，人民文學出版社出版的《日本文學叢書》三十卷中，總算有了錢稻孫的一卷完整的譯文：《近松門左衛門・井原西鶴選集》，而且這兩部作品難度之大，絕不亞於《源氏物語》。錢稻孫的譯文填補了我國對江戶時代文學翻譯介紹的空白，而且這是無人所能代替的。」

而對於《源氏物語》沒能譯成，文潔若也不無遺憾。她說：「《源氏物語》共五十四帖，錢稻孫譯了五帖，第一帖《桐壺》刊載在《譯文》（一九九七年八月號）上，引起巨大反響。臺北林文月的譯本，分五冊於一九七四年至一九七八年間由《中外文學》月刊社出版。豐子愷的譯本，分三卷出版於一九八〇、一九八二、一九八三年，一九九五年又作為《世界文學名著文庫》的一種，出版了兩卷本。林、豐的譯文水平相當高，但均未能超過錢稻孫。四十年前的『文革』使錢先生這位傑出的教育家兼精通日、意、德、法語的資深翻譯家過早地逝世。倘若假以天年，今天的廣大讀者本來能讀到原汁原味兒、日漢對照的《源氏物語》。」

文潔若又說：「一九六三年，我約錢稻孫譯了一篇有吉佐和子的《木偶淨瑠璃》，當時他正在翻譯近松門左衛門的淨瑠璃（一種說唱曲藝），而日本這位女作家的這個中篇，是以當代木偶淨瑠璃藝人生活為題材的，除了錢稻孫，再也找不到合適的譯者。錢稻孫只花了兩個月就把全文譯出來了。」

文潔若說她最後一次見到錢稻孫，是在一九六五年十一月六日。她說：「我因為即將赴河南林縣去參加『四清』工作，放了三天假，在家整理行裝。一天，社會科學院哲學研究所的工作人員突然來訪，要我趕譯一篇關於世阿彌的《花傳書》的手稿。我對日本古典戲劇音樂一竅不通，只知道這是關於音樂的藝術論著，《花》是要求具有感動觀眾的最高水準的表演技巧。用了兩天時間，費了九牛二虎之力，我才將全文譯出。但總覺得沒有吃透原文的精神。第三天上午，我就跑到西城去向錢稻孫先生求救兵。照例還是我把原文先念一遍，再念我的譯文，並提出疑問。他要我從書架的第三層抽出一部戲劇辭典，翻開某一項，念給他聽，然後發表他的修改意見。就這樣，只花了兩個小時，問題全迎刃而解了。我從他家趕到社會科學院去交了卷，還說明這是經過錢稻孫先生校訂的，並要求從我的稿費中扣除一部分，付給他作為校訂費。」

學者王文歡認為錢稻孫不只是一個文學翻譯家，他首先是一個學術翻譯家。他說：「二十年代末他在清華大學任教的時候，就曾譯介原田淑人的《從考古學上看日中文化底交涉》，羽田亨的《西域文明史概論》；三十年代的時候他又翻譯了白鳥庫吉的《栗特國考》，並介紹了秋山謙藏的《日支交涉史話》，東京帝大文學會的《東方文化史叢流》；四十年代初，他又譯介了矢代幸雄的《日本美術之特質》和石田幹之助的《中國文化與西方文化之交流》；解放後在學術資源損失慘重的情況下，仍然努力譯出了林謙三的《東亞樂器考》，可以說，對於日本學術著作的翻譯，貫穿了錢稻孫的一生。」

日本著名漢學家吉川幸次郎在其《我的留學記》中曾對周作人與錢稻孫推崇備至，深贊他們對於日本文化的引介之功。上世紀三十年代《宇宙風》雜誌曾發表顧良的〈周作人與錢稻孫——我所知道的兩個認識日本的人〉，文中講到周、錢二人對日本的真正認識是從「從文化方面下手——他們抓住了文化的根本要道：歷史，文藝，思想；然後前進，二三十年來繼續不斷努力著，奮發著，擴展著。」錢稻孫說：「瞭解文化是認識一個民族，一個國家最徹底的，最直接的，而且是最有趣味的途徑。」錢稻孫（以及周作人等一批知識份子）努力從超越政治的角度來研究介紹日本，引介日本文化的健康方面，並努力探索解決民族矛盾的途徑。他們首先對於日本文化有比較公允的定位，不再輕視彼邦文化。錢稻孫在一九三三年率領「國立清華大學日本旅行團」的時候就時刻警戒團員：「不要以為日本什麼東西都模仿別人，所以就看不起日本，要知道日本人的模仿往往是一種創造：什麼東西，一經日本模仿。後來常常成為日本自己的東西了」。錢稻孫曾經對日本文化多有評論：「此四百年（指平安朝），最使吾人感興趣者：一切攝自大陸之文明制度，無不逐漸向日本化走去，雖細微處，都可見此趨勢」，「凡事皆見消化外來之文化，不甘於模仿，此一點，最為平安朝之特色」，「日本原有他的固有文化，而中間吸取了消化了調和了中國印度的文化，最近吸取了消化了調和了襲來的文化。因此，日本今日實在有他的卓然的文化」。

錢稻孫說：「我們對於日本確是太沒研究了，此其原因，恐怕與其說是自大之故，毋寧說是太懶惰了」，「中國最近的文化凋落，便在不能消化調和西來的文化」，「現在的日本卻又以偉大之資出現在中國面前」，「我們應到得到許多觸發醒悟」；錢稻孫雖然處在民族矛盾尖銳激化的時期，仍然懷著人道的啟蒙的理想艱難地進行著引介異族文化，從而啟蒙民眾，開啟民智的工作。但作為較為瞭解日本的中國人，在風雲激蕩的政治環境中，往往對日本的感情又有所「曖昧」，這與他們日後的「失足落水」似乎又有著某種潛在的聯繫。因此學者王文歡認為錢稻孫一生游走於中國、日本之間，彷徨於民族立場和異國友情之間，最終也是悲劇的結局。

失了節的錢稻孫，在抗戰勝利後的悲慘境遇，被捕，入獄，判刑，抄家，不能擔任與思想文化有關的教職，翻譯不能署名（指《東亞樂器考》一九六二年版，一九九六年再版已恢復錢稻孫的署名），在「一九六六年的紅八月中，他被紅衛兵抄家，連床都抬走了。老人被毆打得遍體鱗傷，躺在地下呻吟，沒過多久就被迫害致死。」

被周作人逐出師門的沈啟无

沈啟无（1902-1969）

一九三九年元旦，在北京八道灣十一號的周宅，發生槍響。據周作人的回憶：「那天下午大約九點鐘，燕大的舊學生沈啟无來賀年，我剛在西屋客室中同他談話，工役徐田來說有天津中日學院的李姓求見，我一向對於來訪的無不接見，所以便叫請進來。只見一個人進來，沒有看清他的面貌，只說一聲『你是周先生麼？』便是一手槍。我覺得左腹有點疼痛，卻並不跌倒。那時客人站了起來說道，『我是客』，這人卻不理他，對他也是一槍，客人應聲仆地。那人從容出門，我也趕緊從北門退歸內室。沈啟无已經起立，也跟了進來。這時候，聽見外面槍生三四響，如放鞭炮相似。原來徐田以前當過偵緝隊的差使，懂得一點方法，在門背後等那人出來，跟在後面，一把把他攔腰抱住，捏槍的手兜在衣袋裡，一面叫人來幫他拿下那凶人的武器。其實因為是陽曆新年，門房裡的人很多，有近地的車夫也來閒談。大家正在忙亂不知所措，不料刺客有一個助手，看他好久不出來，知道事情不妙，便進來協助，開槍數響，那人遂得脫逃，而幫忙的車夫卻有數人受傷，張三傷重即死，小方肩背為槍彈平面所穿過。」這一槍雖打中周作人，但彷彿命不該絕，子彈為毛衣銅扣所阻，並未傷身；而沈啟无彈中左肩，子彈無法取出，在醫院療養一個半月方才出院。

這次刺殺事件，主謀者眾說紛紜，學者多人認為是「抗日鋤奸團」所為，其動機原本是要阻止周作人下水的，但周作人卻誤認為是日寇所為，反而在賣國求榮的道路上急速滑坡，終於在一九四〇年十二月就任了偽華北教育總署督辦，當了漢奸，從此「走向深淵」，再也無法回頭。這不禁使人想起白居易那著名的詩句：「周公恐懼流言日，王莽謙恭下士時；假使當年身便死，一生真偽有誰知」！周作人若真死於元旦的那一聲槍響，他的一生只有「功成名就」，而不會有「壽則多辱」之嘆了，但畢竟歷史是無法假設的。

說到沈啟无（一九〇二—一九六九），據學者黃開發的〈沈啟无——人和事〉一文的考證，得知沈啟无，祖籍浙江吳興，一九〇二年二月二十日生於江蘇淮陰的一個地主家庭。原名沈鐊，字伯龍。上大學時改名沈揚，字啟无。小時在私塾念書，十三歲進縣立高等小學，十七歲考進江蘇省立第八中學。一九一九年在中學快畢業的下半年，因反對葉秀峰（國民黨省黨部秘書長）的父親去做校長，被教育廳開除。一九二三年考入南京金陵大學，讀了兩年預科。一九二五年轉學北京燕京大學國文系二年級。那時他非常崇拜周作人。也就是在這一年，他認識了周作人。一九二八年燕大畢業後，沈啟无到天津南開中學教國文。一年後又調回燕大國文系，在國文專修科教書，並在北平女師大中文系兼任講師。一九三〇年至一九三二年，任天津河北省立女子師範學院中文系教授，兼系主任。

三〇年代，沈啟无與周作人過從甚密。他與俞平伯、廢名（馮文炳）和江紹原並稱為周作人的四大弟子。在一九三三年版的《周作人書信》中收入周作人給他的書信二十五封，數量之多，僅次於給俞平伯的。另外沈啟无為人所熟知的，還有編選了一本非常有名的晚明小品選本《近代散文抄》，周作人為該書寫了兩篇的序言。選本共分上、下兩冊，分別於一九三二年的九月和十二月由北平人文書店出版。這本書大致以公安、竟陵兩派為中心，收錄十七個人的一百七十二篇作品。從〈後記〉中我們得知，所收作家上起公安三袁，下迄張岱、金聖歎、李漁。在沈啟无看來，公安三袁是晚明小品的始作俑者，而張岱是能夠兼公安、竟陵二派之長的集大成者，金聖歎、李漁是晚明小品的「末流」。書後附有各家的傳記材料和採輯的書目。書名原叫《冰雪小品》，曾交給一個書店，結果被退回。後得到周作人的鼓勵，沈啟无於是重理舊編，交北平人文書店出版。

周作人當時在課堂講授各時代的「散文」，須得有一「選本」。沈啟无編選明清小品文成冊，正合其意。因此他稱道「啟无的這個工作是很有意思的，但難得受人家的理解和報酬。」又說：「啟无這部書並非議論，只是勤勞的輯尋明末清初的新文學派的文章，結果是具體的將公安、竟陵兩派的成績——即其作品和文學意見結集在一處，對於那些講中國文學的朋友供給一種材料，於事不無小補」；又「實為德便」，即「在近來兩三年內啟无利用北平各圖書館和私家所藏明人文集，精密選擇，錄成兩卷，各家菁華悉萃於此，有一部分通行於世，寒俊亦得有共賞的機會，其功德豈淺鮮哉」。

學者黃開發指出，《近代散文抄》是以周作人的手眼來編選明清之際小品的。其編選過程肯定也有周作人或多或少的參與。周作人在其一九三二年三月二十四日致沈氏的信中，曾提到借給他祁彪佳的《寓山注》。沈啟无在文章中每每提及自己在讀書作文方面所受周作人的影響，也經常引用周作人的話。顯然，《近代散文抄》編選意圖並不僅僅是提供一個晚明小品的普通的讀本，而是要來張揚一種文學觀念，並且具有強烈的論戰性。俞平伯就曾明確地把《近代散文抄》看作是支持周作人文藝理論的作品選。這樣，有理論，有材料（作品選），師徒幾個披掛上陣，回擊左翼文學，又有林語堂等人的理論和作品以為策應，於是形成了一個聲勢浩大的晚明小品熱和言志派文學思潮。

黃開發認為《近代散文抄》所收作品的內容主要有以下幾個方面：其一是表明言志的文學觀。晚明作家強調時代的變化，反對空洞的模擬；極力主張言志的性靈文學。人們通常把分別出自於袁宏道〈小修詩敘〉、〈雪濤閣集序〉中的「獨抒性靈，不拘格套」和「信腕信口，皆成律度」作為公安派的口號。其二，《近代散文抄》所收文章最多的是遊記，共六十四篇，占全書篇幅四分之一強。這一派作家努力擺脫世網，走向自然，怡情丘壑，視山水為知音。其三，表現對世俗生活的關注，喜談生活的藝術。品茶飲酒，聽雨賞花，是他們樂此不疲的題材。《近代散文抄》大抵能選出晚明小品家最有特色的文體的文章，同一文體中，又能選出其代表作。所以，從中可以見出長期為人所詬病的晚明小品的總體特色和在文學史上的貢獻。

一九三二年至三六年間，沈啟无任北平大學女子文理學院文史系教授，同時兼任北京大學、燕京大學中文系講師。北平人文書店於一九三三年十二月印行他編校的《人間詞及人間詞話》一冊。一九三七年七月，北平淪陷。最初女子文理學院還每月發兩三成薪水，後來文史系主任李季谷私下攜款溜走，拋下諸多教師不管。沈啟无只得在貝滿女中代課，以維持生活。當時周作人堅決不走，並勸沈也不要離開北平。一九三八年，偽北京女子師範學院成立，院長是黎子鶴，後換為張凱，中文系主任是王廈材。沈啟无任中文系教授，講授「中國文學史」和大一國文。中文系教授還有張海若，壽石工，姜忠奎等。

一九三九年秋，偽北大文學院成立，周作人任院長，沈啟无當中文系主任。當時中文系教授有陳介白、趙蔭棠、張弓、朱肇洛、鄭騫，專任講師有許世瑛、韓文佑、沈國華、齊佩瑢、華粹深、朱英誕、傅惜華等，助教是李景慈。從一九三九年到一九四三年，他在中文系講授的課程有「古今詩選」、「大學國文」、「中國近百年文藝思潮」、「小說史」、「六朝文」。其中《大學國文》後由新民印書館於一九四二年出版，選文包括風土民俗、筆記小說、記遊、日記、書信尺牘、序跋題記、傳記墓誌、紀念、讀書札記、楚辭小賦等十組四十三篇文章，其中沒有一篇「古文」一派的文章，正反映出周作人一派論文的一貫標準。

沈啟无是北平淪陷區文壇的活躍分子。一九四二年九月，偽華北作家協會成立，他任該協會評議員。後又擔任「中國文化團體聯合會」籌委。一九四三年六月，「中國文化建設協會」在北京成立，沈啟无任主任理事。一九四四年九月，「華北作家協會」改選，他任執行委員。

一九四二年十一月三日，應日本「文學報國會」邀請，周作人派他赴日參加在東京舉行的第一屆大東亞文學者代表大會。據學者張泉《淪陷時期北京文學八年》指出，參加的代表來自蒙古（三名）、滿洲（七名）、中國淪陷區和日本（包括台灣、朝鮮等日本占領區）。日本方面原本期望周作人、俞平伯、張資平、陶晶孫、葉靈鳳、高明等名人能夠參加，但實際與會的都是一些不太知名的人物：如華東的丁丁（丁雨林）、周毓英、龔持平、柳雨生（柳存仁）、周化人、潘序祖（予且）、許錫慶，以及日本顧問草野心平，華北的錢稻孫、沈啟无、尤炳圻、張我軍和日本華北駐屯軍宣傳顧問片岡鐵兵，滿洲國的古丁、爵青、小松、吳瑛，台灣的龔瑛宗、張文環等。

回北京後，沈啟无應新民印書館編輯長佐藤源三之約，主編不定期雜誌《文學集刊》。一九四三年八月，應日本「文學報國會」約請，沈啟无參加二十五日在東京召開的第二次大東亞文學者代表大會。參加者除古丁、柳雨生、沈啟无、張我軍外，還有柳龍光、陶晶孫、章克標、關露、田兵、吳郎、周越然、邱韻鐸、魯風、陳寥士、陳學稼、謝希平、陳綿、徐白林、王承琰、包崇新、方紀生、蔣崇義及台灣代表楊雲萍、周金波等人。代表團長由沈啟无和柳龍光擔任。會中日本作家，也是「文學報國會」的成員——片岡鐵兵，提出一項名為〈要求中國文學之確立〉的提案，他危言聳聽地聲稱「有一特殊之文學敵人之存在，不得不有對之展開鬥爭之提議」，於是他指出此敵人「即目前正在和平地區內蠢動之反動的文壇老作家，而此敵人雖在和平地區之內，尚與諸君思想的熱情的文學活動相對立，而以有力的文學家資格站立於中國文壇。關於此人的姓名，余尚不願明言，總之彼常以極度消極的反動思想之表現與動作，對於諸君及吾人之思想表示敵對。」片岡鐵兵的矛頭顯然是指向周作人，並指責「彼為在全東亞非破壞不可之妥協的偶像，彼不過為古的中國的超越的事大主義與在第一次文學革命所獲得的西洋文學的精神之間的怪奇的混血兒而已。」

片岡鐵兵的發言刊載在日文版《文學救國》第三期上，周作人最初沒有看到雜誌，自然也不知情。直到年底，周作人看到《中華日報》上胡蘭成的〈周作人與路易士〉一文，開頭就說：「聽朋友說起，片岡鐵兵新近在一個什麼會議上提，對於中國某老作家，有甚高地位，而只玩玩無聊小品，不與時代合拍，應予以打擊云。據說指的是周作人。」被胡蘭成一點明，周作人這才借來雜誌，讀完文章，他首先敏感到在片岡鐵兵背後，似乎有人在搬弄是非，否則並不認識漢字的片岡鐵兵何以知道他的文章呢？還有，片岡鐵兵發言中說他「嗤笑青年的理想」，又是什麼意思呢？

一九四四年二月，北平出了一種小小的周刊《文筆》（關永吉編），其第一篇，題為〈雜誌新編〉，作者署名「童陀」，文中攻擊「中國老作家」，口氣與日本作家林房雄及片岡鐵兵如出一轍。如說「辦雜誌抓一兩個老作家，便吃著不盡了。」「把應給青年作家的稿費給老作家送去，豈不大妙？」等等。其中還特別點到《藝文雜誌》的老作家，而在該刊上寫文章而又稱得上「老作家」的，只有周作人和錢稻孫，而其中內容又排除了錢稻孫，那就非周作人莫屬了。而這個作者「童陀」，周作人一望便知：就是沈啟无。

沈啟无和周作人的關係原是密切的，即便周作人落水後，沈啟无也鞍前馬後，為周作人謀官，出了不少力。甚至後來周作人罷了官，他還四出活動，為周作人當上「偽國府委員」及「偽華北政委會委員」立下汗馬功勞。他原指望周作人上台後，能夠提拔他當上教育總署的秘書長，或者北大文學院院長。然而周作人因礙於種種人事糾葛，僅任命其為北大文學院國文系主任兼北大圖書館館長，這讓他心生不滿。一九四三年春日本作家林房雄作為「文化使節」來北京訪問，可能出於認為他也是「轉向」的作家，中國文學界對他似乎不大熱情，按周作人的話是：「在北方的往日本留過學或是知道日本文學情形的中國人對於某甲（案：指林房雄）都不大看得起，因此即使沒有明白表示輕視，也總不能予以歡迎」，而只有沈啟无一反其他人，「竭誠地招待他」，在北京中山公園召開文學茶話會，由林房雄與河上徹太郎講文學創作論，林房雄在演講中開始攻擊「中國的老作家」。一九四三年三月，沈啟无在林房雄的支持下，想一人主編《藝文雜誌》與《文學集刊》兩個刊物，為此與他人發生衝突，他向周作人求援，周作人沒有支持他，大概當面對於這位不安於位的弟子也有所批評。我們看到夜裡，周作人還在日記中憤憤地寫道：「啟无來，至十一時才去，嘵嘵論刊物事。……虛浮之事無益徒有損，慘言之亦不能了解也。」沈啟无從此對周作人懷恨在心。

周作人把這些蛛絲馬跡串連起來之後，似乎恍然大悟，於是他「老吏斷獄」地認定是沈啟无在幕後興風作浪。他推斷片岡鐵兵的發言得之於林房雄，而林房雄又得之於沈啟无。他說：「在片岡破口大罵的時候，有這老作家的弟子正在洗耳恭聽，不但此也，似乎供給罵的資料的也就是我的弟子」。於是，周作人在一九四四年三月二十三日的《中華日報》報上發表了〈破門聲明〉說：「沈揚即沈啟无，係鄙人舊日授業弟子，相從有年。近年言動不遜，肆行攻擊，應即聲明破門，斷絕一切公私關係。詳細事情如有必要再行發表。」所謂「破門」是日本人的用語，也就是「逐出師門」。

逾四日，周作人又上書日本「文學報國會」的久米正雄局長，要求明示所謂「反動的老作家」「是否即是鄙人」，且要片岡鐵兵「以男子漢的態度率直的答覆為要」，若是，「則鄙人自當潔身引退，不再參加中國之文學協會等，對於貴會之交際亦當表示謹慎」；並指陳沈啟无，說：「沈啟无為鄙人之弟子，非普通之所謂學生，繼承鄙人貧弱的學問一部分，至今未能一步出此範圍，在此十餘年間又在鄙人指導之下擔任職務，乃近一年來行動漸見不遜，遂至以文字見攻擊，對於恩師反噬之徒不能予以容忍，因即宣告破門矣」。

聲明之後，周作人又在同年四月十日的《中華日報》發表〈關於老作家〉一文，文中周作人毫不客氣地斷定：別的學生在畢業以後再有來信，「或為朋友關係，不能再說是師徒了。沈揚則可以算是例外。他所弄的中國文學一直沒有出於我的國文之外，……還再用了師傅的守法與傢伙做那些粗活，當然只好承認為老木工的徒弟。依照日本學界的慣例，不假作謙虛的說一句話，我乃是沈揚的恩師。總之這回我遇見沈揚對於恩師如此舉動，不免有點少見多怪，但事實已如此，沒有什麼辦法，只好不敢再認為門徒吧了。我自己自然不能沒有錯處，第一是知人不明，第二不該是老作家，雖我只可承認老，並不曾承認自己是所謂作家。」這一番話，擺出「恩師」的威勢，給叛變的「小徒」施以千金重壓，使其毫無申辯的餘地。三天之後，周作人又在該報發表〈文壇之分化〉一文，一方面再次點了沈啟无的名，並歷述了與沈啟无交惡的經過，指其：「這一回因為想要領導文學運動，主宰文學刊物，似乎不大成功，以為這因為鄙人的障害，便二次三番地勞動外國人演說攻擊。末了自己出手來打……覺得徒弟要吃師父，世界各國無此規定，我也未便再行作揖，只好聲明破門完事。自此以後完全斷絕關係，凡有沈揚參與的團體或事業及刊物，鄙人一律敬謝不敏。」其中他還筆鋒一轉地說：「平時我最模糊，不喜歡多事，這回卻覺得不能再不計較，雖然這事聽了使人寒心，以教書為業的尤感到不安」，又顯出忠厚長者迫不得已的苦衷，不僅博得了讀者的同情，沈啟无也無再置一辭的可能。學者錢理群說，周作人在此使出「紹興師爺」的老辣筆法，區區沈啟无那有招架之力。雖然後來沈啟无在四月二十一日南京的《民國日報》上發表〈另一封信〉，聲明片岡鐵兵的演說與己無關，他表示：「我發現事實不符，絕非有意歪曲，周先生自己既未參加大會，唯憑傳聞，有些事情自然難以辨別清楚，一時又為流言所入，生出誤會，也是免不了的。但事實終歸是事實，不是流言可以轉變的，也不是筆刀可以抹殺的，所謂事實勝於雄辯也。同理，經驗也必須根據多方面的事實才靠得住，自以為是的主觀經驗，有時是非常危險的，可不慎歟。」周作人馬上在五月二日《中華日報》上發表〈一封信的後文〉，認定：「沈某攻擊鄙人最確實的證據為其所寫文章，假如無人能證明該文作者童陀並非沈某，則雖有林房雄片岡鐵兵等人為之後援，代為聲辯，此案總無可翻也。」沈遂無言。

學者黃開發認為，儘管始終缺乏確鑿的證據，周作人的推斷是有道理的，日本「文學報國會」小說部參事林房雄的一篇文章可以作為佐證。一九四三年十一月《中國公論》第十卷第二期發表辛嘉譯林房雄的文章〈新中國文學的動向——與沈啟无君的談話〉，譯者在附記中介紹，此文原載於八月二十四、二十五、二十六，三日間的《每日新聞》。時間正值第二次大東亞文學者代表大會召開之際。林房雄所記是他與沈啟无的一場談話。作者對沈啟无加以描寫和讚美，大談與沈的「信賴和友情」。並且說道：「北京成立了『藝文社』（周作人氏主持），發行《藝文雜誌》和《文學集刊》，《藝文雜誌》為文化綜合雜誌，它不能成為新中國文學運動的主體。沈君的信念是有良心和熱情的文學者結為同志，向青年知識階級中深深培植根基而前進時，第二次中國文學革命方有可能。」不難看出，在周、沈之間，他是有褒貶的。他還對《藝文雜誌》已出二期，《文學集刊》遲遲未能出版抱不平，有意識把二者對立起來。正是在他的直接干預下，《文學集刊》才得以面世。他們還談了南北文學者統一的問題。沈啟无的談話中頗多對日方的諂媚之詞。在這樣的情況下，沈啟无是很有檢舉周作人的可能的。

儘管如此，沈啟无仍覺得憤憤難平，於是另在《中國文學》第五號上發表針對周作人的詩〈你也須要安靜〉，詩云：

你的話已經說完了嗎
你的枯燥的嘴唇上
還浮著秋風的嚴冷
我沒有什麼言語

如果沈默是最大的寧息
我願獨抱一天岑寂
你說我改變了，是的
我不能做你的夢，正如
你不能懂得別人的傷痛一樣
是的，我是改變了
我不能因為你一個人的重負
我就封閉我自己所應走的道路
假如你還能接受我一點贈與
我希望你深深愛惜這個忠恕
明天小鳥們會在你頭上唱歌
今夜一切無聲
頃刻即是清晨
我請從此分手
人間須要撫慰
你也須要安靜

而周作人對沈啟无也是餘恨未消，後來多在文章中譏刺之，並在〈遇狼的故事〉、〈關於東郭〉等文章中稱其為「中山狼」。即使到了晚年他給鮑耀明的信，稱與俞平伯、廢名二弟子「近雖不常通信，唯交情故如舊。尚有一人則早已絕交了，即沈啟无是也。其人為燕京大學出身，其後因為與日本『文學報國會』勾結，以我不肯與該會合作，攻擊我為反動，乃十足之『中山狼』」。這是後話。

而在「破門」之後，周作人沒有經過北大評議會，就勒令文學院對沈啟无立即停職停薪，由於周作人的封鎖，他斷絕了所有生路，連《文學集刊》也只得停刊。從一九四四年的五月到十月，沈啟无靠變賣書物維持生活。之後，胡蘭成約他去南京編《苦竹》雜誌，他認識胡蘭成是由於一九四三年冬，他參加南京偽宣傳部召開的全國作家協會籌備會議。

其實早在一九四三年春在全教會議上，也即是在樊仲雲宴請華北各教授的席上的那一次，沈啟无和紀果庵在南京見面。沈啟无給柳雨生的信中說：「來南京後，幾乎天天看見果庵，隨便亂談。此公既能辦事，而又健於談天，長於寫作，真當今之人才也。」（〈閒步庵書簡〉，一九四三年五月《風雨談》第二期）而紀果庵也寫有〈沈啟无印象〉一文說：「此番全教會議，使我重會到別離多年的師友，並認識了好些心儀已久的人物，如沈君殆即其一，對於沈君，我不是在《語絲》上認識的，還是因為《現代》上刊出的知堂翁日記裏，有『啟无來』的字樣很多，才引起我的注意。又我對於沈君的散文，沒有對他的詩印象深，而我的老友，如常在《現代》、《文飯小品》等處發表散文與詩的『南星』君，又是沈君的學生兼同門。

南星的詩，頗與沈君有近似處，蓋田園風味中，加以沖淡之趣。若比古人，或韋應物、孟浩然最切近也。民國廿七年冬，沈君在知堂翁書齋遭池魚之殃，使我受很大衝動，後來聽說他並沒有受多大影響，方始釋然。那時在《朔風》或《中國文藝》上還偶爾見到他的詩，我由詩篇的風格推斷，以為他一定是屬於肺病型的頎長瘦削的江南才子，那知這回在中央大學第一次遇見，卻是滿面健康色的丈夫，面唇上又鬑鬑頗有髭，馬褂穿得很整齊，如果不說是教授，倒頗可算一位簡任官吏了。」又說：「那一次初遇，是在樊仲雲先生宴請華北各教授的席上，他是第一位來客，我推開客廳門去招待時。一見面就說：『果庵吧？我是×××。』我好像也有了什麼特別的標記，一下就被他喊出名字來。在宴會的酬應場面上，大家是不好談甚麼的，一連開三天會，大家聽膩了八股式的議論，和許多慨當以慷的牢騷，老實說，我還是抱著〈說開會〉一文的態度，對於會議本身，並無若何敬意，倒是看看那些早已知道了名字今日才有緣相會的面孔，比較還有點意思。好像第一天會議後，我到中央飯店去拜訪他，順便還看幾位老同學舊師友，適逢日本文學家林房雄也在，林君是個兵士型的人物，說話很率直，光頭，與我倒是老同志，中國話學了不多久，馬馬虎虎能說幾個字，但那種天才亦就相當可佩服。我同啟无說了許多關於舊朋友的話，以及許多人的消息。啟无說在飯店住很嘈雜，開會完了，擬到滬一行，可以會見上海諸友。回來也許住到我的學校裏，我表示竭誠歡迎，並即說定，到時必請他講演。」後來紀果庵果然請他在中央大學附中演講。

沈啟无在《苦竹》雜誌上發表過散文〈南來隨筆〉和新詩〈十月〉。其中〈南來隨筆〉中有段談張愛玲的文章，沈啟无說：「彷彿天生的一樹繁花異果，而這些花果，又都是從人間的溫厚情感洗鍊出來的。她不是六朝人的空氣，卻有六朝人的華贍。」又說：「張愛玲，蘭成說她的文章背景闊大，才華深厚，要占有一個時代的，也將在一切時代裡存在。這話我並不以為是過譽，看她文章的發展，是有著多方面的，正如蘭成說的，『青春能長在，自由能長在，才華能長在』。生活對於她，不是一個故事，而是生命的渲染。沒有故事，文章也寫得很美。因為有人生做底子，所以不是空虛的浮華。她不像西洋厭世派，只寫了感覺，在他們的手下，詞藻只做成『感覺的盛宴』。而她，把感覺寫繪成感情，幾乎沒有一樣感覺不可以寫出來的，沒有一樣感覺不是感情的。她走進一切的生命裡去，一切有情無情在她的作品裡也『各正性命』，得到一個完全的安靜。所以，她的文章是溫暖的，有莊嚴的華麗，也有悲哀，但不是慘傷的淒厲，所謂『眾生有情』，對人間是有著廣大的愛悅的。」沈啟无說他是針對張愛玲談音樂、談畫的諸多文章而寫的感想，至於張愛玲的小說《傳奇》他還未及細讀，總體而言沈啟无的批評是有其見地的。

一九四五年初，他隨胡蘭成到漢口接辦《大楚報》。胡蘭成做社長，他任副社長，胡蘭成從南京找去一個姓潘的當秘書，後又找關永吉任編輯部長，還有一個日本人福岡做聯絡員。關永吉在《大楚報》上恢復了《文筆》副刊（雙週刊），名義上由沈啟无主編，實際上還是關永吉在負責，沈啟无只是在每期上發表一些詩歌。他在《文筆》上寫的新詩，連同以前的舊作，包括他針對周作人寫的〈你也須要安靜〉，共二十七首，由《大楚報》社印成一冊《思念集》。

亂世中兩個成年男人在一起共事，自然可以看出彼此為人處事中遠距離難以觀察到的層面。胡蘭成在回憶錄《今生今世》「漢皋解佩」一章中，有對沈啟无側面的記述：「沈啟无風度凝莊，可是眼睛常從眼鏡邊框外瞟人。他會作詩，原與廢名、俞平伯及還有一個誰，是周作人的四大弟子，北京的學術空氣及住家的舒服溫暖，在他都成了一種沉湎的嗜好。他的人事各既成藝術品，可以擺在桌上供神，但他的血肉之軀在藝術邊外的就是貪婪。他要人供奉他，可是他從來亦不顧別人。」胡蘭成的文字簡約，然而嫌惡之情，溢於言表。不過，他們之間有經濟上的糾葛，胡蘭成又對沈啟无在他的情人小護士周訓德面前說他的壞話一事，耿耿於懷，他說：「第二天我與啟无從報館回來，在漢陽路上走時，我責問他：『你對小周怎麼說話這樣齷齪！』啟无道，『小周都告訴你了麼？』我叱道，『卑鄙！』他見我盛怒，不敢作聲，只挾著公事皮包走路，仍是那種風度凝莊，我連不忍看他的臉。兩人如此默默的一直走到醫院，我走在前面，他跟在後頭，像拖了一隻在沉沒的船。啟无從此懼怕我，出入只與永吉同行，有幾次我在漢水渡船上望見他們兩人已上岸先走了，像紅樓夢裡的一僧一道，飄然而去。」胡蘭成的記述是難以全拿來當信史看的，況且他本身就是一個無行的文人。在他們的關係中，沈啟无又充當了一個無言者。

一九四五年六月，抗戰勝利前夕，沈啟无回到北平。據〈沈啟无自述〉說：「這年冬天，燕大同學李蔭棠和余協中來找我，余協中比李蔭棠高兩班，他們都是歷史系同學。我以前不認識余協中，他來約我到東北去教書，說要在瀋陽辦中正大學。」其實余協中就是當今史學大師余英時院士的父親，他在燕大畢業後赴美留學，在科爾蓋特（Colgate）大學，獲碩士學位，又到哈佛大學研究。一九二六年余協中學成歸國，在天津南開大學任歷史系系主任，主授西洋史。

一九四六年春，瀋陽中正大學尚未籌備就緒，沈啟无先到錦州編杜聿明新六軍《新生報》文藝副刊。同年秋，中正大學成立，校長是張忠紱（未到校），董事長是杜聿明，文學院長是余協中，中文系主任是高亨，沈啟无任中文系教授。這時期高亨在《東北日報》編〈文史〉副刊，沈啟无在創刊號上寫過一篇文章〈新文化運動與新文學〉。一九四七年，瀋陽快解放的前夕，余協中回到北京，中正大學陷於癱瘓，學校替大家買飛機票，紛紛離散。沈啟无也全家回到北京，留在瀋陽的書物，全部遺失。回北京後沈啟无沒有工作，於是又攜家眷到上海。到上海後，一時也無適當工作，又去夫人傅梅的家鄉寧波，一段時間裏，沈啟无客居賦閒，讀書度日。

一九四八年到四九年底，沈啟无任教於寧波的教會學校浙東中學。寧波解放後，他參加軍管會教師訓練班，向有關部門交代自己解放前的經歷。訓練班結束後，軍管會委派他做浙東中學代理校長。

一九五〇年春，他舉家又回到北京。他經人介紹到由廖沫沙領導的業餘教育委員會，被派到石景山鋼鐵廠職工業餘學校做教務主任。一九五一年調到工農教育處編職工語文課本和研究語文教學問題。一九五二年底到北京函授師範學校編函授語文教材。一九五五年函授教材編完，他們需要自己另謀工作。這時北京師範學院正在籌辦，他寫信給廖沫沙請他介紹。同年七月，他到北京師範學院中文系任副教授。

一九五六年，沈啟无加入「九三學社」。一九五七年反右期間，他參加「九三學社」小團體，批評整風運動。一九五八年二月被劃為右派。處理結論是情節輕微，有悔改表現，按六類處理，免於處分。一九五九年，右派帽子被摘掉。一九七九年初錯劃問題得到改正。

一九六〇年、六一年，他兩次患心臟病。六二年出院，在修養期間，病中讀《魯迅全集》，見第八卷《中國小說史略》未加注解，校勘不當之處很多，遺漏未經訂正的有好幾十處，於是就手邊舊本和筆記，陸續加以整理。一九六二年十一月間，北京師範學院中文系裏讓他搬進校內住，準備次年開課。後來改變計畫，讓他培養兩個青年教師，參加古典組集體備課，校訂青年教師進修書目。在一九六四年古典組舉行觀摩教學期間，他在工作中又患心臟病，住阜外醫院。出院後修養，沒有擔任具體工作。

據六〇年代初與沈啟无在一個教研室工作的漆緒邦和李錦華回憶，沈氏謙虛謹慎，溫文爾雅，頗有學者風度。他主要講宋元明清文學，只是諱談晚明小品。他的課深入淺出，感情充沛，教學效果好。講到《長生殿》中唐明皇和楊貴妃生離死別、纏綿悱惻的愛情故事，把幾個女生都感動哭了。他也因此挨了批，說是思想感情不健康。

「文革」爆發，他被「革命師生」揪出勞動、批鬥。因心力衰竭，經北醫三院證明，不能參加勞動。係「文革會」讓他在休息中自己學習檢查，寫了多份彙報材料上交。一九六九年沈啟无心臟病發作，並復發肺炎。十月三十日在復興醫院去世，終年六十七歲。

沈啟无全家福

沈啟无與夫人傅梅。

後記：

雖然在做周作人及張愛玲研究中，無可避免地會閱讀到一些沈啟无的資料，但更完整的材料卻找不到，已有的記述往往語焉不詳，甚至多有舛誤。學者黃開發先生，透過傳主的家屬，整理出〈沈啟无自述〉，其中包括了沈氏個人、與周作人的關係和敵偽時期淪陷區文學活動的第一手材料。讓原本音訊杳然的沈啟无，得以追蹤到他的身影，因為他在「周作人研究」中，畢竟還是一個不能繞開的角色。

報人管翼賢的悲劇人生

管翼賢（1899-1951）手札

他是資深的報人，從「神州通訊社」到《實報》，使他成為華北地區炙手可熱的人物。他在古城中，可以說是紅得發紫了。後來秦德純任北平市長，發表他任市政府秘書長，他都堅辭不就，他就是管翼賢。但抗戰中他卻附逆了，並擔任武德報社社長，又出任華北政務委員會情報局局長。成了敵人的幫兇，最後因漢奸罪被處決了。

管翼賢（一八九九—一九五一）湖北蘄春人。根據與他一同辦報的李誠毅在其回憶錄《三十年來家國》一書中說，管翼賢早年進過憲兵學校，陸軍測量學校，日本早稻田大學。管翼賢於民國七、八年間，就開始從事新聞活動。那時他的同鄉有個不大不小的政客陳定遠（班侯），想以新聞事業作政治敲門磚，就辦了一個「神州通訊社」。他當眾議院的秘書長，由他的哥哥陳勉亞，主持通訊社。管翼賢初進神州通訊社，所編稿件，還要陳勉亞修改。但他頭腦非常靈活，出席國會時，能把各議員的發言，大致不差，統統記載下來。回社後振筆直書，一點鐘能寫三千字左右。當晚十點以前，送到各報編輯部，有時佔各報篇幅四分之一或三分之一。當時北京各報，若沒有神州通訊社的稿子，幾乎無法出報。因為那時國會幾乎常常開會，關於國會開會的消息，只有神州通訊社一家最為詳細，其他各通訊社望塵莫及。報人成舍我也說：「管的點子多，會鑽門路，有新聞鼻，筆下好」。神州通訊社因此走紅，陳定遠也隨之而紅，但百分之百的功勞，是管翼賢的。但陳定遠對管翼賢非常刻薄，很少給薪。但管翼賢也無所謂，因為當時聘他為通訊員或特派員的，也不下十餘處之多。

報人龔德柏與管翼賢相熟，他說：「管為人和藹可親，同任何人都能接近，政軍界要人，除吳佩孚、張作霖外，恐怕沒有一個人不認識管翼賢，並且都覺得他不錯，願同他接近。因為他對於任何人的消息，只說好的，不說壞的，只有恭維，絕無批評，更不能說到攻擊，使人人都覺得他的轎子好坐。……所以他去會任何要人，都能隨時會到；他人得不到的新聞，他都能訪得，有時事關機密，叫他守秘密，他也決不發表。所以關於北洋政府的秘密，他比任何人都知道得多些。他做外勤記者，確確實實做到第一人的地位。」

按當時發展的情形，這個通訊社遲早要執首都新聞發佈之牛耳，可是到了民國十三年，張作霖入關，形勢一變，他自然不讓一個接近直系的新聞機構繼續存在，當時就命令憲警逮捕管翼賢。消息靈通的管翼賢即刻逃到使館保衛界的東交民巷，再轉往大連去了。管翼賢既交遊廣，腳路寬，不怕沒人代他向奉軍疏通，張大帥事過境遷，也不願再追究，於是，他由大連轉到天津，在英國人辦的《泰晤士報》當編輯。到次年，他和張作霖三四方面軍團部的關係接上了。當時天津的《益世報》，是由該軍團部秘書霍戟一擔任總編輯，管翼賢通過少帥張學良的關係，又兼了《益世報》的編輯。那時李誠毅也在《益世報》當戰地外勤記者，後來他們就回到北京創辦一個「時聞通訊社」，社址設在宣武門內嘎里胡同。由管翼賢任社長，李誠毅任副社長。另外找了兩個寫鋼板的練習生，兩名騎車送稿子的工友。這樣就把一個通訊社開辦起來了。李誠毅說：「我們跑社會新聞稿尤其賣力，隨它什麼無頭無尾的事，隨它封鎖得如何緊密的消息，我們也要找尋一點裂縫，便從這裂縫中原原本本把新聞找出來。時聞通訊社就這樣的闖出了天下。」

「時聞通訊社」的基礎打穩了以後，他們就想另辦一個日報，於是一九二八年管翼賢出來自己辦報，據龔德柏說，管翼賢有個朋友叫李書俠，貴州人，三教九流，北平一等妓院的妓女，他完全知其名。他窮困異常，但架子卻擺得很闊。他有一女友邵挹芬，係有名眾議員的女兒。後來邵挹芬因李書俠的關係而認識管翼賢，雖然管翼賢已有家室，但卻與邵挹芬結婚，邵挹芬大約有幾千塊錢，就用這筆錢做資本，開辦《實報》。然據李誠毅的說法是，管翼賢找鄂籍軍人徐源泉一次出資大洋五百元，前陝西督辦寇霞將軍拿了四百元，方振武二百元，李誠毅透過第四集團軍前敵總指揮部參謀長王澤民將軍的關係，向白崇禧總指揮每月領到津貼三百元。七拼八湊，一共集到一、二千大洋。

《實報》創刊於一九二八年十月四日。管翼賢任社長，邵挹芬任經理。發行人先後有孫承宗、顏寶賢、蘇雨田等。《實報》是一張四開小報，北京人管他叫「小實報」（後期該報的四版就取名《小實報》）。一九二六年以後，北京城裡的大報，有《京報》、《晨報》，成舍我辦的《世界日報》，還有每天中午就由天津火車運到的《大公報》、《益世報》和《庸報》，而小報則有迎合下階層的像《小小日報》、《實事白話報》、《群強報》等；《實報》創辦之初，並無大量資金，報館設備，極為簡陋。報紙由一家鉛印館代為印刷，每天只出版一張四開紙，由王柱宇為主編，管翼賢自任採訪。後來隨著業務的發展，又以李誠毅為外勤記者，擔任採訪政治新聞。

據滿恒先的〈管翼賢與《實報》〉文中說，創辦之初的《實報》版面為豎排左行文，全版橫破七欄，行文多用六號字，標題字型大小略大。一版為要聞（以國內消息為主），二版有「燕京舊聞」、「劇談」等京味雜談、典故，三版叫「特別區」，有「天橋」、「社會長篇」（小說連載）等。四版為本市新聞。廣告一般放在三、四版的下部，後來改在一版。

滿恒先並提出《實報》的三大特點：一是「小而精」；二是「小而實」；三是「小而正」。據一九二五年考上《世界日報》文藝版特約撰稿人，後任《世界日報》總主筆的張友漁，對抗戰前的《實報》是有好感的。他在〈我和《實報》〉文中說：「我熟悉一九三三年以前的《實報》。那個階段，我給它寫過通訊和社論。小《實報》不同於當時的一些不登或少登政治新聞、只搞低級趣味的一般小報。它的內容和大報一樣，政治性很強。」他認為《實報》是「小報大辦」，他說：「《實報》是有辦法的。它的辦法，我看可以叫『精編主義』。任何重要消息《實報》都有，但編得短小精悍，消息重要但占版面不大；我國和外國通訊社報導的重要消息，它都採用，但經過重新編寫，保留特點。消息既多而不重複，細心人還能從中看到消息之外的消息。」至於「小而實」，據滿恒先與當時各類小報，譬如《世界晚報》比較，《實報》僅一個版面的文字容量就多出近百分之三十。一份《實報》比其他小報多出近一個版面的內容，但價格是「每份大洋一分，每月三角」。同樣價格，買《實報》要實惠得多，這也是《實報》長期居銷量之首的原因。當然能一紙風行，靠的還是內容。《實報》內容廣泛，但辦報正派。該報不以低級下流媚俗，不用怪誕獵奇拉攏讀者。例如張恨水每天在副刊上寫一段小說「落霞孤鶩」，右上角宣永光的「老宣諷話」，無賴子（王柱宇）的「每日叢話」，都是雅俗共賞而為讀者稱道的欄目。張友漁、李達、丁玲、沈從文、老舍等進步報人、作家是該報的特約撰稿人，長年為其寫稿。

另外《實報》是委託一家由常振春主辦的派報社代為推銷的，這家派報社的前身是永興寺京報房，由清末即擔任承銷清廷發佈的《上諭》，有著豐富的銷報經驗。常振春與管翼賢私交很厚，常振春為《實報》大力擴展銷路，因之出報數量日益增加，設備也逐漸充實，管翼賢並從德國購得一台捲筒機器。

一九三〇年，張友漁到日本考察報業，臨行前，管翼賢找到他，請他為《實報》寫通訊。因為中國民眾對當時的日本不瞭解，仇恨中又有些許恐懼。張友漁認為十分有必要把真實的日本介紹到國內。到日本後他連續在《實報》刊發了「旅東一月記」、「東京過舊年」等通訊稿。文章寫道：「不到東京，幻想著那裏一定是黃金世界。一到東京，才知道，一樣是泥犁地獄！」將日本人民的窮困、精神的空虛、人玩弄人的社會現實，真實地展現在讀者面前。此外，他還從新聞專業的角度，將自己對日本報業競爭、技術進步等考察心得，發表在《實報》上，讓國內同行比較、借鑒。「九・一八」事變的當晚，管翼賢接到來自東北的電話爆料，第二天，管翼賢搶在各報的前面，在二十日的《實報》上以「日本昨占瀋陽」大字標題報導出來。隨後，該報至十月初，連續在頭版頭條報導東北時局。該報還發起為東北人民抗擊日寇侵略，募捐藥品、鋼盔等活動。募捐活動得到積極回應，也提高了《實報》的聲譽。此後，在抵制日貨的活動中，《實報》拒用日本產機製新聞紙，又讓北平人稱讚不已。那一時期的《實報》曾沿平綏、平漢、津浦路散發到全國各地。《實報》的新聞報導和評論，也呼籲人們在「國難當頭」時要「息爭禦侮」，號召國人「速起救己，收復失地」，先後發表了〈中日不並存〉、〈抗敵惟賴決心〉、〈捨奮鬥無以求生〉等抗日救國社論。事變之後，身在日本的張友漁連續以「再渡扶桑」為總題目，向《實報》發稿，向讀者揭露日本帝國主義的侵略面目。

作為一張中國人主辦的中國報紙，管翼賢的《實報》曾經表現出抗日的色彩，所以日軍進入北平的時候，首先便注意到他。另外當時《實報》最高發行量竟超過十四萬份，被稱為「華北各報發行之首」。龔德柏說是因為管翼賢的鋒頭出得太足，他的《實報》壓倒了一切同型報紙，更令人妒忌。於是有人向日本憲兵告密，說他同中央有關係。日本憲兵乃前往宣武門外大街五十六號的《實報》社搜索。他於是拿出特務機關給他的證明書，憲兵看了仍不滿意，還是搜索到一個衣箱，這衣箱裡，有關麟徵用其軍部信箋信封所寫賀他當市政府秘書長的原函，以及蘆溝橋事變時，蔣介石在廬山與全國各界領袖共商國是，曾電約北平耆宿邱椿晤談的原電（當時因不悉邱住址，乃託由「管社長」轉致，管鈔電文送邱，而將原電保藏），赫然俱在。管翼賢把這兩張電報收藏起來，原以為將來復歸中央的根據。不料為日本憲兵搜著，他與中央有關係的憑據成立，所以他知大禍將至，遂藉詞取茶，急奔後院踰牆逃出，躲入東交民巷藏焉。

管翼在東交民巷躲藏數日後，費了很多力，逃到天津，在天津一度為日本軍捕獲，但不知他是管翼賢，關了一晚，他拿出襪底下的五千元鈔票，送給看守者，才得逃脫。他由天津逃到濟南，一度在濟南恢復《實報》，不久濟南吃緊又到南京，很希望在政軍界得一名義，如立法院委員，或第六部設計委員之類，以為護符。但政軍界一般人，對他的圓滑，都不放心，不敢幫忙。一九三七年十二月十三日，南京淪陷。十二月十三日，《實報》精心策劃的「慶祝南京陷落」特刊，稱「最可慶幸的事件」等報導，應與管翼賢無關。因南京淪陷時，管翼賢已不在北平。

龔德柏的《回憶錄》中說：「我由南京到漢口，他已在漢口與成舍我籌備出一張晚報，後來未能出版，什麼原因？我也不甚知道。我回到瀘溪，由瀘溪再回到漢口時，他已不在漢口。聞別人說：他在法租界的房屋被搜查，他的部下童某，被政府傳訊。其原因聞係北平《實報》，雖由其部下李某接辦，但向管常報告《實報》情形，故政府認管有敵諜嫌疑。幸而管本人這時不在漢口，故未被捕，而只捕其部下，管只得逃往香港，遂在香港與敵人接觸，致王芃生的情報員，報告他的行動。」

王芃生（一八九三—一九四六），湖南醴陵人。一九〇九年入長沙陸軍小學，是年秋加入中國同盟會。一九一一年任京津調查部專員。一九一二年二月赴南京參加入伍生隊，又改入軍需學校。一九一六年赴日本入陸軍經理學校高等科，又入日本東京帝國大學經濟學部聽講。

一九二〇年返國後在山東任職。一九二四年又赴日本研究日本歷史文化。一九二六年秋回國任國民革命軍第八軍第二師參謀長，旋任第三十五軍少將參謀長、江右軍總指揮部參謀長及中將總參謀。後又任安徽省民政廳廳長、湖南省政府顧問、日本大使館參事、交通部次長等職。抗日戰爭爆發後，主持軍事委員會國際問題研究所，任中將主任。這是國民政府的一個對日情報機關，專門研究日本問題，組織上隸屬於國民政府軍事委員會，情報關係上直屬蔣介石的侍從室。抗戰八年中，國際問題研究所廣泛收集敵友情報，剖析國際形勢，對德軍進犯蘇聯、日本偷襲珍珠港及日本的投降等重大事件，均在事先作出了準確的判斷，提供了可靠的情報。王芃生本人更是成為馳名中外的研究日本問題的權威，有「日本通」之稱。

南京淪陷後，國際問題研究所在武漢法租界辦公。龔德柏說：「我在武漢也沒有固定任務，故暫在長沙居住，看形勢再定去向。但到（一九三八年）七月底，王芃生忽有電報叫我到漢口去，我乃於八月三號乘船回到漢口，王芃生告我：他已奉委員長面諭，組織中央情報委員會，請我擔任一腳，在該委員會未成立前，先在國際問題研究所辦事，於是我入住他的研究所，為他編輯情報。」

龔德柏有一天在漢口王芃生處，王芃生拿出一件香港電報給他看。龔德柏在《回憶錄》中說：「我既由王芃生之情報，得悉管翼賢在香港與日本新聞記者有接觸，我即斷定他有投敵之意，為救老朋友，故我即日寫信給他，勸他萬不可於此時回北平。我說：『你現在回北平，不過拿回來你的《實報》，但將來搶你的《實報》者，恐怕就是我。（抗戰勝利後，我若要《實報》，有絕對把握可以獲得，足見所說並不是吹牛）你若等我們抗戰勝利，那時後你拿回《實報》，才真永久是你的。』我的說法，對管可謂對症下藥。他接到我的信後，即日回信，說：他的小孩，已在香港讀書，必須俟他們畢業後，方離開香港，其表示不即離港，可謂堅矣。但我覺得他所說的，不一定可靠，所以我又有信給他，勸他萬萬不可離港，不管是否於人格有關，即由利害上講，也不合算。他得我這封信，一個月左右方有回信，仍堅決說不離港。但兩日後，他就飛往北平了。足證他對抗戰勝利，沒有信心，認為這時候回北平有利，故違反對老朋友的諾言，而各行其是了！」。

管翼賢偕同妻子邵挹芬避居香港，生活一度很窮困。他之所以回到北平據說是他的老朋友佐佐木健兒，與他去了一個電報，請他趕緊到華北去，可以飛黃騰達，至於日本方面的猜疑，由他從中疏通，可以負責無事。管翼賢接到這個電報，當時利慾薰心，便秘密的回到北平了。而佐佐木和管翼賢是舊識，一說是盟兄弟。據日本聯合通訊社（後改組為日本同盟通訊社）上海分社社長松本重治的回憶錄《上海時代》一書中說，「七・七」事變後，日本駐北平特務機關長松井久太郎急於見到北平市長秦德純，但撥了幾個電話，秦德純也不接聽。於是他找到同盟通訊社的社長佐佐木。佐佐木想到了一個人，那就是《實報》的社長管翼賢。管翼賢是秦市長的座上客，又與日本人關係密切。於是，松井、佐佐木和管翼賢湊在一起謀劃、商定。管翼賢向日本人打保票「機關長放心，我能讓秦市長見到你。」果然，管翼賢幫松井見到了秦德純，達到了日本人施壓、離間中國軍民的目的。

所以，管翼賢決計從香港跑回北平時，自認為他與日本人無冤無仇，甚至日本人還會有求於他。管翼賢回平以後，住在佐佐木的家中，不准見客，形同軟禁，佐佐木向日方代為疏通。那時日本在北平掌整個宣傳責任的，是山家亨少佐，因了佐佐木的保證，遂對管翼賢稍微釋疑，於是在日本報導部和管翼賢見面，管翼賢的日本話相當不錯，口才更是屬於一流，一張和藹的面貌，尤使人一見生愛，山家少佐見管翼賢之後，即感覺是一個宣傳界的幹才，自然不肯輕於放鬆，當時便下令，委任管翼賢為剛剛創刊（一九三八年九月十五創刊）的偽治安總署機關報《武德報》的第一任編輯部部長，《武德報》名稱亦為管翼賢所定，取「武運長久」之意。在日本社長龜谷利一和管冀賢的經營下，設在北平王府井大街的《武德報》社很快成為日本侵略者對華北各報的統治中心。管翼賢果然是個宣傳界的人才，曾經計劃了許多有利益於日本的謀略，畫報與小冊子用飛機送到中央軍陣地散放，意在煽惑軍心，雖沒有收到很大的效果，山家認為他的計劃是對的，慢慢的對管翼賢相信起來，在三個月以後，將《實報》發還給他（當時已被胡通海所佔據），不過有一個條件，《實報》須專為日方宣傳，因為《實報》在華北有每天銷行十萬份的勢力，尤其是下層社會喜讀《實報》，管翼賢滿口應允，於是恢復《實報》社長地位，同時並獨攬《武德報》大權，於是管翼賢甘心賣國，貪圖一時之享受在日人卵翼之下，在華北成為一紅人。

一九四〇年，管翼賢出任日偽華北政務委員會情報局局長，他派原北洋政府京師警察廳的職員吉世安和《實報》記者張鐵笙為科長，並委任華北各省市道尹、局長為情報局參議，委任各縣縣長為情報局諮議，為日偽當局蒐集大量情報。又幫助日偽制訂華北地區的有關宣傳綱領，指導「華北宣傳聯盟」和「華北新聞協會」的宣傳工作。

一九四一年周佛海派報人金雄白參加「滿洲建國十週年紀念」的慶典，同行的有汪偽「宣傳部次長」郭秀峰、上海《中華日報》代理社長趙慕儒、上海《國民新聞》副社長黃敬齋等人。車抵北平以後，與華北的一批「代表」會合前往，這批人中有華北的「宣傳局長」兼《實報》的老闆管翼賢，以及天津《庸報》的總編輯童漪珊等數人。金雄白說：「汪政權所派出的代表團，行前還決不需要與日人商酌，同行中也決無日本人在內，而華北的代表團，居然有名喚佐佐木的日本顧問，全團須事事向他請示，這日本人也公然頤指氣使。華北的管翼賢，在華北代表中，他是居於領導地位，而對於日本人的恭順卑膝，可使旁觀者為之眥裂。這樣一個曾在新聞界露過鋒芒的人物，具有高等的知識，而其無恥竟會一至於此！我曾經用語言來譏刺他，他赧赧有慚色，也有慍色，以後就與我避得很遠。」

管翼賢又擔任由日本東京同盟通訊社北平分社增設的華文部改組的偽中華通訊社社長。另外日偽當局為了培養造就新聞從業人員，還設有偽「中華新聞學院」。該院講授有關新聞學及新聞採訪、報紙編輯等課程，講師由偽中華通訊社的編輯、記者擔任，有時邀請其他單位有關人員講課。該院招收的學員學習期滿後，分配到日軍佔領區的新聞宣傳機構擔任職務。偽「中華新聞學院」由偽中華通訊社領導。

學者單波說，在管翼賢所擔任的諸多偽職中，有一項是日本華北軍報導部「中華新聞學院」教務主任兼新聞學總論教授，這使他有機會纂輯成《新聞學集成》，並於一九四三年由日偽「中華新聞學院」印行，成為淪陷區新聞理論的代表。關於該書的撰寫，〈前言〉有說明云：「本書纂輯之材料，係就以往燕大、平大、朝大、民大及最近三年來於本院講述新聞學總論之教材，重加整理而成，其中理論部分，多譯自東西新聞學名著，實際應用方面，則匯集個人二十年來經營報業之心得，要以內容力求充實，體系益期完整也。」

一九四四年四月，日偽當局為了進一步加強對北平與華北各都市報紙的控制，乃接收偽《新民報》社，成立偽《華北新報》北平總社，接著發行了《華北新報》。同時各地方報紙一律改為偽《華北新報》，如《天津華北新報》、《石家莊華北新報》等，均由偽《華北新報》北平總社直接領導，所有各報社的人員都由總社委派任命。偽《華北新報》總社社長由管翼賢擔任。管翼賢通過領導、指導日偽新聞事業，為日本帝國主義滅亡全中國和奴化中國人民的法西斯政治服務，極力宣傳「東亞聖戰」、「建立東亞新秩序」、「中日提攜」、「和平建國」、「反共救國」等法西斯理論和漢奸賣國謬論，在漢奸報人群醜中佔有重要一席。

由於管翼賢當時在華北日軍佔領區是炙手可熱的人物，他的夫人邵挹芬也趁機「撈錢」。當時上海方型週報《風光》就有這樣的報導：「邵挹芬已是徐娘半老，對財富情緒，卻甚熱烈，平時只知道兩件事，一廣置房產，二貯藏黃金，推著丈夫做漢奸，自己在家中大打如意算盤，所以金票是大批的流進，光是在北平的房產，便有十幾處，並且懂得『吃瓦片』門道，一轉手間，便能利市十倍，黃金買進更是她日夜不忘的事，現在她手中貯藏的黃金，雖比不上偽聯合儲蓄銀行以噸數計算，也可以用斤來秤。」

因為從事情報工作，管翼賢常常是重要資訊的第一獲取者。頗具諷刺意味的是，一九四五年「八・一五」日本投降也是他最先得知，並在第一時間報告偽華北政務委員會委員長王蔭泰，由王蔭泰在當日上午向群奸宣佈。

一九四五年底，管翼賢因漢奸案被捕入獄。據滿恒先的資料說，一九四六年十一月六日，《中央日報》、北平《益世報》、《北方日報》等均刊登了十一月五日「公審管翼賢」的消息。其中《北方日報》用了很大篇幅，分四個專題報導了公審情況，是各報披露最詳盡者。報導以「神色自若，飾詞狡辯」為題，描寫管翼賢出庭的表現：「管逆身著新灰綢夾袍，新襪新鞋，神色自若。於獲准答辯後，以穩健清晰的聲調提出三點，第一，假定犯罪屬實，彼願坦白接受；第二，今天尚有證件呈上，請審判官詳細考察……。」隨著庭審展開，管翼賢步步為營，逐條反駁檢察官的指控。管證明自己不是漢奸的理由，一是不曾為日寇提供情報，所謂情報只是新聞，情報局非管情報，甚至在庭上大喊「如替日人做情報，可把我馬上槍斃！」二是對「統制新聞，強令各報停刊」的指控，解釋為「係三十三年（一九四四年）日人物資缺乏，經濟困難，遂統一報紙。」其出任《華北新報》總社長，「乃華北政委會派定，非彼自願。」三是否認「訓練新聞人才，為敵所用」。對一九四〇年管開辦「新聞學院」（院址在中南海萬善殿），管當庭解釋，「彼之學生三分之一去內地（開展）抗日工作，其餘亦為今後之新聞培養人才。」四是不但沒有為惡，管還做了許多「善事」，比如社會慈善募捐等。管甚至興奮地感慨道：「起初只為人類之同情，做夢未想到今天到法庭來替我作證。」

劉檢察官當庭申述：「管逆在抗戰後在濟南、漢口各地辦報，漢口淪陷至香港。由香港逃來北平，以被告之才能，在後方生活總無問題，但潛逃來平，參加偽組織，證明對抗戰不堅定，並觀其所為種種，即使非自動，但為敵人宣傳，蠱惑民眾，則毫無問題。」管翼賢答辯道：「請考慮八年中之環境、局面」，「管逆還有聲有色地加上一句：淪陷區新聞記者最痛苦。但奮鬥出來的新聞記者也最光榮！」檢察官關於管潛逃回平的指控，無疑是定其為漢奸的證據，但卻為管製造了一次博得同情的答辯機會。

在隨後的庭審中，被告方先後請出《新民報》編輯方奈何、《華北日報》總編輯詹辱生、《英文時報》主筆孫瑞芹、「中央北方文教委員會」要員左文浩以及王善今、王廷舒等「地下工作者」共九位證人，證明管翼賢曾營救他們或他們的親屬出獄，以及掩護地下工作、賑濟災民等「義舉」。報導結束語說道：「最後，管翼賢發言稱，『第一點，檢察官所云非出自願，余感激流涕；第二點，被告所受痛苦一言難盡；第三點，中華社與同盟社確有區別；第四點，絕未提供情報。如實，管翼賢該殺，如否，法庭應詳細調查；第五點，被告行為有利中國，且有利盟邦。』庭審至六時餘。定十一月十一日下午二時宣判云。」從庭審的情況可看出，管翼賢對此次審訊，是做了充分準備的。他的律師團及親友肯定是多方打點，四處搜羅有利的證人證言，這才有管在庭上的「神色自若」和證人輪番上陣的情景。

但是令人意外的是十一月十一日的判決卻是「管翼賢通牒敵國，反抗本國，處死刑。剝奪公權終身，全部財產除留家屬生活必需外沒收。」報導還描繪道：「是時，莊嚴之法庭，空氣更顯嚴肅。管逆面顯白色，俯首無語。前於公審之安閒自得態度，已不能維持。」那麼，此前已內定管為「無期」的刑罰，何以改為死刑的呢？據滿恒先說，原為《經世日報》採訪部主任，一九四六年一月借調到「中央社」北平分社任採訪組組長兼編輯組組長的趙孝章，後來在回憶文章談道，當時的地下黨消息十分靈敏，早已獲知管翼賢被判無期的內幕，而國民黨內部的矛盾又可利用。為了「設法扭轉」對管翼賢的判決，置漢奸於死地，以儆效尤，地下黨決定採用合法手段，讓法院在措手不及的情況下，被迫判管翼賢死刑。正是在這樣的背景下，由北平《益世報》總編輯黃卓明出面，動員趙孝章拿出關鍵證據，迫使法院改判。趙孝章說：「我告訴他（黃卓明），我手邊有管的一本書，可以摘編發稿。我找到這本書，大段大段地摘錄，並以『據有關方面訊』（作為中央社通稿）簽發。第二天，只有《益世報》在頭版頭條（實為第四版）刊登了這條消息。上午不到十點，法院急調這本書（政法記者田文彬打電話告我），我讓他取走作證。」這份所謂「實錄」材料，實際是摘錄管翼賢撰寫的《情報局工作概況》一書。書中總結了該局「民國三十三年」（一九四四年）的情報工作，披露了管翼賢從事情報工作的原始記錄。例如該書二十五頁「情報局二科職責為新聞與情報兩項工作」，並特別注明「發表新聞並不包括情報」；三十五頁關於情報工作之報告稱「本科情報工作包括：特別情報、電訊情報、地方情報三種」；其後還有情報處理程式的描述「收到情報，首由專人審閱、整理、繕清、呈閱。其地方情報係由華北各省、市、縣送來，逐日整理油印三十份，送達各情報機關議閱。」所謂「呈閱」當指敵偽高級軍政官員。該書涉及情報工作的內容共計十四項，全部在《益世報》刊出。至此，管翼賢賣國投敵的核心證據——搜集情報的內幕大白天下。難怪管翼賢在被押回監所後曾感慨道：「一本書，為我換了一個死刑！」

十一日判決宣佈以後，北平各報均予以報導。《北方日報》十四日一版刊發羅家倫寫於八日的長篇社論〈為輕判漢奸而抗議〉。文章開頭即說：「漢奸之罪，重於盜匪、貪污、情殺、謀殺及任何殺人犯。因為他是破壞國家民族之大防。懲治漢奸不是有憾於漢奸之個人，而是為鞏固國家民族的精神防線。」羅家倫要求當局改變「一切漢奸案件在國民大會前結束」的宣告（「國大」原定年底召開，後延期），「我希望有風骨的檢察官，不斷地將輕判的漢奸案複判！」文章最後附注：「本文不收稿費，歡迎轉載。」由此可見管翼賢判死刑所引起的連鎖反應。

一九四七年初，案卷轉到南京最高法院如泥牛入海，報界也再無管翼賢案的信息。從上述管在押情況看，他肯定託人在南京有所活動，加之已到國共戰爭後期，國民黨高層沒有閒心過問此案，管翼賢案的審核與執行就被延宕下來。一九四九年後，管翼賢繼續在押。一九五一年，因在法院他的案卷內，查獲他自承曾與軍統局有關係的證據，而被中共槍斃。從被判處死刑到真正執行槍決，他多活了五年。

不學「有」術的報界奇人——陳彬龢

陳彬龢（1897-1970）

記得「陳彬龢」這個名字，是在研究張愛玲的時候所讀到的資料。那是一九四五年七月二十一日，「新中國報社」（《雜誌》出版社）在上海咸陽路二號召開「納涼會」的座談會，邀請東亞電影明星李香蘭和中國女作家張愛玲舉行座談。當天參加的人士除了李、張兩人外，還有日人松本大尉、中華電影副董事長川喜多長政和新聞界的金雄白、陳彬龢以及張愛玲的好友炎櫻、姑姑張茂淵等人。李香蘭是淪陷區最出風頭的電影明星，一曲《夜來香》不知風靡了多少觀眾。她在影片中一向扮著中國女人熱戀日本美男子那一類的角色，藉以表達中日親善。而《雜誌》此次將張愛玲抬出來與李香蘭分庭抗禮，可見是把張愛玲當做一張王牌的。而出席作陪的金雄白、陳彬龢也非同小可：前者除是報人外在汪偽政府中有多種官銜，而後者是日本海軍接管後的《申報》社社長。在座談中陳彬龢不改報人本色提起小報上紛傳張的戀愛，問她的戀愛觀如何。張愛玲正色答道：「就使我有什麼意見，也捨不得這樣輕易地告訴您的吧？我是個職業文人，而且向來是惜墨如金的，隨便說掉了豈不損失太大了麼？」凜然難犯的架勢，讓陳彬龢有些自討沒趣。而緊接著談到大報和小報，張愛玲稱她喜讀小報，「它有非常濃厚的生活情趣，可以代表我們這裏的都市文明」，可以看到「最普通的上海市民」。對大報她也不含糊恭維兩句了事，要頂真地說「大報似乎同生活隔得遠一點」，又說上海人一度多看大報不過是想從上面看點戶口米、戶口糖的消息之類。陳彬龢聽了心有不甘，要捍衛大報的地位，辯說大報與時局關係密切，一般太太小姐不關心現實，生活超然，才對大報冷淡。張愛玲不肯讓步，偏說大報與現實生活離得很遠，又因為是代人立言，使用的是一種沒有色彩的灰色語彙，因此她毫無興趣。

而就在納涼會之後不到一個月，八月十五日，日本人宣佈無條件投降了。曾在納涼會上談笑風生的陳彬龢這時已逃得無蹤無影了。而那次納涼晚會也成了張愛玲在淪陷時期公開場合露面的最後一次。對於此次的座談會，學者余斌認為「以她（張愛玲）的交往，她對時局的變化不會一無所知，按照常理，在這種時候她多少應該存個心，不要和李香蘭、金雄白、陳彬龢這些有漢奸嫌疑的人物攪在一起（何況是公開露面），免得以後更說不清。但是張愛玲就是張愛玲，她相信凱撒的歸於凱撒，耶穌的歸於耶穌，政治的歸於政治，個人的歸於個人，自己的歸於自己——她有她自己的判斷，有她自己的完整，有屬於她自己的與旁人無干的天地。以此，她拒絕出席『大東亞文學者大會』，也以此，她不避嫌疑在這個時候去參加納涼會。」

張愛玲（前坐者）1945年7月21日出席《雜誌》社座談會後與其他與會來賓合影。右起：金雄白、陳彬龢、陳女士、李香蘭、炎櫻、張茂淵。

至於陳彬龢後來因為逃遁到香港，對於他的諸多資料，兩岸竟付之闕如，甚至錯誤百出，如《民國人物大辭典》等工具書，甚至把他的生卒年只記到一九四五年，其實他是活到一九七〇年才在日本病逝。筆者根據他後來在香港《大華》半月刊及香港《春秋》雜誌發表的幾篇回憶錄及與他多所交往的金雄白、高伯雨（林熙）等人的回憶文章，梳理出他的生平大要。

陳彬龢（一八九七—一九七〇），江蘇吳縣人。據他在〈我的年青時代〉（由胡敘五代筆）一文中說：「我出生於破碎的家庭，先父早背，家道寒微，所受正式教育，祇在高等小學讀過幾年。先母為維持生計，在上海哈同花園倉聖學校女學部，覓得舍監的職務，兼教刺繡。而我則於十六歲時，由親友介紹，在浦東中學充任一名書記，寫鋼板，印講義，於蠟紙油墨間虛擲大好光陰。」後來他母親經過多方請託，才將他弄進哈同花園，當上男學部初小一年級的國文教員，月薪十元。也因此他得識前來擔任中學部國文教員的金石家胡小石，更因此認識了中國第一流學者沈曾植、朱祖謀、王國維等人。對於朱、王兩位老前輩，陳彬龢說：「一個是一代詞宗，一個是國學大師，我均有親炙的機緣，由於無知，空入寶山，絕無所獲。後此我在北京，國維先生適在清華園講學，陳援庵（垣）先生知我與他有一段淵源，每將借書、借碑帖等事務，委我往洽，接席承顏，猶能親聆謦欬，可惜人事栗碌，我已騰不出功夫來，在學術研究上請求指導了。」

一九二四年陳彬龢到了北京，他應公立女子中學之聘，擔任教席。校長陶玄女士，出身於北京女子高等師範學校。彼此原有通家之好，但有次校長說他是個沒有學歷的人，雖是事實，但陳彬龢認為是嚴重的譏刺，於是一待學期結束，他就辭職不幹了。陳彬龢說：「此時我在禮拜天都到西四牌樓大街的教會裡去，聽滿洲籍的寶牧師講道。十有八九，我的隔座總是坐著一位老先生。經過多次見面後，彼此攀談，才知道他是我聞名已久未易識荊的陳援庵老先生。他詢知我是中學教員，又知我已經提出辭職，便和我約定，下學期準到他在創辦的平民中學去任教。屆期，平中開學了，他自為校長，委我為教務長，比我原任的職務還高一級。」不久，由於政局變化，交通系失勢，平民中學隨而失去支援，決定停辦。陳彬龢說：「其時我有一位鄉親譚鴻熙先生，住在北京旅館（非北京飯店），我常往返。他是留法學生，研究生物學，曾任北京大學教務長，與汪精衛、褚民誼兩先生具有連襟之誼，而與張伯苓先生則為莫逆之交。伯苓先生唯一的嗜好為聽戲，由津到京，亦寓北京旅館。聽戲時，我們三人一體，同去同返，習為故常。他聽到平中停辦的消息，便邀我到南開大學教書去。我自知學力不能勝任，但抵不住我那份好勝的心理，在驚喜疑懼中貿然應承下來。此中艱苦，我今天只能說出這麼一句話，即由中學教員跨進一步做大學教師是一件很吃力的事。」

一九二六年「三一八」慘案後，段祺瑞政府於次日下令通緝李石曾、李大釗、易培基、徐謙、顧孟餘五名「暴徒首領」。當時《京報》還公開披露的一份所謂第二批的通緝名單，有四十三之多。在《魯迅全集》的《而已集》「附錄」〈大衍發微〉，就收有這四十八人的名單。魯迅和周作人兄弟名列第二十一、二十二名，陳彬龢名列第三十一名。魯迅還為這四十八人分別加寫了籍貫和職務。他給陳彬龢加寫的籍貫是「江蘇」，職務是「前平民中學教務長，前天津南開學校總務長，現中俄大學總務長」。後來陳彬龢又擔任為時甚短的上海澄衷中學的校長。高伯雨認為陳彬龢未經過什麼中學大學，也未出洋鍍過金，但也能在大學、中學當總務長、校長等職，大概是有「學閥」之稱的黃炎培提挈的。

陳彬龢在一九二八年與日本駐滬總領事館的岩井英一拉上關係，並為其提供情報。一九三〇年一月編輯出版《日本研究》月刊（岩井是其後台。一九三一年十二月停刊）。陳彬龢在〈我和《申報》〉文中說：「我於一九二九年開始研究日本問題。一九三〇年又去東北作三個月的實地考察，所有重要地點，包括遠至中蘇邊境的滿洲里在內，均曾雪泥鴻爪，留有遊蹤。雖為走馬看花，說不上深刻的認識，但於日本人在東北的佈置，遊目所經，比之純從書報得來的印象，究有所別。」

一九三一年春，陳彬龢因黃炎培之介紹而進《申報》館工作，剛開始完全是「養媳婦」的身份，連寫字檯也沒有一張，辦公時間，只能傍住總編輯張蘊和的寫字檯，加把椅子，側身坐下，聽聽張的言論。一九三一年「九一八」事變爆發，由於時局陡形嚴重，才把他這「養媳婦」身份予以改變。黃炎培主張向政府開砲，陳彬龢則表示應以一致對外為先，張蘊和贊成陳的見解，這是陳彬龢進《申報》發表長篇社論的第一次，此後張蘊和便把寫社論的工作讓陳彬龢承擔。有人說陳彬龢的文章，多半出於代筆，他說：「這是事實，決不自諱。但我並不是由皮到骨，全由代筆一手包辦，文章的主張多是我抓的，文字的修正亦多是我增刪的。……我又認為社論不是代表執筆者個人的意思，而是代表多數人的共同語言。所以遇到了一個問題，必須徵取多人的意見，正面反面，面面顧到，然後寫為社論，才得其正，而不為感情所左右。又文字的使用，不必求工，但必簡明，所以我主張社論發排以前，最好能經多人過目，以期每字每句，使讀者容易讀懂，容易領悟。由於我於社論的主觀如此，所以我以私人立場特約了好幾位代筆的朋友如陶行知、章乃器、楊幸之諸先生都是，史先生（案：史量才）是不知道的。」陳彬龢又說：「陶行知先生為著名教育家，思想前進，品行高潔，關於教育方面論文，我常請他偏勞。章乃器先生其時在浙江實業銀行任襄理，工作重點偏於經濟研究，不管業務。關於經濟方面論文，我便請他執筆。……關於政治性社論，以楊幸之先生寫得最多，楊先生始終為我牀頭捉刀人，未嘗露面。」

陳彬龢在〈我和《申報》〉文中提到他革新《申報》副刊的經過，他說：「我又於副刊方面著手改進，作全面的革新。副刊在上海的混名叫『報屁股』，似為人所輕視，其實它的分量絕不在社論之下，讀報的人儘有不讀社論而專在副刊著眼的，就教育意義而言，關係極大。《申報》副刊『自由談』，沿襲舊制，滿幅盡是遊戲文章。天地之大，似除風花雪月外，無一可談，陳舊尚為餘事，最要不得的如張資平所寫的三角戀愛連載小說，浪漫頹廢，尤足使讀者迷惘。因此我寧冒不韙，先將張資平的小說，予以『腰斬』。此時，黎烈文先生適從法國回到上海。他在法國專攻文學，與史先生又有世誼，由史先生提出由黎烈文接替周瘦鵑先生，論人論事，確屬佳選。我們所定方針，為借此篇幅，進行新文化運動，提高稿費，禮聘前進作家撰述。由此，魯迅、茅盾諸先生皆曾為『自由談』寫稿，對於青年灌注了不少的新知識。黎烈文主編『自由談』後，史先生在商言商，為節省開支，擬將周瘦鵑先生辭退，但我不同意。這因遊戲文章雖不合時宜，而在當年則有助於《申報》的銷路推展，在人情上不應得魚忘筌。重以新舊交替之間，老一輩猶迷戀於舊文學，俳體諧文，看來津津有味，為了銷路，亦應投其所好，攬住這些老讀者。因此商定另闢一欄，題名『春秋』，請周瘦鵑先生主編，公私兼顧。」陳彬龢又說，革新後的「自由談」，稿費一項，他主張提高，比過去加一二倍，魯迅、茅盾等的稿費更提高到千字二十元計算，並且用與不用，一律致酬。史量才看到一篇短稿，可以易大米四五石，大不謂然，但又礙於陳彬龢的堅持，不便抑減，故當核定稿費單時，提起筆來，老是索索發抖。

一九三二年六月三十日、七月二日、七月四日，《申報》連續發表三篇時評〈論剿匪與造匪〉，一針見血地指出「政治黑暗如此」，「舉國之匪皆黑暗之政治所造成」。「政治不清明，民生不安定，雖十次武力圍剿，亦必無功。」七月三日，發表時評〈中大學潮評論〉，披露了教育部長、原中大校長朱家驊挪用三萬多元水災捐款的醜聞。蔣介石得到報告後，龍顏震怒，當下抓起紅蠟芯鉛筆寫下六個字：「《申報》禁止郵遞。」結果經過疏通，蔣介石提出三個條件：一是《申報》改變態度，陳彬龢必須離開；二是立即辭退黃炎培、陶行知等；三是國民黨中宣部派員指導。史量才權衡之下，接受了前面兩條，但斷然拒絕了第三條。陳彬龢說：「史先生為釜底抽薪，同意照辦。但念革新後的《申報》，銷數激增，每日發行達十三萬份，我尚不無微勞，又不願意放走，正在兩難間，恰巧南京路的大陸商場建築完成，後門在九江路，繞過九江路便到漢口路《申報》館，史先生鑑於距離不遠，計上心來，為了使我仍能暗助編務，和報館僅作形跡上的脫離；又為配合《申報》六十週年（一九三二）紀念，準備興辦社會教育事業，乃在該商場租賃一層樓，劃出一部份作為我的辦事處。此後我便不到報館，互以電話書面聯絡。」再後來「南京採取封鎖政策，《申報》除上海租界外，不問郵遞自運，概予截阻，《申報》的大門仍讓敞開，生命線卻被扼殺，史先生實在無法招架了，唯有屈服，將我解職，其時是在一九三三年冬天，距我參加《申報》，恰恰三年。」陳玉堂的《中國近現代人物名號大辭典》說「一九三四年史量才被暗殺，陳也離去。」顯係不確，陳彬龢在〈我和《申報》〉文中亦曾提到「我則於史先生遇害前一年，完全脫離《申報》，所謂『君處北海，寡人處南海，唯是風馬牛不相及也。』」

離開《申報》的陳彬龢遠走香港，依然得心應手而大顯身手。據金雄白說，陳彬龢與香港《天文臺報》社長陳孝威將軍為知交。陳孝威（一八九三—一九七四），字向元，福建閩侯人。保定陸軍學校畢業，他在一九三六年十一月，於香港創辦《天文臺報》，開始大量撰寫論戰文章，分析當前國際戰事形勢，憑其卓越的軍事天才，既有效宣揚全民抗戰，又成功判斷了德國攻蘇、日本發動太平洋戰爭、蘇軍進入東北等軍事行動，成為當時國際著名的戰略預言家，美國總統羅斯福、英國首相邱吉爾都對他的戰略眼光大表驚嘆，紛紛致函褒獎，並納入諸國軍事參考之列。而陳孝威與桂系中的白崇禧等有同學之誼，陳彬龢先經李宗仁、白崇禧的介紹而與那時的「南天王」陳濟棠相識，竟又受到了陳濟棠的器重，給予鉅資，在港出版了一份日刊《港報》。

另外值得一提的，是陳彬龢對於國民黨元老蔡元培的幫助。一九三八年四月三十日，蔡元培在致許壽裳信中特別談到過這段經歷：「弟於去年十一月杪來港，初寓旅館，後遷商務印書館之寄宿舍；十二月杪，眷屬來，先借住堅尼地台陳彬龢兄家中；今年一月杪，始租得九龍柯士甸路一五六號樓下二號之屋而住之，以至於今；但通訊仍由商務印書館轉（香港之商務分館在大道中三十五號），而姓名則借用『周子余』三字。此間相識之寓公太多，若宣佈真姓名、真住址，將應接不暇也。」蔡元培還曾於一九三八年一月十三日為陳彬龢主辦的英文《太平洋文摘》月刊寫作過一篇介紹詞。

金雄白又說：「全面抗戰事起，我不清楚陳彬龢又怎樣在港勾搭上了日本的關係，由日軍護送重回上海。最初我所看到的，他與日本兼具外交人員與軍方特工雙重身份的岩井英一常在一起。岩井畢業於上海日人為侵略我國，教授中國語而設立的『同文書院』，能說流利的中國普通話。……因為他能講國語，在上海就極度活躍，以探取我國軍事、政治、經濟方面的情報。抗戰時期，岩井依然留在上海，不過他的職務已經改變了，他不再是一個職業外交人員，他取得了一手製造汪政權『梅機關』的影佐禎昭的信任，改而專搞特務工作。在上海閘北寶山路曾建立起一處『岩井公館』，有權拘捕一切的抗日份子。炙手可熱，橫行一時。他所卵翼的中國人有兩個，一是老特務袁殊，而另一人就是陳彬龢。」

陳彬龢在〈前塵夢影錄〉文中說：「我是於太平洋戰爭爆發、香港淪陷後的次年（一九四二）二月間回到上海的。」金雄白說：「太平洋戰爭後，日軍進入上海租界後，取得了租界以內的一切權力。最令市民注意的是新聞界《申報》與《新聞報》未來的命運。租界以內望平街一帶的地區，是屬於日本海軍的勢力範圍之內，《申》、《新》兩報將由何人負責，也將取決於日本海軍當局的決定。當時就有不少人全力鑽營，以期獲得這兩報的最高職位，而最後也是最先發表的，竟是委任了陳彬龢為《申報》的社長。」陳彬龢在〈我和偽《申報》〉文中說：「當時覬覦《申報》的，有汪政權的『宣傳部長』林柏生、『上海市政府秘書長』趙叔雍、青年黨曾琦、國社黨諸青來等，均在鑽頭覓縫，各走門路。據說日本海軍方面對於這些份子是不表歡迎的。他們認為論事論人，唯有我以申報舊人，回到舊地，駕輕就熟，最合理想；尤其因為我沒有參加過任何政治組織，也沒有擔任過任何政治工作。在我個人方面，認為申報是史先生的遺產，與其落在人手，更不如由我接收，為老東家勉盡保管責任，亦是應分之事。這項義務，我可以說，未嘗活動過，但亦未嘗推託過。」

一九四二年秋天，陳彬龢出任《申報》社長，金雄白在《汪政權的開場與收場》一書中說：「在他負責《申報》的時期，他的表現分三項：（一）親日——《申報》以大字套紅為日軍宣傳戰區大捷，立場甚至超過日人自辦的《新申報》。（二）反蔣——他曾寫過一篇〈蔣介石論〉，把蔣二十年來的言論作一對照，在淪陷區內對蔣先生作如此攻擊，也是希有的例子。（三）諷汪——《申報》對汪政權的若干措施，加以率直的攻擊與譏刺，當陳群出任江蘇省長，引用謝葆生當高級警務人員時，被詈為流氓政治；那時的《申報》處於軍管理狀態之下，它代表日軍的發言，連汪政權也奈何他不得。」陳彬龢後來回憶這段日子，說：「回憶前塵，恍如一夢，對神聖的抗戰而說，我誠內疚神明；惟對史先生及《申報》而言，似尚不無微勞可錄。那幾年間，我這偽社長的薪水，始終為偽幣五千元一月，此外絕無半文浮冒。後來中儲券發行萬元一張的票面，我的月薪僅購買幾件油條燒餅罷了。然而我為《申報》卻留下一些的資產，單說配給到的白報紙一項，恐七十年來尚未見有如許存量。可是我這看家狗畢竟是白做的，勝利後史詠賡兄（案：史量才之子）回到上海，僅被配給一個有名無實的副董事長，《申報》的整個家當，統統被國民黨拆光了。」

日本無條件投降的次日，陳彬龢到亞爾培路二號見金雄白，金雄白說：「他告訴我，一旦重慶政府回來後，一定不會放過他，他是最後來向我辭行，從此他將有一個時期的隱藏。而他來看我的最大目的，是勸告我與他一起走，他有最安全的地方，可以完全放心。我告訴他我的打算，他嘆了一口氣說：『政治只有成敗與利害，你竟談起功過是非來了，你會後悔的！』我謝謝他對我的關切。他握住了我的手，眼淚從面頰流下來了。我送他出門，看他已放棄了原有的汽車，坐上三輪車，向北而去。」從此人間蒸發，音訊全無。

當時方型周刊《吉普》甚至有〈老牌漢奸陳彬龢安在〉的報導說：「文化界一等大漢奸陳逆彬龢，罪大惡極，『國人皆曰可殺』也久矣！惟自敵軍降服以來，瞬將五月；政府開始逮捕漢奸工作，亦已三月有餘；各地大小漢奸，紛紛落網，獄為之滿，總數可以萬計。……獨此巨逆陳彬龢……，迄今未聞有確實下落。」又說：「初傳陳逆在蘇自殺，繼又傳其未死，惟圖假死為煙幕而逃遯，其家屬且為之『遵禮成服』，舉行空棺材大出喪，藉祛人惑，但不久『穿榜』。後又傳陳逆傚江逆亢虎法，化裝為僧，匿於某寺，旋僧裝圖逃，卒為人識破云云。……後又聞陳逆實匿居虹口，有日人某庇護之。又傳陳逆居日人家中，化裝著和服，儼然倭塌塌裝為日人而入集中營云云，但事總不可稽。……關於陳逆消息之最後見於報紙者，則謂其在青島被捕，但記述簡單，亦未及其被捕詳情。消息來源似不甚可靠，……。」

陳彬龢後來發表在香港《春秋》雜誌的〈一個逃避漢奸罪刑者的自述〉（由陳彬龢口述，胡敘五筆錄）中說，他首先把內人及一女孩移居於梵王渡路的舊里弄裡，又把其餘子女分寄於至親好友處，一律改姓吳。陳彬龢喬裝易服，不時更換地點，潛匿在東南鄰近各省的小城鎮中，漂泊三年，歷經九省，竟然躲過「追捕漢奸」的羅網。陳彬龢說他能得以逃脫全靠寺廟的法師和教堂的神父的照顧，他說：「自我蓄意逃亡之始，先承圓瑛法師予以同情；到杭州後，又承如常法師殷勤掩護；這是屬於佛教方面的。迄我行抵灣沚，於無意中和西班牙的神父相識起來，此後輾轉各方，屢更寒暑，天主堂便成為我的隱蔽地，自樞機主教以逮於神父亦幾全為我的保護人。」

但金雄白推斷他可能隱藏在中共地區，並受到保護。對於此，陳彬龢有所辯白，他說：「一般報紙，則不時為我大造其謠，除登我在青島被捕一類壞消息外，又說我去了大連和佳木斯，大演其說，參加了中共組織。他們往往把我視為袁殊、邵式軍等一流，以為他們去得，陳彬龢自亦去得。而不知各有各的因緣，各有各的布置，我雖從未視共產黨為『匪』為『寇』，但我亦從未和共產黨打過交道，天下事那能一概而論。何況共產黨處置漢奸比之國民黨還要嚴厲，我不是他們的人，我能貿然跑到他們的『解放區』去麼？」

一九四七年年底，陳彬龢終於逃到香港，他說起先他瑟縮於香港木屋區中，從事於翻譯的研究。除為公教進行社編製《教友手冊》及為方言會看《舊約》譯稿，為了生活不得不和教會發生接觸外，其他友好，絕不知香港有他這人。一年之中，他出門的次數，真是屈指可計。直到一九四九年廣州易手，他才公開露面。金雄白說，當他一九五〇年輾轉來到香港時，許多人認為他與中共有一定的關係，於是想從他身上獲得門路，因此與他聯絡，向他示好的就不乏其人，使他在這一段的時間內，又過著一段輝煌的日子。

高伯雨談到一九六五年他在香港籌備創刊《大華》半月刊時，陳彬龢曾大表贊成，並說：「高先生，你放膽做下去，我支持你，如果你辦膩了，沒有興趣繼續下去，可以讓給我辦，你需要多少頂手費，我用分期付款的方法清還。」到了一九六六年七月，《大華》的資金六千元已花光了，高伯雨有意立即把它停刊。此時陳彬龢表示他願意每月支持《大華》七百元。高伯雨說：「其實彬龢此時已露出經濟困難之象了，不過他還竭力掩飾，死撐場面，他許下的每月七百元，常常不能依時交來，有時交來亦只是半數，而此半數還是期票。到時銀行退票，他才叫金增祥（為他奔走的人）送來現款，調回廢票，甚至有時他說再過幾天，重新交進銀行，一定有錢可拿的，但到時仍然退回。能夠一次拿來整數七百元，未嘗見過。可知他的手頭不大寬裕了。」到了一九六七年，香港正在大騷動時期，金雄白說：「他（陳彬龢）經濟上已到了山窮水盡之境，不幸又患上了老年人常有的攝護腺症，一度進入醫院施行手術，出院以後，就悄然買棹前往日本。」

在日本居留的最初一兩年，依靠以往與日本人的交誼，陳彬龢還賃居了有庭園的華屋，出入於豪華的餐廳，並雇用了一名能說英文的女秘書，還為她分期付款購買了一層公寓房屋。但要不了若干時日，日方對他的優厚待遇終止了，朋友們給他的接濟也中斷了，床頭金盡，那個女秘書就以白眼相加而給以非人的待遇。睡在她床前的地板上，不再與他同寢，也不再供應飲食。金雄白說一九六九年四月，他去日本時曾約陳彬龢見面，「本來由他的住所到我的旅館，汽車的行程，僅需十五分鐘，而我等待他一小時有餘，始見他蹣跚而來，形容的消瘦，使我幾乎不識。在臥室中落座以後，我首先發覺他手部顫抖，竟至無力端起一個茶杯。語音含糊，發言無條理而不相連續，神志已在若明若昧之間，記憶力也瀕於喪失。在短短的半小時談話中，他提到了日本一個相知好友對他的勢利刻薄的情形，大哭一次；再提到一個日本小姐當他有錢時曾呵護備至，一旦艱窘，就反面若不相識，且有逐客之意，再大哭一次。最後他又說到留在大陸他所最鍾愛的幼女，即將結婚，但男方提出的條件，必須與他斷絕關係，說到傷心處，又大哭了一次。他一向是極端樂觀的人，在最困難的時候，總說『天無絕人之路』，那天的情形，已顯出他有了絕望的感想。他一面說，一面又從他帶來的一個大紙包中，取出了僑日的身份證，向各醫院診病的門診證，還有張季直的年譜，說要把它重印，最後還送給我一幀他的近影。我與他相交數十年，過去從未送過我照相，這一切，都顯示出不祥之兆，而終於這次的晤談，成為訣別，也是香港他的無數友好中成為最後見到他的人。」

金雄白又說：「竟然從那天起，他完全陷於精神錯誤狀態中，那天與我握別以後，即不曾回到寓所，流浪在街頭，有時竟闖入不相識者的家內。在我留日期間的不到一個月中，曾三次進入警局而由朋友們代他保出，最後就把他送入了醫院，纏綿四個月，終於在一九七〇年八月三十日午後五時五分，逝世於日本茨城縣水海道市的厚生醫院。」

金雄白認為陳彬龢沒有什麼真才實學，他甚至說五〇年代在香港時期：「有一次，他要我寫一封給政客的信，堅囑我文字上要寫得力求典雅，我也真是盡心為他草就了。第二天又見到他時，他取出了那封信稿對我說：『你為我寫的那封信，有些不妥之處，我把字句改過了。』我取來一看，不意他竟然沒有看懂我用了典故的字句，反而改得不通了。這樣，我才相信過去說他不能動筆的傳言，是千真萬確的事實。」陳彬龢曾翻譯日本大村西崕著的《中國美術史》，而日本外務省情報部編印的《中華民國滿洲帝國人名鑑》還說他是「日本留學生」。對此他曾對高伯雨說，他不懂日文，也未嘗到過日本讀書。他說，所有他譯的書，寫的文章都是有人代筆的，他付出很高的稿費以求名，於是他就廁足作者之林了。

金雄白說陳彬龢不事生產而舉止豪闊，在他過去的早期半生中，總有人為他作經濟上的後盾。對此陳彬龢自己也承認，他說「所以說我手面闊綽倒是實在的，而我以貧兒擺闊，即由於盛文頤的支助。盛文頤開宏濟善堂，專賣鴉片煙，財富之鉅，上海首屈一指。」盛文頤，人稱盛老三，是清末郵傳部尚書盛宣懷的侄子，而他自稱是盛宣懷的兒子，那是因為恰好盛宣懷的三兒子盛同頤英年早逝，他就鑽了這個空缺。盛老三依仗日本人做後臺，大發煙毒之財，他把江南一帶的鴉片經銷權，又分包給他的同夥和幕僚藍芑蓀、嚴春堂等人，專銷上海、南京、蘇州、杭州等地，不僅成了上海灘的「煙毒霸」，而且與軍警勾結，雇流氓為打手，還壟斷了江南和長江沿岸的煙毒市場。陳彬龢有了盛老三的經濟後盾，自可以日日宴飲、夜夜笙歌。金雄白說：「那時上海最豪華、最昂貴的西菜首推跑馬廳畔國際飯店十八、十九兩樓的『雲樓』，我與他幾乎每天攜艷侶，恣笑謔，以此處為最多飲讌之處。我創刊的《海報》上，唐大郎寫了一篇〈雲樓兩豪客〉，備加譏刺，所謂『兩豪客』指的就是我與彬龢。」

不學有術，長袖善舞，曾經席豐履厚，後來落水為漢奸，終至落魄潦倒客死異國。這也算是「報界奇人」陳彬龢的傳奇一生。

陳彬龢（1897-1970）

金雄白與汪偽政權的前後因緣

金雄白（1904-1985）

金雄白是位資深的報人，他從一九二五年開始報界生活，由《時報》而《時事新報》、《大陸報》、《晨報》、《中央日報》、《京報》，以及「申時電訊社」，「大白新聞社」，暨汪偽時期的《中報》、《平報》，職務從校對起，外勤、編輯、翻譯、廣告、戰地記者、攝影、經理、社長，無一不做。他又以朱子家的筆名寫過《汪政權的開場與收場》一書而轟動一時。他一生充滿傳奇，他曾說他是一個道地的「馬浪蕩」，那是意謂一個人曾從事多種職業，但終究一無所成。他說舉凡士、農、工、商、兵，他樣樣都幹過。其中新聞記者和律師，勉強可算躋於士人之林；他也曾經在南京對岸江浦縣境的九袱洲，開闢過一個大農場，從事墾植，由於糾紛重重，搞了兩三年就關門大吉。另外在二十餘歲時，就與友人在上海楊樹浦開辦過一家人造絲的織綢工廠，以後又與謝克明合辦過一家規模巨大而又為中國第一家出品陰丹士林布的仁豐染織廠，同時還創設過一家赤燐廠。在商業方面，又開過銀行、錢莊，經營過鹽務、貿易等規模不小的公司行號。甚至還客串過短時期軍人生活，穿起一身軍裝，符號領章，式式俱備。他說他自十八歲踏入社會後，五十餘年來，塵海浮沉，逍遙浪蕩，經歷了各種不同的境界，也嚐盡了人世間甘苦的況味。

金雄白（一九〇四—一九八五）為江蘇青浦（今屬上海）人，原名烯民。父親童年也曾過著席豐履厚的生活，後來家道中落。父親對於洋學堂，總認為是誤人子弟，後來才同意他入小學。金雄白後來在《記者生涯五十年》一書中回憶說：「那時入學考試既不嚴格，而且在小城中更有人情可託，我就輕易地跳過了初小而進入高小一年，到了民國六年（一九一七）十四歲那年，也居然混到了高小的一紙文憑。」小學畢業後，他進入太倉縣的江蘇省立第四中學就讀。中學畢業後，他考入上海總商會。一九二五年六月因擔任《時報》總主筆的伯父金劍華之薦到《時報》任練習校對之職。《時報》於一九〇四年由狄楚青所創辦，一九二四年由黃伯惠所接辦。他接辦以後，力仿美國赫斯特的作風，著重社會新聞與教育新聞，首用套紅標題，大量刊載圖片，在上海報業中掀起另一高潮。他敦請金劍華（詠榴）出山主持筆政。金劍華為光緒癸卯舉人，曾讀於南菁書院，舊學新知，根柢甚厚。歷任《申報》、《新報》、《中外日報》主筆。在新聞界，亦屬元老資格。兩個月後，金雄白升任助理編輯，最後更由專訪政治新聞的外勤記者而擔任了採訪部主任。

就中國新聞同業內部的組織與人事言，《時報》實為設有採訪部的第一家；而金雄白為出任採訪主任的第一人。他與本埠新聞編輯吳靈園悉心規劃後，《時報》乃以社會新聞而創下極高的銷售量。其中金雄白第一次出馬採訪的是上海美術專門學校選用妙齡女郎作為「模特兒」，在眾目睽睽之下，袒裼裸裎，一絲不掛，擺出各種姿態，作人體寫生。這當時引起輿論譁然，以「藝術叛徒」自居的該校校長劉海粟，甚至被五省聯帥孫傳芳下令捉拿，要予以槍斃。金雄白的這則報導，在當時是一紙風行，萬人爭誦的。他第二次採訪的為上海市地方法院審訊「石女」離婚案，當時法院院長鄭毓秀，以事關風化，禁止旁聽，拒絕記者入席。金雄白以此案應屬生理問題，與風化無關，與鄭毓秀相互辯論，終於得入採訪。就案情本身而言，不添花巧，已是引人入勝了。妙的是金雄白還不用白話寫，而依照原告的浦東話寫。原告是浦東農民，土語村言，想到什麼說什麼，有時還夾雜當地的鹹濕語，不知避忌。這些供詞都被金雄白如實地照錄，他以白描工夫寫出閨房奇情，連名主筆陳冷血都認為有《金瓶梅》的筆法。也因此他有陣子即以「瓶梅」為其筆名，合上他的姓氏，倒可說是天造地設。

一九二七年金雄白採訪戰地新聞，被軍閥孫傳芳部隊截獲幾遭砍頭。但後來金雄白對這時期的戰地採訪，卻充滿回憶，他說：「國民革命軍抵達上海的時候，為了不自覺的熱血噴湧，我們都曾經過一星期的未親枕席，倦了在桌上假眠，餓了在車廂中啃冷麵包。李寶章的威靈顯赫，大刀曾經架上我的頸上，閘北工人糾察隊圍攻畢庶澄的殘部時，懷了一張通過鐵絲網的派司，在火線上一路蛇行，疏疏落落的槍聲，從遠處傳來，有時子彈向耳邊掠過，工人們一身藍布衫袴，背上了匣子砲長槍，形狀有些特殊，一手執了大刀，聽見有一些聲息，就不時的亂舞著，車站門口，直魯軍居然伏屍五步，離昨宵在火車上見到自命風流瀟灑的畢庶澄時的談笑風生，幾乎疑心是換了一個世界，這一種親切的景象，革命過程的真況，除了記者，誰能領略，誰能體味呢？尤其在新龍華草棚中與那時的革命先鋒隊薛岳、劉峙兩團長對話時的興奮的情緒，楓林橋邊交涉公署初次謁見蔣先生的情形，到今天，時隔十六、七年，猶如昨日，一提起筆，又一一的湧現在眼前了。」

而對於「言論自由」，他說：「每逢政局變動，或同時有兩個勢力存在時，報人們便成兩姑之間的媳婦，動輒得咎，左右為難，做報人辦報紙最苦的時期，在民國十六年革命勢力尚未到達上海的時候，共產黨徒要你宣傳北伐，總工會的汪壽華常常把我們架到秘密機關出言恫嚇，而那時警備司令李寶章又不許你宣傳赤化，大刀隊的威風，何等厲害，又天天傳記者們到龍華司令部痛加辱罵，我在老西門幾乎殺頭，刀下餘魂，及至逃命歸來，同業中已風鶴頻驚，到晚雙方到報館要我們簽字不登不利的消息，結果為了保全狗命（亂世時的人命），全滬報紙祇有一律停版，所以所謂言論自由，我以經驗所得，認為應當是一個否定的名稱。」

一九二八年底金雄白被辭退，在《時報》前後三年半。一九二九年春天在浙江省民政廳當過一個月又十二天的小公務員。同年夏天任陳立夫在南京創辦的《京報》的採訪主任。同年八月，蔣介石前往北平會晤張學良和閻錫山，金雄白曾隨節在南京往北平的火車上採訪蔣介石，當時蔣的隨員有：孔祥熙、吳稚暉、熊式輝、趙戴文、陳布雷、邵力子、周佛海、戴笠等。金雄白回憶當時的情景說：「我們的這一節車，前面也有一間大客室，每當晚飯以後，蔣氏也總過來與大家見面，小坐閒談。因為那時各報的外勤記者，只有寥寥數人，而且採訪謁見，也遠不如以後的嚴格，所以蔣氏對於我們自然是熟悉的。車行的第一天，他過來一看到我，就笑笑點頭，接著環視了車中各人後問我：『都相識嗎？』我指指一個不修邊幅而外形像是小學教員的那一位，搖搖頭，表示並不相識，蔣氏就為我介紹說：『他是周佛海』。哪裡會想到經過這一次介紹之後，我與佛海就成了往來較多的朋友，也且因他之故，便改變了我後半生的全部命運。」和周佛海的結識，為其日後投靠汪政權埋下伏筆。

一九三〇年春，他就任南京《中央日報》採訪主任。一九三一年擔任上海英文《大陸報》、《時事新報》、《大晚報》、《申時電訊社》四社駐京聯合辦事處主任。在四社前後大約一年。一九三二年春天起，接受潘公展所創的《晨報》之邀，擔任該報開辦時的採訪主任，前後為時也僅有半年。之後金雄白還辦了個通訊社——「大白新聞社」，前後一年有餘，於一九三四年關門大吉。這期間他混到持志學院的文憑，於是去請領律師證書，在上海南京路上大陸商場開業當律師了。

金雄白談到他當律師的情況說：「我執行律師的第一個時期，係自一九三四年春以迄一九三九年秋，前後有五年多的時間，除了最初一星期內，門庭冷落，仰屋興嗟而外，以後的幾年，居然應接不暇，有疲於奔命之勢。記得有過一個月中，出庭達七十餘次的紀錄。這並非我真有什麼本領，而是種種因素湊合起來造成了僥倖的局面。首先，開業時各報全版封面的那個大廣告，畢竟發生了相當效力。其次，我自信多少有一些負責精神，逢到開庭，一定準時而到。因任何一個當事人一旦涉訟，動輒有關身家性命，乃視律師為唯一靠山。審案開始了，如還不見律師的影蹤，就會惶惶如也，如大禍之將臨。我知道他們的心理，儘量做到不使當事人有焦急等候的情形。還有，訴狀是寫得越長越好，庭上發言是越多越好，短小精悍的訴狀，要言不煩的辯論，會被認為未盡全力，也儘管言多必失，或會弄巧成拙，但有幾個當事人是深通法律的？再有，我一生對金錢向不斤斤計較，而最初委託我辦案的，總是些非親即友，公費開多了，豈非認識了熟皂隸，反而要打重板子？就覺得難於出口。但要少了，又覺得戔戔之數，就不如賣個人情的好，因此談到公費，很多是堅拒而樂於義務辦理的。不料太多親友受此小惠，就一直銘記於心，以後知道有人要涉訟，就為我百許拉攏，以為報李之謀了。」

金雄白在一九三九年經周佛海之慫恿，正式下海加入汪政權，出任中央政治委員會法制專門委員會副主委，並列名周佛海（財政部長、警察部長兼中政會秘書長）手下心腹「十兄弟會」。金氏在汪政權中，頭銜看似不錯，其實甚少政治權力，其主要任務還只是辦報和辦銀行。

一九四〇年三月三十日汪偽政權成立當天他在南京創刊《中報》。董事長周佛海，社長羅君強，他擔任副社長，總編輯由關企予、張慎之、倪蝶蓀先後擔任。社址在南京朱雀路一一一號。關於《中報》的名稱，羅君強說：「報紙取名《中報》，對人公開說它是中國人辦的報紙，『中央』辦的報，實際上是我看到《申報》在上海資格最老，一般人對它印象很深，『申』字去掉一橫就是『中』字，命名《中報》，有心影射。」學者經盛鴻指出，該報創辦時，闢有「慶祝國民政府還都特刊」，汪精衛等偽政府首要題詞祝賀。該報在〈發刊獻詞〉中稱：「中報者，中日永久和平紀念之產物。……無和平運動則無中報。……今日國民政府還都南京，創造歷史上之一重大紀念日。一元復始，萬象更新！」該報初時日出對開一張半，後擴充為兩大張；一九四二年縮為對開一張。由於該報重視版面，且在南京、上海間自設電臺通訊，將西方各通訊社的電訊稿改頭換面地擇要刊登，顯得新聞內容豐富、及時，故銷路順暢。至日本投降，該報才終刊。

《中報》在創刊三個月後，金雄白又陸續發行了《週刊》與《譯叢》兩份雜誌。一九四○年夏天，金雄白結束《中報》的職務，回到上海，創辦《平報》。《平報》的前身是《文匯報》，國軍西撤後，《文匯報》停刊了，丁默邨忽然動興予以收買，先後委任了穆時英與劉吶鷗為社長，正籌備出版之際，兩人又先後為重慶特工所暗殺，至此丁默邨無意刊行，於是已順水人情送給了周佛海。當時金雄白正在南京一面創辦「南京興業銀行」，一面主持《中報》業務。但周佛海身邊全無可以辦報之人，於是他要金雄白將《中報》交給羅君強，要他回到上海辦《平報》。創刊初期，由羅君強任社長，不久即由金雄白任社長兼總編輯。《平報》的資金來源，據金雄白說：「除了汪主席的賜贈以外，純恃陳公博、周佛海、梅思平、丁默邨、羅君強、邵式軍諸董事的私人補助。」

金雄白形容那是在炸彈與手槍下辦報，他說：「在《中報》記者金華亭被殺後，在當時一對一的報復原則下，我成為最有可能的目標。那時我雖已置備一輛防彈的保險汽車，隨身又帶了兩枝槍，一在外衣的腋下，一在公事皮包中，更穿上了鋼絲背心，但還是終年蟄居在內。偶爾必須外出，事前絕不讓任何人知道，臨時驟然出發，還帶了四名保鑣，前呼後擁，像是押解江洋大盜。……所到之處，也絕不停留至半小時以上。但終於報館在門外被投擲過兩次炸彈，機器房內，還被人帶進了化學燃燒劑放了一次火，前後遭遇五次危險，都能僥倖死裡逃生。」

《平報》在一九四五年六月停刊，這期間金雄白同時還創辦一份小型四開報紙，名為《海報》，該報內容絕不談什麼「和平運動」，更不談什麼「大東亞聖戰」，當時寫稿的人可說是極一時之選，長期在《海報》撰稿的有陳定山、唐大郎、平襟亞、王小逸、包天笑、蔡夷白、吳綺緣、徐卓呆、鄭過宜、范煙橋、謝啼紅、朱鳳蔚、盧一方、沈葦窗、陳蝶衣、馮鳳三、柳絮、惲逸群等，女作家中，更有周鍊霞、陳小翠諸人。當時上海還有不少小型報存在，但以《海報》銷路大，內容又較為特出，水準在其他各報之上。

汪偽時期，汪政權政治活動中一些無法公開的經費，很難處理，需要開設一家銀行來秘密走賬，金雄白遂搖身一變成了偽南京興業銀行的董事長和總經理。後來又擔任中國實業銀行的常務董事、蘇州商業銀行的董事長，還有許多商業銀行要他擔任名義。金雄白說：「儘管我看不懂營業上的日記表，連什麼借方貸方也分不清楚，但既然能身兼那麼多『要職』，在那時，有誰敢否認我不是一個『銀行家』？因此，有時候我會笑我自己，也想到有些居高位呼風喚雨像是煞有辦法的人，恐怕不少正同我一樣，不過夤緣時會欺世盜名而已。」

日本人投降後金雄白毫無例外地被當成漢奸投進了監獄，財產遭籍沒。他說：「當我羈身於楚園之時，但知接收真同劫搜，連祖宗的廬墓，妻子之粧奩，也一併籍沒，半入國庫，半飽私囊。而由『漢奸』一變而為軍法官者的嘴臉，也覺實在難看。其後既信任主持者戴笠親口告訴我們當局將苦心為我們洗刷，最後也必出之以政治解決之保證。以後軍統局本部秘書袁惕素又奉命特來押所通知我將獲得自由的喜訊，盛情稠疊，高興得我不住地唸著：『帝德乾坤大；療恩雨露深！』然而戴笠撞機身死，重擔無人承挑，情勢一變，全部在押諸人，乃如商店之出清存貨，一概送至提籃橋監獄處理。我是做過律師的人，自然明白號稱持衡維平的法官大老爺們，又是怎樣的一副心腸。勝利勳章當然領不成了；而『漢奸』官司倒是且吃定了。……因為對『漢奸罪』的處罰，高至死刑，低至五年徒刑，而另有規定：有既經自首者，可以免刑，有『協助抗戰，有利人民』者，得減輕其刑，有於民國三十二年以前退出者，或情形可以憫恕者，又得減輕其刑。種種為法官預留地步，讓其能上下其手，出入其刑。不問對誰，也不問如何判決，從死刑到徒刑一年三個月，法有明文，也總是不錯的。而判得愈重，愈顯得法官弊絕風清。家屬們聞風喪膽，於是別出奇謀，上至司法院、司法行政部，下至法院院長、法庭法官，或靠人事上之關係，或以金條為武器，各顯各的神通，各走各的門路，法律之外，濟之以賄求，其間幕後交易，掂斤播兩，討價還價，五花八門，千變萬化。而黃金的代價卻又不是罪責之有無，而祇是量刑之輕重。我冷眼旁觀，會心微笑，忘自身之疾苦，但願同難者真能通神。」

金雄白原被判處十年有期徒刑，後法院以他「協助抗戰，有利人民」，減刑為兩年半。他回憶說：「一九四五年的十月二日，我就去自投羅網，難得嚐一嚐以身試『法』的味道，經過了九百十二天的羈囚生涯，至一九四八年的四月一日，又復重見天日。論時間，這兩年又半的歲月，像是對我成為一大浪費，但也不是全無收穫的：讓我更體味到什麼是政治；也給我增添了人生難得的經驗，更由此而知道什麼叫人情冷暖與世態炎涼。」

一九四八年十月九日金雄白搭機赴臺灣，在臺灣只停留一宵，翌日就匆匆轉飛香港，在香港住了一兩星期，覺得無聊，又束裝回滬。一九四九年眼看中共長驅南來，在二月間，也就是農曆元宵節過後幾天，他不得不拋妻別子，再度避居香港。第二次到香港，前後一供住了八個月之久。一九四九年十一月中又搭船經天津、北京，返回上海。金雄白說：「這次我重回上海，劫後餘生，正像一隻驚弓之鳥，再蠢也不會捲入政治漩渦，本意只在與家人團聚，安分守己，共渡餘年，況且家中四壁徒存，連日常生活，且不知何以為計，更遑論其它了。詎知當局以我的突然歸來，也總以為或有不軌之意，在以後的短短數月之中，就不時用種種方法，直接間接地向我試探，使我慄不自安，終日惶惶然深恐有朝會禍遭不測，前後住了九個月，最後還是出於遠走高飛一途，竟不得不在將死的晚年，渡其流離漂泊的生活。」

他第三次再到香港，到港後，金雄白先是還不改在上海的派頭，經常流連咖啡館舞廳，出手豪闊，但坐吃山空，看看不是長久之計，遂在「不學有術」的報界奇人陳彬龢的慫恿下經商。陳彬龢糾集了一幫南逃到香港的失意政客和商人合夥，其中就有後來騙得金雄白差點跳海的盛宣懷孫女婿，也是上海灘「花國大總統」富春老六的前夫周文瑞。金雄白因辦過銀行，被公推為總經理，這幫人都不是經商的料，而且彼此拆臺和猜疑。陳彬龢聯繫了戰前曾做過日本駐上海副領事的芳村做中間人，異想天開計劃從日本購買戰略物資出口給韓戰時的中共，可金雄白實在無此膽量，只願做平常貿易。由於經營不善，全軍皆沒，公司最後倒閉時，金雄白把所有的積蓄都填了進去，才還清了欠債。金雄白說：「這是在我一生過去五十餘年的歲月中，從未遭遇過的困境。在日夜煎熬之下，一百四十磅的體重，一月之間，竟低跌至一百零八磅。想不到那個瞎子為我算命時所說要當心還有一次颶風的尾巴，竟然那樣猛烈地吹襲。茫茫大地，竟使我有何處容身之感。」

生意失敗後，囊中無錢，生活無著，因支付不起租金，住處也越搬越小，到最後無處棲身而不得不寄人籬下。謀生無術，身無長物，終於在貧病交迫中不得不靠賣文療饑。一九五四年，金雄白終於重操舊業做了陳孝威的《天文臺報》的主筆。雖說是主筆，但主要的工作只是給報紙補白，長篇大論的文章自有陳孝威親自操刀。為稻粱謀，金雄白說：「那時我也是真在賣命。由於營養不良，心境太壞，低血壓已到了危險邊緣。有幾次正在社中寫稿，忽覺天旋地轉，搖搖欲墜，因稿未成篇，不便擲筆而走，只好一手撐著頭，一手握著筆，照常趕寫，等寫完了才搖搖晃晃地扶牆摸壁而歸。也有時臥病在家，發著高燒，為了不願脫稿，擁被坐在床上，將木板放在膝蓋，到勉強寫成為止。世間無如吃飯難，也總算讓我真正的體會到了。」金雄白在《天文臺報》不管政論隨筆、新聞時評、人生感嘆和零星回憶，無所不寫，這些文章後來結集成《亂世文章》五冊，《黃浦江的濁浪》一冊，《春江花月痕》一冊。

一九五七年，曾和金雄白在《天文臺報》面對面坐同一張寫字臺的另一撰稿人，也是陳孝威的連襟姚立夫，計畫辦一個掌故類的半月刊，這就是後來在香港延續幾十年的著名掌故刊物《春秋》。金雄白受姚立夫的攛掇，從一九五七年八月起，在《春秋》上連載《汪政權的開場與收場》。金雄白提到姚立夫提議要他寫出汪政權這一幕的經過，說：「我雖然早已想記述這一件曾經親身經歷過的往事，而一直躊躇不敢動筆，因為不論就地位、學識、見聞而論，自己對此毫無信心。其次，那時我只與周佛海因私人友誼而較為接近，所知道的還是一角而非全面，尤其當一九五〇年倉皇來港時，片紙隻字都未曾帶出，雖然曾經保存了我所主辦的《中報》、《平報》與《海報》的全份，以及有兩箱完整的照片，臨走時未免拖累家人又予以銷毀了，事隔多年，很多事就已有些模糊彷彿之感。再則，要寫，是為了向歷史作證，就應力求真實，指出某一事的始末，寫出某一人的真姓真名，但在香港還有不少汪政權中人健在，不容我胡說，如下筆稍不留神，更會發生是非恩怨。所以對立夫的提議，先曾力加固拒。而他卻一再以此為言，終於因兩個原因而使我動搖了！因為每一期要我寫一篇，既然朝夕相見，是逃也逃不了的，但又哪裡來這麼多題材？更重要的一點，則是我失算了。我知道立夫籌來資金的微少，也看到內容的蕪雜，以為三、五期勢非夭折不可，如此，那篇稿還未寫到本題，就會隨而中斷，於是違反了最初的本意，就糊里糊塗開始撰寫了。當第一次交稿給他時，為了興趣索然之故，既未裝上篇名，也未決定用何筆名，不料出版之後，才看到他竟然為我代裝了『汪政權的開場與收場』那樣不倫不類的題目，又為我起了『朱子家』這個筆名，真使我啼笑皆非，但黑字印在白紙上，事已成事，要改也無從改起了。」

登載的文章於一九五九年七月始陸續刊行單行本，一九六四年二月全書四冊殺青。數十年間，再版五次之多，並於一九六〇年翻譯成日文。以後作者又不斷增訂和補充，以《汪政權實錄》合訂出版，一九六五年合訂精裝本再版後，改為《汪政權始末記》。這套書出版後，在華人社會裏一紙風行，在海外引起很大的轟動。

學者胡志偉認為「這部七、八十萬字的長篇回憶錄，是研究汪政權的第一手史料，在系統研究汪偽史的領域，比大陸與台灣的學者起步早幾十年。雖然內容不乏自我吹噓隱惡揚善之處，其定位也局限於『一家之言』和『片面之辭』，但歷史的真相正是必須在無數的片面之辭中組合發掘出來。金雄白的漢奸身份容或會有爭論，但他保存與發掘汪政權史料的功績則是不容抹煞的。」然此書的缺點在於因為在刊物連載，大多是急就篇，沒有統一的大綱；綱目之間纏結凌亂，敘事前後倒置，內容多有重複，文字也比較拖遝。金雄白在書中的自序也說道：

金雄白（朱子家）著作《汪政權的開場與收場》（春秋雜誌社出版）書影

金雄白（朱子家）著作《汪政權的開場與收場》（李敖出版社出版）書影

「在連續寫作期內，因為忙於筆債，事前既沒有預先擬定一個大綱，更以記憶力的減退，參考資料的全付缺如，事實上達一個大綱也竟然無從立起。到每期《春秋》的最後截稿期，就隨便抓上一節往事，完篇塞責，所以前後每多倒置，次序也見凌亂。又因為我力求想做到信實，僅就我親見親聞的事實為根據，每以孤陋，失之瑣碎。假如有一天我還能重回故土，將以我的餘年，搜集資料，重為改寫，這只有期之於渺茫的將來了。這一本書，只能說是我參加汪政權的個人回憶錄，也是我流浪中的一份紀念，假如謬承讀者以史料相視，將會愈增我的慚愧。」

《汪政權的開場與收場》連載完畢後，金雄白又根據在日本遇到川島芳子（金璧輝）的胞兄金鼎志的口述資料，寫成〈肅親王與川島芳子父女〉，後來出版單行本，改名《女間諜川島芳子》。

一九六〇年九月《汪政權的開場與收場》在日本「時事通信社」的「世界週報」上連載完畢之後，出了單行本，改名《同生共死之實體——汪兆銘之悲劇》。而因有此淵源，金雄白被該通信社聘為駐港特約撰述員，前後達十一年之久，並每年幫他們寫一本書，所以金雄白在日本出版的書，有《中共之內幕》、《中共之十大問題》、《中共之外交問題》各一冊，《中共之經濟問題》上下冊，《文化大革命》三冊，每冊字數都在二十萬言以上。又因時事通信社的關係，接受「內外情勢調查會」暨「外交知識普及會」的邀請，自一九六一年起至一九六七年止，每年一次到日本作巡迴演講，自一九六八年至一九七一年的四年間，又改為每年春秋兩次，足跡遍及東京、大阪、京都、神戶、名古屋、橫濱、前橋等各大都市。

一九七一年五月三十日應聘於日本「時事通信社」，離開香港抵東京，但僅經過三個月的時間，就脫離了工作十一年的這家外國新聞社。從一九七一年九月至翌年九月，整整一年，金雄白並無工作，成為一個異國的無業遊民。之後因長谷川才次另行創辦一家「內外新聞社」，要他為該社出版的各種刊物，撰寫一些稿件，稿酬以外，既不必到社辦公，另外還可以坐領乾薪。

一九七三年九月三十日他返回香港，應姚立夫之邀，擔任《港九日報》副社長兼總編輯及總主筆三職。但為時極短，金雄白說：「僅僅經過幾個月，自己覺得我對《港九日報》是一件道地的廢物，即對立夫來說，也徒然增加他一層精神的負擔，知難而退，乃毅然於一九七三年十一月，上呈請辭，信內有兩句表明我態度最重要的話說，是：『為盡友誼而來，為全友誼而去。』」於是一九七四年三月十四日，他再度踏上日本的國土，回到「內外新聞社」，每月為「世界與日本」週刊寫一兩篇有關中共問題的專論，每月另外單獨撰寫一份「中國觀察」單頁，有時也寫印一二萬字的小冊。

一九七四年他的《記者生涯五十年》開始在香港《大成》雜誌第十期連載，迄於一九七七年六月的第四十三期為止，前後達兩年又十個月之久，共六十八章，幾近三十萬字。金雄白認為那只是一部浮生雜記而已，他說：「七十餘年的歲月，一彈指耳，回念生平，真是如幻如夢如塵，在世變頻仍中，連建家毀家，且已記不清有多少次了，俱往矣！留此殘篇，用以自哀而自悼，笑罵自是由人，固不必待至身後。」

一九八五年一月五日，金雄白病逝日本，終年八十一歲。他曾說當他在青壯之歲，寄身於全國最繁華的十里洋場，恣意愜心，優遊度日，一切紙醉金迷之地，鶯啼燕叱之場，幾無日沒有他的蹤跡。在同一時期他僱有三位名廚烹調，擁有五輛汽車代步，可說是席豐履厚。抗戰勝利後，因「漢奸」罪名，讓他身受縲絏之災，而家遭籍沒之痛。而在一九五二年在香港因經商失敗，三年中不僅饔餐難繼，也遭盡了親友的白眼與詬辱。他的一生可以稱得上是一個傳奇。

附 逆的創造社元老——張資平

張資平（1893-1959）

他曾經是中國新文學重要社團——創造社的發起人之一；他的《沖積期化石》更是中國現代文學史上的第一部長篇小說。他一生創作過二十四部長篇小說，七部短篇小說集，還有數種譯著。在二、三〇年代，他作為名噪一時的新海派文人的始作俑者，曾引領風騷、走紅於社會；他的戀愛小說曾贏得廣大的年輕讀者的喜好。但好景不常，他終於經不起商業文化的巨大誘惑，而被滾滾紅塵無情地吞沒了。他的作品在遭到由黎烈文主編的《申報．自由談》的「腰斬」後，也顯得一蹶不振。他就是張資平。

張資平（一八九三—一九五九）原名張星儀，廣東梅縣人。一九一〇年考入兩廣高等警察學堂，在學校中，他閱讀了《東方雜誌》、《小說月報》，對《碎琴樓》等言情小說具有濃厚的興趣，還閱讀了林紓的譯作《巴黎茶花女遺事》、《迦茵小傳》等。一九一二年考取官費留日，一九一三年一月，插班進入同文書院二年級就讀。一九一四年九月，考入日本東京第一高等學校預科，結識了同班同學郁達夫、郭沫若。一九一八年夏天，與郭沫若在日本博多灣海岸相遇，他們共同議論籌辦一個文學同人雜誌。同年九月，張資平考入東京帝國大學理學院地質系。一九二〇年六月，張資平醞釀三年之久、易稿七八次的〈約檀河之水〉完成，這是他的處女作。一九二一年六月「創造社」在日本東京成立，張資平是創社元老之一。一九二二年五月回國，編寫高中地質礦物學教科書，由商務印書館出版。一九二四年冬，到武昌師範大學任教，在生物系講授《自然地理》和《地質學》，後又兼任國文系教授，講授《文學概論》和《英國文學史》課程。一九二八年三月，應成仿吾之邀來上海參加創造社出版部工作，從此定居上海。同年九月，他創辦樂群書店，出版《樂群》半月刊。一九三〇年四月，魯迅在《萌芽月刊》發表〈張資平氏的「小說學」〉，對張資平的愛情小說，以「△」作了絕妙的形象概括，從此，「三角戀愛小說家」幾乎成為張資平的代名詞。[1]

說到黎烈文，他一九〇四年生於湖南湘潭，初中畢業後，來到上海。考取商務印書館編輯所書記員，擔任謄抄、整理和校對文稿的工作。後來升任助理編輯，他的短篇小說集《舟中》和整理標點的《大唐三藏取經詩話》等古籍，就是這一時期初露鋒芒的實績。一九二六年黎烈文東渡日本求學，在短短的十個月中，他利用課餘時間譯出一部芥川龍之介的短篇小說集《河童》。翌年回國，不久由上海啟程赴法留學。一九二八年初，他考入法國地戎（Djon）大學。兩年後畢業又進入巴黎大學攻讀碩士學位，一九三二年春，學成歸國。由巴黎大學老師的推薦，法國「哈瓦斯通訊社」上海分社在黎烈文回到上海後的第二天，就聘他擔任翻譯工作，工作之餘他還著手翻譯梅里美、賴納、莫泊桑的小說。不久，他應《申報》總經理史量才之聘，從一九三二年十二月一日接編該報副刊〈自由談〉。在這之前，〈自由談〉先後經王鈍根、吳覺迷、姚鵷雛、陳蝶仙、周瘦鵑等人主編，可說是鴛鴦蝴蝶派所編的文學副刊。黎烈文接編後，銳意革新，擬把它變為新文學的陣地。

黎烈文與張資平素不相識，他只知道張資平是創造社的元老，他的小說極為暢銷。當時張資平已出版的長篇小說有：《沖積期化石》、《飛絮》、《苔莉》、《最後的幸福》、

1 嚴敏《在金錢與政治的漩渦中：張資平評傳》，附〈張資平年表〉。百花洲文藝出版社，一九九九年。

《石榴花》、《青春》（又名《黑戀》）、《長途》、《愛力圈外》、《糜爛》、《跳躍的人們》（又名《紫雲》及《戀愛錯綜》）、《愛之渦流》、《天孫之女》、《紅霧》、《明珠與黑炭》（又名《青春的悲哀》）、《歡喜陀與馬桶》、《上帝的兒女們》、《群星亂飛》、《北極圈裡的王國》等十八部；短篇小說集則有：《愛之焦點》、《雪的除夕》、《不平衡的偶力》、《植樹節》、《蔻拉梭》（又名《梅嶺之春》）、《素描種種》、《戀愛花》等七部，稱得上是多產的暢銷作家。黎烈文透過郁達夫介紹，在一九三二年十一月宴請作家時，也邀請張資平，並請他為〈自由談〉寫連載小說，於是從同年十二月一日起，張資平的長篇小說《時代與愛的歧路》就開始連載了。

《時代與愛的歧路》仍是一部典型的張資平風格的愛情小說。它出現在〈自由談〉上，是顯得有些不倫不類的。因為一面是進步作家的嚴肅文章，一面卻是通俗性的新言情小說，自然引起一些讀者的不滿。於是到了次年四月二十二日〈自由談〉編輯室刊出啟事說：「本刊登載張資平先生之長篇創作《時代與愛的歧路》業已數月，近來時接讀者來信，表示倦意。本刊為尊重讀者意見起見，自明日起將《時代與愛的歧路》停止刊載。」這樁「腰斬」事件，在當時上海的小報間曾引起大肆渲染。其中《晶報》在四月二十七日就載有〈自由談腰斬張資平〉的短文。而甫創刊不久的《社會新聞》，更在第三卷十三期（五月九日出版）刊登「粹公」所寫的〈張資平擠出「自由談」〉一文，其中有「今日的〈自由談〉，是一塊有為而為的地盤，是『烏鴉』（案：指曹聚仁）、『阿Q』（案：指魯迅）的播音台，當然用不著

『三角四角戀愛』的張資平混跡其間，以致不得不清除。」又說：「在張資平被擠出〈自由談〉之後，以常情論，誰都咽不下這口冷水，不過張資平的闒儒是著名的，他為了老婆小孩之故，是不能同他們鬥爭，而且也不敢同他們擺好了陣營的集團去鬥爭，於是，僅僅在《中華日報》的〈小貢獻〉上，發了一條軟弱無力的冷箭，以作遮羞。」

同年六月初，曾被魯迅譏諷、指斥過的作家曾今可，會同張資平、胡懷琛等受過魯迅嘲笑的文人，聯絡了黎錦明、傅彥長、張鳳、龍榆生等一些文化界朋友，組織一個文藝漫談會。並於七月一日出版《文藝座談》半月刊第一期，其中刊登白羽遐的〈內山書店小坐記〉，誣陷內山完造是日本偵探，並以此攻擊魯迅。五日《申報・自由談》發表谷春帆的〈談「文人無行」〉，文章斥責曾今可和張資平，在指責張資平時說：「他最近也會在一些小報上潑辣叫嗥，完全一副滿懷毒恨的『棄婦』臉孔」。他認為白羽遐就是張資平的化名，因此說：「他陰謀中傷，造謠挑撥，他會硬派人像布哈林或列寧，簡直要置你於死地，其人格之卑污、手段之惡辣，可說是空前絕後。」於是，次日張資平在《時事新報》刊登啟事，除聲明自己不曾化名白羽遐之外，並在文中攻擊黎烈文，指其以資本家為後援，憑「姊妹嫁給大商人為妾，以謀得一編輯以自豪」。隔天，黎烈文在《時事新報》亦刊登啟事，斥責張資平之污衊，並說：「烈文只胞妹兩人，長應元未嫁早死，次友元現在長沙某校讀書，亦未嫁人，均未出過湖南一步。且據烈文所知，湘潭黎氏同族姊妹中不論親疏遠近，既無一人嫁人為妾，亦無一人得與『大商人』結婚，張某之言，或係一種由衷的遺憾（沒有姊妹嫁作大商人為妾的遺憾〉，或另有所指，或係一種病的發作，有如瘋犬之狂吠，則非烈文所知耳」。於是面對黎烈文的反駁，有的記者就專程到張資平在上海真茹的「望歲小農居」寓所去問個究竟。張資平只好抵賴，說「為妾」一事是另指他人，但這個人的名字不能公開。（而十多年後，張資平再次和朋友沈立行提及此事時，則坦言承認：「作妻作妾，只是傳來之言，今天看來，我是做得太損太絕了！」）七月八日，魯迅致函黎烈文，指斥張資平「造謠生事，害人賣友」，把張氏的戰法類比為鄉下「下劣無賴」的潑皮戰法。而張資平則在七月號的《朔望》半月刊發表打油詩〈遊歐歸客感賦〉攻擊黎烈文，並順帶諷刺魯迅和「左聯」。被腰斬的《時代與愛的歧路》，張資平還是把它寫完了，於同年十一月由上海合眾書店出單行本，並於一九三六年十二月改名為《青年的愛》再版。在續寫的內容中，張資平藉著小說人物的口，大肆影射與辱罵魯迅，通過小說人物的話語宣洩了他的私怨。

經歷「腰斬」事件後，張資平元氣大傷，文學創作亦急遽滑落。當時，年輕的批評家李長之就說過，社會慷慨地把張資平捧上了名利的高峰，卻又無情地將他拋向輕蔑的低谷。[2]而學者嚴敏也指出，張資平沒有跟上時代的轉型，沒有實現話語的轉換，他越是滑向民間敘述，越是走向窮途末路。從文學創作看，張資平的小說跳不出多角戀愛的窠臼，也聽不進文壇諍友的規勸，不斷重複地複製同樣的題材，而且粗製濫造。[3]在他續完《時代與愛的歧

2 李長之〈張資平戀愛小說的考察——《最後的幸福》之新評價〉，載《清華週刊》第四十一卷，一九三三年。

3 嚴敏《在金錢與政治的漩渦中：張資平評傳》，百花洲文藝出版社，一九九九年。

路》後，在次年九月又出版《愛的交流》長篇小說。但此時他的小說已經不再暢銷，他自己開的「樂群書店」也關門大吉。有的書商把它名字中的「資」挖去，又把書名改掉，成了「張平」著的另一本小說，但有時仍被讀者識出而拒買。而原先由張靜廬、洪雪帆主持的上海「現代書局」和張資平簽訂多項計畫，包括出版三卷本的《資平小說集》和十餘種日本戀愛小說的譯著，也只出了三卷本的《資平小說集》後就宣告取消計畫。從一九三五年到抗戰爆發前的兩年中，張資平除了重印兩本短篇小說集：《張資平選集》及《張資平小說選》外，只有一本譯作《人獸之間》問世。

就在他人生處於逆境的時候，擔任商務印書館總經理的王雲五向他伸出援手，聘他擔任地質、岩礦學的編輯。而原本畢業於日本東京帝國大學理學院地質系的張資平，又回到他的專業。他埋首編輯自然科學的著作，倒也做出了一些成就。這期間，他先後為王雲五主編的《自然科學小叢書》寫了《蓋基傳》，翻譯了《結晶體》、《礦物與岩石》、《岩礦化學》、《世界地體構造》、《民族生物學》、《化石人類學》，編著了《外國地理》、《地圖學及地圖繪製法》，翻譯了《中國地史》和《人類住域之地理的研究》等書。

一九三七年八月上海抗戰開啟，位於閘北的商務印書館編譯所被炸，張資平只能蝸居真茹躲避戰火。次年三月，梁鴻志等人籌建南京維新政府，雖然當時張資平已漸漸退出文壇，但畢竟還算個文化名流，可資利用。於是他們對張資平採取軟硬兼施的手段，一方面派人前往張家遊說勸誘，一方面又派日本憲兵特務去質詢張資平小說中的「排日傾向」。張資平見勢不妙，潛逃至香港，後又轉往梧州，出任廣西大學礦冶系主任。同年十月，廣西大學遭到轟炸，學校由梧州遷往桂林。張資平向學校請假一個月，據他說是想繞道越南回上海接家眷，但事實上可能是他無法放棄上海的豐裕的生活，而根本不願獨身輾轉於偏僻的西南。而就在他經越南到達香港時，他接受日本駐香港總領事中村豐一的招待和路費。一九三九年五月，他再度接受漢奸傅式說給的兩千元，化名張聲創辦《新科學》於上海，這一刊物打著「純科學」的幌子，實為日本侵略者籠絡科技界的工具。辦這類性質的刊物並非張資平的本行，於是又在日偽的暗中策劃下，於同年十月加入新辦的《文學研究》雜誌，參與編輯，則已初步陷入漢奸的泥淖中。同時，他化名張星海，參加以日本駐滬副領事岩井英一為顧問，以化名嚴軍光的袁殊為主任幹事的「興亞建國運動本部」，任該組織的文化委員會主席，成為其中最早的骨幹之一。汪偽政權成立前夕，張資平與陳孚木、彭希民等「興亞建國運動本部」頭目，於一九四〇年二月聯名上書汪精衛表示效忠，支持「新中央政府」的成立。汪政權登台後，張資平在偽「中日文化協會」充當候補理事、出版組主任，還擔任過《中日文化》月刊主編、「文物保管委員會」研究員等，又出任汪偽南京政府農礦部簡任技正。曾是昔日好友的郁達夫都看不過去，於是在新加坡的《星洲日報・晨星》上發表〈文人〉一文，嚴厲譴責張資平的投敵附逆。

而就在擔任偽職期間，他傳出外遇。據後來擔任《大眾夜報》副刊編輯沈立行說：「偽農礦部技術司有個女科員劉敏君，年方二十四歲，長得非常俊俏。她喜愛文藝，也常在報紙副刊上寫點豆腐乾文章。她知道張資平是個大文學家，就十分崇拜，頻獻殷勤。當時，張資平四十八歲，年齡雖是劉小姐的一倍，但西裝筆挺，一表人才。劉敏君為了要寫作，就經常和張混在一起。張資平連哄帶騙，終於勾搭成姦。劉敏君因非常漂亮，在偽農礦部的綽號就叫『小花瓶』。本來這是一件平常的小事，但當時南京有張小報《京報》，刊出了連載〈小花瓶傳奇〉，將張、劉的戀愛而至姘居，添油加醋，大加宣傳，一時傳遍滬寧，『小花瓶』就此出了名。張資平十分喜愛『小花瓶』，就在南京租了一所小套房，肉麻地取名為『瓶齋』。……『小花瓶』的豔史傳出後，張資平甚為惱火，曾在漢奸雜誌《中日文化》上寫了長篇小說《折柳》，竭力辯說這是正常的戀愛。後來，張索性寫了一本長篇小說《新紅A字》，說什麼『有人想以暴力來制裁我們的結合。』這是張資平寫的最後一部長篇小說，給他不光彩的『△』文藝，劃上了句號。」[4]

抗戰勝利後，聲名狼籍的張資平在一九四六年秋，經由朋友的引薦找了沈立行，於是在《大眾夜報》上刊出〈胎動期的創造社〉及〈《創造季刊》時代〉兩篇回憶錄，由於文章披露了一些鮮為人知的文壇史實，而且文筆流暢，果然增加了報紙的銷路，但同時報社也不斷收到讀者的來信，認為不該刊登漢奸的文章。於是張資平就化名為「秉聲」，寫了長篇歷史小說《繞弦風雨》，連載三個月後，報社也不得不喊停。

4 沈立行〈我所認識的「三角戀」作家張資平〉，《檔案與史學》，一九九七年一月號。

一九四七年在上海執律師業的周黎庵，見過張資平一面，他說：「他的妻子兒女都不在上海，出獄後孑然一身，無所歸宿，只好向一位老友的遺孀借一間亭子間居住。這位友人叫劉吶鷗，是臺灣人，非常富有，在虹口公園附近造了十幾幢新型里弄房屋。劉吶鷗也被軍統槍殺，抗戰勝利後房產遭沒收，只留下一幢供其遺孀居住。張資平住在劉家生活很不檢點，尤其不講究文明衛生，劉的遺孀非常惱火，把僅有的一間衛生間鎖住不給他使用。張資平無可奈何，有一次竟在亭子間大便，把糞便包在報紙中丟在衛生間門前。因此劉遺孀忍無可忍，要他遷出，張不允，遂至涉訟。我那時當律師，不知是誰介紹我充劉遺孀的代理人向法院起訴，所以我有機會在法庭上見到這位大名鼎鼎的名作家。是一位黑而胖的粗壯漢子。這種芝麻綠豆的小案自然不經判決便由法官調解結案，張資平自認理屈，答應遷出劉家了事，以後便不知所終了。」

一九四八年三月二十日，國民黨上海市黨部以漢奸罪名，對張資平提出公訴。同天，張資平寫信向當時在北京大學當校長的胡適求援，隨信又附上〈我之辨明〉一文，對自己擔任偽職一事，百般抵賴，說他出任偽職係迫於敵方「綁票式之派委」，「彼等初以大學校長為餌，繼之以部次長相誘，我答稱僅專攻地質學，不想做官。彼輩乃不徵求我之同意，遂發表我為農礦部技正。」「最後始由日本瀧庸博士，同情我之窘境，並反對敵方對我之無禮，出任調停。我不得以，允以私人資格為博物院整理岩礦標本。當我發現中央研究院及地質調查研究所所遺留之標本時，深感有加以保存及整理之義務，毀譽在所不計矣。」並在辨明書中說，國民黨上海市黨部主任方治，是受部下姚中仁蒙蔽，不加細查而追究他的；而姚中仁則是因侵佔他上海江蘇路住房未果而洩憤的。信寄出之後，同天張資平又追寄一封，信中說：「希望先生代陳之主席，並商之陳立夫先生，設法消弭弟案於無形。若先生以為不能援手，亦望加以公平之批判，公之輿論，以待社會之公判也。」[5]胡適沒有給他回信，在民族大義下，更不可能為他辯解。四月，張資平被法院判處有期徒刑一年三個月，他不服提出上訴。八月，國民黨上海高等法院更審後，維持原判。張資平聲稱要向最高法院上訴。一九四九年一月，最高法院特種刑事庭裁決，撤銷張資平一案，發還上海高等法院更為審理。此案，後來就不了了之了。

一九四九年五月上海解放。六月，張資平兩次上書上海市副市長潘漢年，請求分配工作。潘漢年批覆給長寧區人民政府處理，準備讓他去中學任教，但張資平不願接受。他又上書郭沫若，請求援引。郭沫若向有關部門提議，在政策許可的範圍內，給予安排。一九五〇年初，東北人民政府來上海招聘教授，張資平以張聲的名字報考，結果被錄取，但後來發覺他的真實身分後，又遭解聘。

張資平在生活困難之下，只得寫稿度日。據沈立行說，他曾在《亦報》會客室內見過張資平，衣衫襤褸，又黑又瘦。仍以「秉聲」為筆名，寫連載小說《曾剃頭》（曾國藩）。而

5 《胡適來往書信選》（下），中國社科院近代史中華民國史組編，中華書局，一九七九年。

周作人也在《亦報》寫專欄，「北周南張」兩個文化漢奸，擠在一個版面上了。[6]當時周作人是應主編唐大郎之邀，自一九四九年十一月二十二日至一九五二年三月十五日，以筆名申壽、鶴生、十山、祝由，發表短文約九百零八篇。[7]

一九五二年張資平給周恩來總理寫信，請求分配工作。六月他遵照指示，去長寧區失業知識份子委員會，交代了自己的過往，並進行登記。他被准許參加上海新教育學院的第八期考試，筆試通過後，卻因患嚴重的高血壓而作罷。後來身體稍好，就直接寫信給劉少奇主席。當時的政務院給了回信，要他編譯礦藏冶煉方面的書籍，批交商務印書館負責出版，總算稍稍得以餬口。一九五五年「肅反」運動開始，張資平以反革命罪被逮捕，不久與妻子離異。一九五八年九月被上海中級人民法院判處有期徒刑二十年，主要罪名是漢奸罪。次年十二月二日，在隆冬的寒風中病逝於安徽白茅嶺勞改農場，死時六十六歲。曾是兒女成群的他，最後卻是孤獨一人，後事只得政府料理。[8]

學者曾華鵬與范伯群在〈論張資平的小說〉[9]文中指出，張資平早期的創作，無論是抗議封建婚姻制度，或是對不幸者寄予同情，都顯示張資平是意識到作家的社會職責的，他的

6 同註4。
7 根據《周作人年譜》的統計。張菊香、張鐵榮編，天津人民出版社，二〇〇〇年。
8 同註1。
9 曾華鵬、范伯群〈論張資平的小說〉，《文學評論》，一九九六年第五期。

創作與「創造社」同伴的步調也基本一致。但是到了後期，他成為「樂群書店」的老闆，金錢就成為他創作的指揮棒，他所從事的就是以賺錢為目的的商業性寫作了。尤其在兩篇貼上「性」的標籤的短篇小說——〈性的等分線〉、〈性的屈服者〉之後，肉慾遊戲的描寫則已在作品裡開始氾濫。到後來更是變本加厲，越演越烈，甚至完全墮入專寫人的性慾本能的泥淖中。題材的不堪，加上大量生產、粗製濫造，終於導致他的徹底失敗。同樣在他的人生道路上，他放棄知識份子的使命，而陷入了政治的泥淖中，他由高峰跌入谷底，晚景不可不謂淒涼。

「棄武從文」卻附逆的何海鳴

何海鳴（1891-1945）

他以一個文弱書生，始而投筆從戎，繼又操觚宣傳革命，辛亥革命時武漢首義有他，癸丑討袁，他孤軍據守南京二十餘日，名聞當時。後來不幸在種種挫折之後，聲光頓斂，偃蹇滬上，常為諸小報撰文為生，專談風月。他曾說：「予生二十餘年，曾為孤兒，為學生，為軍人，為報館記者，為假名士，為鴨屎臭之文豪，為半通之政客，為二十餘日之都督及總司令，為遠走高飛之亡命客。其間所能而又經過者，為讀書寫字，為演武操槍，為作文罵世，為下獄受審，為騎馬督陣，為變服出險，種種色色無奇不備。」他就是專寫「倡門小說」的何海鳴。

何海鳴（一八九一——一九四五），原名時俊，湖南衡陽人。筆名有一雁、衡陽孤雁、求幸福齋主等。他出生於廣東九龍，當七歲時，英國政府強迫清朝租界九龍半島，次年又鎮壓九龍人民的武裝鬥爭，激起幼年的何海鳴的義憤，他後來常對人說：不知今生還能重見其復為中國疆土否！一九〇六年，十五歲的他已讀畢五經四史及諸子書，下筆千言。他隻身來到武漢，考入兩湖師範禮字齋，不久因無力支付學費，改投湖北新軍第二十一混成協第四十一標一營當兵，隨後被挑選入隨營下士學堂學習。他當了兩年多下士及下級軍官，在軍隊中組織文學社，與當時新軍中的革命黨人蔣翊武（文學社社長，《大江報》領導人之一）一起，謀求推翻清朝政府。後因事洩被迫退出軍隊，任補習學校國文教員及軍操教習，並創青年學社。此時，湖北革命團體主辦的第一張機關報《商務日報》創刊，他被招聘為編輯，由此開始了報人生涯。

不久，他又跟隨蔣翊武到《大江報》任副總編輯，並兼做上海《民吁》、《民立》等報通訊員，繼續鼓吹革命。一九一一年七月十七日，他在《大江報》上發表〈亡中國者即和平〉的短評，激憤地痛斥清政府頒佈的憲法大綱，批駁改良派、立憲派分子企圖利用請願等「和平」方式來抵制革命的反動主張。認定「和平」是「亡中國」之道，是走不通的，只有革命才能拯救中國。在何文發表後九天國學大師黃侃更發表〈大亂者救中國之妙藥也〉，湖廣總督瑞澂以「言論激烈，語意囂張」及「淆亂政體，擾害治安」等罪名，於八月一日查封了報館，報紙被「永禁發行」；詹大悲和何海鳴同時被逮捕。這就是轟動一時的湖北「大江報案」。何海鳴先是被關進漢口的看守所，後因整日編戲詞大罵清政府而被押往禮智司，在慘遭毆打後，被判處死刑。在等待行刑之時，辛亥革命爆發，他被解救出獄，出任漢口軍分政府少將參謀長。

一九一三年宋教仁遇刺案發，中山先生力主討袁。據高拜石《古春風樓瑣記》，敘其事云，黃興於七月十五日入南京，稱總司令，前後僅十四日，因師長冷遹等受敵方賄買，自臨淮不戰後撤。二十八日，黃興決離寧，行前，海鳴謁黃，並說：「袁氏禍國，公為開國元功，當籌其大者重者，暫赴海外圖大舉，海鳴為激發革命士氣，擬統率所有兵力，和袁軍一拼，以示三軍將士之心，皆與公相同，惟有少數軍官不肖而已」。黃興以其志頗壯，給以萬金，叫他相機行事。海鳴便以此款發動幹部。八月八日，海鳴入居都署，再宣佈獨立，中電討袁。下午第八師師長陳之驥帶衛隊百餘人到都署，陳為馮國璋的女婿，與馮早通消息，他和海鳴素未謀面。一見海鳴，看他身材僅及中人，容貌也不出眾，對之頗為輕視，便大聲道：「你是什麼人？」海鳴道：「我何海鳴也！」之驥迴顧衛隊：「把這革命黨扣起來！」陳衛隊中不少是廣西籍，相顧疑愕，以何海鳴三字與胡漢民音相近，誤以為即胡漢民，出來後，告訴同鄉弟兄：「胡漢民是孫中山先生左右手，怎能讓革命偉人聽人宰殺？而忍心坐視！」這話一傳十，十傳百，立時傳遍軍中，時第八師兩廣籍弟兄在半數以上，韓恢見弟兄們竊竊偶語，查知其詳，便同平常和海鳴接近的那些幹部同志商量，不如將錯就錯，來發動一下。遂率眾百餘人呼噪入督署，一路喊：「釋放胡漢民！」「大家來解救革命偉人！」把陳之驥嚇得跑了，大家擁海鳴出，稱代黃興為臨時總司令，韓恢副總司令。不久，袁軍馮國璋、張勳兩部，自浦口、揚州分道渡江，把南京團團圍住，雷震春諸將也各率各部，從長江順流而下。海鳴倉卒中偕同韓恢並其參謀伏龍三個人，編整所部抵拒敵軍於堯化門，前後凡二十餘日。那辮子軍既殘且暴，張勳又有「攻下南京，任憑自由三日」之言，一個個志在必得。何海鳴孤軍獨戰，補給又感無著，直至八月三十一日，事勢已無可為，海鳴於敵軍進城時，尚匿在草堆中，想乘機化裝脫逃，後因搜查甚緊，避入日本海軍陸戰隊成賢街之駐屯哨所，至九月十日，始化裝乘日輪東渡。他後來回憶道：「癸丑秋，九月一日，金陵城破，集敗軍戰於雨花台，台陷，兵盡竄，炮彈如雨下，予憩於草地，倦極，歌聲乃作，同輩力止之，此情此景，使人不忘。」

他在日本還繼續從事反袁鬥爭，據說當時袁世凱曾懸賞十萬元購何海鳴之頭，袁世凱死後，何海鳴常以此自炫。他在《求幸福齋隨筆》中說：「流徙東瀛後，閒無一事，欲另編一項羽傳名曰《楚霸王》，以少參考書而罷。一日抑鬱甚，信口吟七律一，其詞曰：『人生如夢復如煙，明日白頭今少年。不向風塵磨劍戟，便當情海對嬋娟。英雄兒女堪千古，鬢影刀光共一天。沒個虞姬垓下在，項王佳話豈能傳？』」

一九一五年三月，何海鳴以一介閒人身份由日本歸國回到上海。據高拜石說，在上海一段期間，海鳴和戴季陶最接近，時為黨人所營各報撰文。上海本是東南繁盛之區，聲色豪華，當時第一，開國英豪中自也有未能免俗，向此中寄情託興的。海鳴素以風流自賞，時尚未三十，且獨身，遂益無所忌憚，日久遂索性向娼門論起嫁娶了，但對季陶提起，諉說是同鄉世好，季陶信之不疑，並代為安排，約同志中眷屬作儐介。及期，海鳴所邀請來觀禮的，差不多都是北浙江路與蘇州河相近地區的所謂北里姊妹，戴先生初還不覺得，有某君者，本是「馬櫻花下常繫游驂」的翩翩年少，一見兩行紅粉，盡是老五老六小阿媛之輩，笑告戴氏，謂今日應稱「群芳大會」，戴大窘，責海鳴孟浪。海鳴大笑道：「一樣是天地生成就四肢七竅的人，何分貴賤？而且戚串中處境執業，安有盡皆相等者？」……兩人幾鬧不歡。

何海鳴自稱「予流落江湖二十年，惟妓中尚遇有好人」，因此當政治矛盾糾結難解時，「乃又復縱情北里上海一段期間」。他揚言「人生不能作拿破崙，便當作賈寶玉」。不過何海鳴對妓女還是有些同情的。早在一九一六年出版的《求幸福齋隨筆》中提出，「在世界上作人已是一件苦事，而作中國人更苦，中國人固然苦，而中國人中之女子為妓女者乃苦益無可倫比。予每一涉足花叢，必聞見許多淒慘之事，掃興而退，遂以是為畏途。嗟乎！安得黃金千百萬，盡超脫千百萬可憐之女子出火坑哉！」他還憤怒駁斥了毫無人性的鴇母領家。照她們的說法「我之妓女因我之金錢所購來者，我為資本家而彼為勞動者，是當服從命令與人交接勿厭，以飽我囊橐」。他指責「斯言也違背人道極矣！以美國解放黑奴之例言之，文明國之人尚不以異種人為奴，而自國之人乃反以同胞為販賣品，此應受死刑者也。若言資本家與勞動者之地位，則資本家應保護勞動者，工作尚有時間，應接豈無限制？似彼鴇所為慘無人理，固法律所不能許者也」。

一九二一年底，何海鳴痛下決心，從此獻身說部，鬻文為生。他將一篇倡門短篇小說〈老琴師〉寄給周瘦鵑，並附了一封信說：「我有一肚子的小說，想要做，叫世人知道我不是沒心胸的。」〈老琴師〉在《半月》雜誌刊出後，「頗得閱者讚許，即新文學家亦有讚可者。我遂決心為小說家矣！」

一九二二年八月，何海鳴參加了有包天笑、周瘦鵑、許廑父、嚴獨鶴、李涵秋等二十人組成的小說家社團「青社」。據「青社」發起人嚴芙孫後來記述，何氏此番至上海，耽擱了二十餘天，「與上海各位作家，歡然握手，大家都是一見如故。只是海鳴的外貌，非常瘦弱，分明是書生本色，哪裡瞧得出他在當年曾經掮著槍桿兒上過疆場咧。」

一九二六年何海鳴的〈老琴師〉、〈倡門之母〉、〈倡門之子〉、〈從良的教訓〉、〈溫文派的嫖客〉等五篇小說收入周瘦鵑編輯出版的《倡門小說集》，何海鳴被人稱為「倡門小說家」。論者指出，〈老琴師〉和〈溫文派的嫖客〉都是倡門小說的上乘之作。學者范伯群認為〈老琴師〉「是一篇描寫真善美被毀滅的哀歌，是一篇金錢肆意殘害藝術的血淚控訴，也是一曲老琴師用生命去抗爭那些蔑視人的尊嚴的惡勢力的頌歌。作者是用一種激越沉痛的聲音，用自己的愛憎去鐫刻的一篇力作。」〈溫文派的嫖客〉篇中文質彬彬的嫖客，不僅玩弄那妓女的肉體，還以玩弄妓女的真感情為快感，當她有了向上的心時卻無情地扼殺了她的希望。何海鳴指出，這些嫖客殘忍的程度較之流氓拆白黨尤甚，是最不人道的「心靈屠殺者」。《中國近現代通俗文學史》書中說，民國的倡門小說與清末的狹邪小說的不同就在於將歐風東漸中的人道主義精神融化到小說中去。她們不是什麼溢美或溢惡的對象，而是同情的對象。在何海鳴的倡門小說中，喊出了「妓女也是一個人」的呼聲，提出了「不能違犯人道，蔑視女子人格」，「還妓女以自由意志」的原則。

除短篇小說外，何海鳴還在《半月》雜誌連載他的長篇小說《十丈京塵》長達兩年之久。《十丈京塵》之後，又在一九二六年出版中篇小說《娼門紅淚》，由上海大東書局印行。

一九二七年春，孫傳芳以五省聯帥開府金陵，抗拒國民革命，聲言「討赤」，何海鳴受孫命，擔任宣傳事宜。之後，又投入張宗昌軍，自隳前途。一九二九年十月十五日出版的《上海畫報》有〈何海鳴潦倒瀋陽城〉的報導云：「求幸福齋主人何海鳴，固曾以文學鳴於時也，惜以潘馨航之介，而識張宗昌，而為宣傳部長……一朝墮落。宗昌失敗，何乃輾轉於青島、大連。馴至貲斧不給，袱被於遼寧日佔富士町五番地福興和木器鋪之小樓。自撰小啟，求鬻文字，其啟曰：『浮沉人海，年將四十，鬻字賣文，原我故業。況今天下承平，四民各安其生，不才既別無所能，亦惟有以鬻文字終老矣。』語意力求委婉，其遇彌可哀已。」

一九三二年，他雖還在天津的《天風報》連載他的小說《此中人》與《青黃時代》，但讀者反映不佳，甚至有致函報社要求「腰斬」的。小說創作的失敗，使他少了一條謀生之路，使得他不得不鬻字為生。一九三二年五月，他的朋友為他登出一則消息：「衡陽何海鳴先生，文名震南北，書法蒼勁古樸，似不食人間煙火，先生曩在南中，求書者踵接，雖有潤例，不過是限制也。近寓析津，知者多按舊例求書，右乃先生所寫《心經》立幅，係白宣畫朱絲欄寫《心經》全部，計二百六十字，並可題上款。有欲購求者，每紙十元（紙在內），如另書在泥金或紅色屏條，須加五元，又扇面寫此經，（金面不書）潤例六元，均五日取件。天津法租界三十一號路益安里十四號何寓。每日午後收件，先潤後書。」此時的何海鳴經濟上的拮据，可想而知了。

「九一八」事變時，中國民眾群情激憤，何海鳴在此後的一段時期，也曾連續發表了不少政論，反對日寇侵略，不料五年後，他竟出任天津《庸報》社論主筆兼文藝部長，成了附逆的文人。《庸報》原是董顯光和蔣光堂在一九二六年在天津創辦的報紙。該報很受知識份子的歡迎，在天津報界的地位僅次於《大公報》和《益世報》。日本侵略者為了達到製造反動輿論，破壞中國人民團結抗戰的目的，一九三五年由茂川特務機關指派臺灣籍特務李志堂出面，以五萬元秘密收買了《庸報》，李志堂任社長。從此《庸報》刊載的內容多為日本同盟社和日本報刊提供的稿件，其觀點完全站到了日本侵略者的立場上，《庸報》因此受到社會輿論的譴責。報社中原來留下的報人紛紛離去。此時賣文鬻字均告失敗，生活拮据又渴望過上「幸福」生活的何海鳴於是在李志堂的威脅利誘下，加入了這個漢奸報的班底。

倪斯靈的〈從辛亥功臣到附逆文人〉文中，說何海鳴「除與原《中美晚報》的岑某輪流撰寫每日社論外，還與其他漢奸文人組成隨軍記者團，配合日軍宣撫班下鄉進行宣傳，並參與組織了所謂『名流』赴日『觀光訪問』。在其一系列社論中，他不僅親筆寫文章，主張『大東亞共榮』、『中日親善』，而且還在一九三八年十月日寇侵佔漢口前，於報上懸賞徵求預測漢口陷落日期，藉以大肆宣染日軍的淫威。與此同時，作為文藝部長，他還將報紙副刊辦得像模像樣。在戰前以寫雜文、隨筆著稱的報人宮竹心，在天津淪陷後，困頓風塵，生活無著。何海鳴見狀遂連矇帶騙，邀其為報紙寫小說連載。宮為生存，只得應允。一九三八年初，宮竹心便將自題為《豹爪青鋒》的長篇武俠小說第一章送到報社。何海鳴閱後認為書名純文學味太濃，大筆一揮，遂按書中主人公的綽號，易名為《十二金錢鏢》。宮竹心見狀，心中雖怒，但未敢言，歸家後大罵其無知、庸俗，並對家人言：『我不能丟姓宮的臉，寫《十二金錢鏢》的，姓白名羽，與我宮竹心無關。白羽就是一根輕輕的羽毛，隨風飄動。』這便是民國著名武俠小說家『白羽』之筆名及其成名作《十二金錢鏢》書名的來歷。此小說在何海鳴的策劃下，於一九三八年二月在《庸報》連載，旋即引起轟動。」

一九三八年，日寇為了加強對輿論的控制，在天津一面取消了《大公報》、《益世報》等半數以上報刊和所有私人通訊社，只保留《庸報》、《東亞晨報》、《新天津報》等幾家報刊；另一方面糾集剩餘各報負責人及編輯、記者，組織「天津新聞記者協會」，內定何海鳴為偽「記協」理事長。

何海鳴在一九四三年的《文友》第二期上發表〈文友的大地域性〉，為日本搖旗吶喊地說：「在今日，這種王道儒道，以及以文會友的地域性，是更需益加擴大了。……今《文友》問世，便恰好先在中國盡其這種使命，以文會友，先集結成中國同志，對復興中華保衛東亞視為一件事，同作文化上貢獻的努力。……共同弘揚王道儒道，相偕對大東亞大地域與世界全域以邁進，吸收更多大東亞與世界的文友與同志，以實踐大同的理想。」一九四四年的《文友》第二期上他還發表〈中日同盟論〉，積極鼓吹大東亞同盟的謬論，他說：「我東亞軸心諸國，如此中日的訂立同盟條約，以及推廣此盟式於泰國、滿洲國、新近獨立的緬甸、菲律賓等，締成東亞大聯盟的廣泛局面，相盟約於各愛其國、各愛其鄰，共愛東亞，共討英美，以推行我東方的王道，建立大東亞共榮圈，展開明朗的新天地，進而有助於八紘一宇四海一家的世界大同，是這一種的盟會，完全以世界人類的正義是宗，東亞的道義是尚，開古來諸侯盟會中未有的先例，以天下為公，以道義主盟，給示與今世的霸道舊國際以一種教化與良模，那真是東方古王道破天荒的得以實現於世，允為古今唯一的幸運了！」。又說：「事變以來，一般抗戰者，輒欲以日方先撤兵為前提，茲盟邦簡單明瞭說在中國境內全可撤兵了，且不但撤去這次事變所派來的兵，甚至於根據庚子舊事的撤兵權，亦一概放棄，便連什麼華北特殊的惡性宣傳，也從此可一掃而空了。……大家須要另注意到反軸心英美方面，……處處要佔據什麼軍事根據地與空軍據點，自命為國際憲兵，……他們肯輕鬆說過半句不駐兵的話嗎？」。

一九四〇年日本在太平洋戰場上陷於不利地位，不得不壓縮後方的開支，集中力量支撐戰局。一九四四年採取了華北報紙統一管理的方案，在北京成立《華北新報》，其他城市成立分社。一九四四年四月《庸報》也被改名為《天津華北新報》。由於日方各派系之間的相互傾軋，何海鳴被日寇遺棄了。

不久，他遷居南京，深居簡出，閉門思過，在這一時期他寫了不少考據的長文，如〈猴兒年說猴〉、〈三六九說〉、〈神道之火與民生主義〉、〈中國鞠躬禮〉、〈中國的數字談〉等，他又恢復了賣文為生的生涯。他在一九四五年初，開始撰寫回憶錄《癸丑金陵戰事》，但未及完篇，於一九四五年三月八日在貧病交加中死去。他以辛亥革命的功臣，後來棄武從文，成為小說名家，但晚年卻投敵，成為附逆文人，旋又遭日寇遺棄，在抗戰勝利前他就貧病而死了。

朱樸與《古今》及其他

朱樸（1902-1970）

在上海淪陷時期，他一手創刊《古今》雜誌，網羅諸多文士撰稿，使《古今》成為東南地區最暢銷也最具有份量的文史刊物，他就是朱樸（字樸之，號樸園，亦號省齋）。他在《古今》創刊號寫有〈四十自述〉一文，根據該篇自述及後來寫的〈樸園隨譚〉、〈記蔚藍書店〉，我們知道他生於一九〇二年，是江蘇無錫縣景雲鄉全旺鎮人。全旺鎮在無錫的東北，距元處士倪雲林的墓址芙蓉山約有五里之遙，居民大都以耕農為生，讀書的不過寥寥一二家而已。而朱樸卻出身於書香門第，他的父親述珊公為名畫家，他本來希望朱樸能傳其衣鉢，但看到他臨習《芥子園畫譜》臨得一塌糊塗，認為不堪造就，遂放棄了初衷。朱樸七歲入小學，成績不壞。十歲以後由鄉間到城裡，進著名的東林書院（高等小學），因得當時國文教授龔伯威先生的特別賞識，對於國文一門，進步最快。高小畢業後，他赴吳江中學讀書，不到一年轉入輔仁中學就讀。一年後，考入吳淞中國公學商科。一九二二年夏季從中國公學畢業，本想籌借一千元赴美留學，結果到處碰壁，不克如願。後來承楊端六先生的厚意，介紹他進商務印書館《東方雜誌》社任編輯，那時他年僅二十一歲。

當時的《東方雜誌》社共有四位編輯：錢經宇、胡愈之、黃幼雄、張梓生。錢經宇是總編輯；胡愈之專事譯文兼寫關於國際的時事述評（他用的筆名是「化魯」）；黃幼雄襄助胡愈之做同一性質的工作；張梓生專寫關於國內的時事述評。朱樸進去之後，錢經宇要他每期主編「評論之評論」欄，兼寫關於經濟財政金融一類的時事述評。社址是在寶山路商務印書館的二樓一間大房間，與《教育雜誌》社、《小說月報》社、《婦女雜誌》社、《民鐸雜誌》社同一房間。朱樸說：「那時候的《教育雜誌》社有李石岑（兼《民鐸雜誌》）和周予同；《小說月報》社有鄭振鐸；《婦女雜誌》社有章錫琛和周建人；此外還有各雜誌的校對等共有一二十人之多；濟濟蹌蹌，十分熱鬧。……當時在我們那一間大編輯室裡，以我的年紀為最輕，頗有翩翩少年的丰采。鄭振鐸那時也還不失天真，好像一個大孩子，時時和我談笑。他和他的夫人高女士在一品香結婚的那天，請嚴既澄與我二人為男儐相，我記得那天大家在一起所攝的一張照片，好像現在還保存在我無錫鄉間的老家裡呢。」

在《東方雜誌》做了一年多的編輯，經由衛聽濤（渤）的介紹，朱樸到北京英商麥加利銀行華帳房任職。當時華經理（即買辦）是金拱北（城），是有名的畫家，所以賓主之間，亦頗相得。

一九二六年夏，他辭去北京麥加利銀行職務，應友人潘公展、張廷灝之招，任上海特別市政府農工商局合作事業指導員之職。後因友人余井塘之介紹得識陳果夫，朱樸說：「陳先生對於合作事業頗為熱心，因見我對於合作理論有相當研究，遂於十七年（一九二八）夏以中央民眾訓練委員會的名義，派我赴歐洲調查合作運動，於是渴望多年的出國之志，方始得償。當我出國的時候，我開始對於政治感到無限的興趣和希望。那時國民黨有所謂左派與右派之分，左派領袖是汪精衛先生，右派領袖是蔣介石先生。我對於汪先生一向有莫大的信仰，我認為孫先生逝世後祇有汪先生才是唯一的繼承者。那時汪先生正隱居在法國，我在赴歐的旅途中，旦夕打算怎樣能夠追隨汪先生為黨國而奮鬥。」於是到了巴黎幾個月後，朱樸先認識林柏生，之後又經過幾個月，才由林柏生介紹晉謁汪精衛，那是在曾仲鳴的寓所。

在巴黎期間，朱樸除數度拜謁合作導師季特教授（Prof. Charles Gide）暨參觀各合作組織外，並一度赴倫敦參觀國際合作聯盟會及各大合作組織，復一度赴日內瓦參觀國際勞工局的合作部，得識該部主任福古博士（Dr. Facquet）及幫辦哥侖朋氏（M. Colombain），相與過從，獲益不少。一九二九年春，陳公博由國內來巴黎，經汪精衛介紹，朱樸初識陳公博。後來並陪他到倫敦去遊歷，兩星期後陳公博離英他去，朱樸則入倫敦大學政治經濟學院聽講。

一九二九年夏秋之間，朱樸奉汪精衛之命返回香港，到港的時候正值張發奎率師號稱三萬，由湖南南下，會同桂軍李宗仁部總共約六萬人，從廣西分路向廣州進攻，「張、桂軍」當時亟須奪取廣州來擴充勢力，準備同蔣介石分家，割據華南。不料後來因軍械不濟的緣故，事敗垂成。

香港掌故大家高伯雨說：「我和省齋相識最久，遠在一九二九年在倫敦就時相見面，但沒有什麼交情。一九三〇年我從英國回上海一轉，在十四姊家中又和他相值，原來那時候他正避難在租界裡，住在我姊姊處。那天他還約了史沫特萊女士來吃茶，我和她談了兩個多鐘頭。」對此朱樸在〈人生幾何〉一文補充說道：「至於伯雨所說的關於史沫特萊女士一節倒是的確的，而且非常之秘密，因為她那時正寓居於上海法租界霞飛路西的一層公寓內，我們不但是『打倒獨裁』的同志，並且是好抽香煙好喝咖啡的同志。所以，我常常是她寓所裡的座上客，我一到她那裡她總是親手煮咖啡給我喝的。那時候她和孫中山夫人宋慶齡女士來往非常親密，她曾屢次說要為我介紹，可是因為不久我就離開上海到香港來了，卒未如願。」

這次倒蔣的軍事行動雖未成功，但汪精衛並不灰心，他頗注意於宣傳工作，遂命林柏生、陳克文、朱樸三人創辦《南華日報》於香港，林柏生為社長，陳克文與朱樸為副社長。朱樸說：「當時我與柏生、克文互相規定每人每星期各寫社論兩篇並值夜兩天，工作相當辛勞。所幸編輯部內人才濟濟，得力不少，如馮節、趙慕儒、許力求等，現在俱已嶄露頭角，有聲於時。那時候汪先生也在香港，有時候也有文字在《南華日報》上發表，所以這一個時期《南華日報》的社論，博得讀者熱烈的歡迎。還有副刊也頗為精彩，尤其是署名『曼昭』的〈南社詩話〉一文，陸續登載，最獲一般讀者的佳評與讚賞。」

一九三〇年夏，汪精衛應閻錫山及馮玉祥的邀請到北平召開擴大會議，朱樸亦追隨同往，任海外部秘書。同時並與曾仲鳴合辦《蔚藍畫報》於北平，頗獲當時平津文藝界的好評。同年冬，汪精衛赴山西，朱樸奉命重返香港。道經上海時，因中國公學同學好友孫寒冰的夫人之介紹，認識了沈瑞英女士。一九三一年春，汪精衛赴廣州主持非常會議，朱樸被任為文化事業委員會委員。寧粵雙方代表在上海開和平會議，朱樸事先奉汪精衛命赴上海辦理宣傳事宜。一九三二年一月三十日與沈瑞英於上海結婚。兩年間留滬時間居多，雖掛著行政院參議、農村復興委員會專門委員、外交部條約委員會委員等名義，但實際上並沒做什麼事。

一九三四年六月，朱樸奉汪精衛之命，以行政院農村復興委員會特派考察歐洲農業合作事宜的名義出國。朱樸說：「汪先生因該會經費不充，所以再給我一個駐丹麥使館秘書的職務。我赴歐後先到倫敦，適張向華（發奎）將軍亦在那裡，闊別多年，暢敘至歡。數日後我隨他到荷蘭去遊覽。後來，張將軍離歐赴美，我即經由德國赴丹麥。我在丹麥三四個月，普遍參觀了丹麥全國的各種合作事業，所得印象之深，無以復加。」一九三六年，張發奎在浙江江山新就閩贛浙皖四省邊區清剿總指揮之職，來函相招。於是朱樸以一介書生，乃勉入戎幕。

一九三七年春，他奉汪精衛命為中央政治委員會土地專門委員再兼襄上海《中華日報》筆政。同年「八．一三」事變發生，朱樸奉林柏生命重返香港主持《南華日報》筆政。不久，林柏生亦由滬來港。一九三八年春節樊仲雲也由滬到港，隨即在皇后大道「華人行」七樓租房兩間，開辦「蔚藍書店」。「蔚藍書店」其實並不是一所書店，它乃是「國際編譯社」的外幕。而「國際編譯社」直屬於「藝文研究會」，該會的最高主持人是周佛海，其次是陶希聖。「國際編譯社」事實上乃是「藝文研究會」的香港分會，負責者為林柏生，後來梅思平亦奉命到港參加，於是外界遂稱林柏生、梅思平、樊仲雲、朱樸為「蔚藍書店」的四大金剛。其中林柏生主持一切總務，梅思平主編國際叢書，樊仲雲主編國際週報，朱樸則主編國際通訊。助編者有張百高、胡蘭成、薛典曾、龍大均、連士升、杜衡、林一新、劉石克等人。「國際編譯社」每星期出版國際週報一期，國際通訊兩期，選材謹嚴，為研究國際問題一時之權威。國際叢書由商務印書館承印，預計一年出六十種，編輯委員除梅思平為主編外，尚有周鯁生、李聖五、林柏生、高宗武、程滄波、樊仲雲、朱樸等。當時所謂「四大金剛」，他們除了本店的職務外，尚兼有其他職務。如林柏生為國民政府立法院委員、《南華日報》社長；梅思平為中央政治委員會法制專門委員；樊仲雲為《星島日報》總主筆；朱樸為中央政治委員會經濟專門委員。

一九三八年十二月二十九日汪精衛發表「豔電」，於是和平運動立即展開。朱樸被派秘密赴滬，從事宣傳工作，經一兩個月的籌備，和平運動上海方面的第一種刊物《時代文選》於次年三月二十日出版。同年八月二十八日，汪偽中國國民黨在上海舉行第六次全國代表大會，朱樸被選為中央監察委員，復擔任中央宣傳部副部長。同年八月至九月間，接辦上海《國際晚報》（後因工部局借故撤銷登記證而被迫停刊。）十月一日創辦《時代晚報》，由梅思平任董事長，到一九四〇年九月一日才遷到南京出版。一九四〇年三月三十日汪精衛在南京成立偽「中華民國國民政府」，其組織機構仍用國民政府的組織形式，汪精衛任行政院院長兼代主席。此時朱樸被任為交通部政務次長。先是中央黨部也將他調任為組織部副部長。五月二十六日中國合作學會在南京成立，朱樸被推為理事長。

一九四一年一月十一日，朱樸的夫人在上海病逝；同年十月十六日長子榮昌亦歿於青島。一年之中喪妻喪子，給他以沉重的打擊，萬念俱灰之下，他先後辭去中央組織部副部長和交通部政務次長的職務，僅擔任全國經濟委員會委員一類的閒職。一九四二年三月二十五日，朱樸在上海創辦了《古今》雜誌，他在〈《古今》一年〉文中說：「回憶去年此時，正值我的愛兒殤亡之後，我因中心哀痛，不能自已，遂決定試辦這一個小小刊物，想勉強作為精神的排遣。」他又在〈滿城風雨話古今〉文中說：「有一天，忽然闊別多年的陶亢德兄來訪，談及目前國內出版界之冷寂，慫恿我出來放一聲大砲。自惟平生一無所長，只有對出版事業略有些微經驗，且正值精神一無所託之際，遂不加考慮，立即答應。」他在〈發刊辭〉中說：「我們這個刊物的宗旨，顧名思義，極為明顯。自古至今，不論是英雄豪傑也好，名士佳人也好，甚至販夫走卒也好，只要其生平事蹟有異乎尋常不很平凡之處，我們都極願盡量搜羅獻諸於今日及日後的讀者之前。我們的目的在於彰事實、明是非、求真理。所以，不獨人物一門而已，他如天文地理，禽獸草木，金石書畫，詩詞歌賦諸類，凡是有其特殊的價值可以記述的，本刊也將兼收並蓄，樂為刊登。總之，本刊是包羅萬象、無所不容的。」

《古今》從第一期到第八期是月刊，到第九期改為半月刊，十六開本，每期四十頁左右。朱樸在〈《古今》兩年〉文中說：「當《古今》最初創刊的時候，那種因陋就簡的情形決非一般人所能想像的。既無編輯部，更無營業部，根本就沒有所謂『社址』。那時事實上的編輯者和撰稿者只有三個人，一是不佞本人，其餘兩位即陶亢德周黎庵兩君而已。創刊號中一共只有十四篇文章，我個人寫了四篇，亢德兩篇，黎庵兩篇，竟占了總數之大半；其他如校對、排樣、

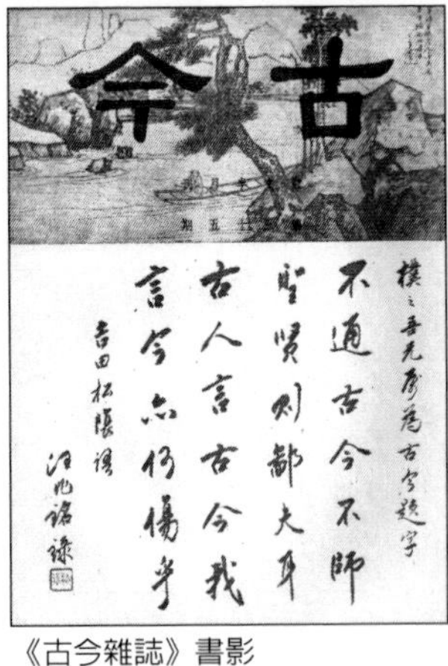

《古今雜誌》書影

發行，甚至跑印刷所郵政局等類的瑣屑工作，也都由我們三人親任其勞，實行『同艱』『共苦』的精神。……那種情形一直賡續到十個月之後才在亞爾培路二號找到了社址（這是承金雄白先生的厚意而讓與的），於是所謂的『古今社』者才名副其實的正式辦起公來。」《古今》從第三期開始由曾經編輯過《宇宙風乙刊》的周黎庵任主編（其實是從籌備開始，只是沒公開掛名而已。），朱樸說：「我與黎庵沒有一天不到社中工作，不論風雨寒暑，從未間斷。就我個人的經驗來說，生平對於任何事務向來比較冷淡並不感覺十分興趣的，可是對於《古今》，則剛剛相反，一年多來如果偶而因事離滬不克到社小坐的話，則精神恍惚，若有所失。」

周黎庵在〈《古今》兩年〉文中說：「我編《古今》有一個方針，便是善不與人同，戰後作家星散，在上海的只有這幾個人。雖然他們的文章寫得好，但因為每一家雜誌都可以有他們的作品，便算不得名貴了，於是《古今》便開發北方……每期總刊載幾篇北方名家的作品，北方開發成功之後，我覺得還不足以維持《古今》獨有的風格，近期更有碩果僅存的珍貴史料和大江南北無與抗手的書畫刊載，可以說是《古今》特殊的貢獻。」

經過朱樸、周黎庵的努力邀約，在一九四三年七月《古今》夏季特大號（第二十七、二十八合刊）的封面上開列了一個「本刊執筆人」的名單：

汪精衛、周佛海、陳公博、梁鴻志、周作人、江康瓠、趙叔雍、樊仲雲、吳翼公、瞿兌之、謝剛主、謝興堯、徐凌霄、徐一士、沈啟无、紀果庵、周越然、龍沐勛、文載道、柳雨生、袁殊、金梁、金雄白、諸青來、陳乃乾、陳寥士、鄭秉珊、予且、蘇青、楊鴻烈、沈爾喬、何海鳴、胡詠唐、楊靜盦、朱劍心、邱艾簡、陳旭輪、錢希平、陳耿民、何戡、白銜、病叟、南冠、陳亨德、李宣倜、周樂山、張素民、左筆、楊蔭深、魯昔達、童家祥、許季木、默庵、靜塵、許斐、書生、小魯、方密、何淑、周幼海、余牧、吳詠、陶亢德、周黎庵、朱樸。

在這份六十五人的名單中，除南冠、吳詠、默庵、何戡、魯昔達是同屬黃裳一人外，可謂名家雲集。其中以汪精衛、周佛海、陳公博、梁鴻志、江亢虎、趙叔雍、樊仲雲等為首，顯示出《古今》與汪偽政權的千絲萬縷的關係。學者李相銀在《上海淪陷時期文學期刊研究》書中，就指出：「無論是汪精衛的『故人故事』，還是周佛海的『奮鬥歷程』，無不是在訴說自己的輝煌過去。……作為民族國家的罪人，他們與日本侵略者媾和並將此視為『豐功偉業』大肆吹噓，不過是為自己荒謬的言行尋找『合法』的外衣而已。其實他們又何嘗不知此舉早為世人所不齒，必將等來歷史的審判。他們焦慮不安的內心充滿了對於『末日』的恐懼，除了借助於文字聊以排遣之外，還能有何良策呢？就此而言，《古今》無疑成了他們『遣愁寄情』的最佳言說空間，《古今》的文學追求也因此被『政治化』。」而舊派文人和學者如吳翼公、瞿兌之、周越然、龍榆生、謝剛主、謝興堯、徐凌霄、徐一士、陳旭輪、陳乃乾等人佔了相當的比重，體現出雜誌的「古」的色彩。這其中有許多是專研掌故之學的，如明末四公子之一冒辟疆之後人——冒鶴亭他的〈孽海花閒話〉在《古今》第四十一期起連載九期；而晚清大學士瞿鴻機之子瞿兌之出身宰輔門第，故舊世交遍天下，是民國筆記小說的重要代表人物；徐一士出身晚清名門世家，與兄徐凌霄均治清代掌故，所著《凌霄一士隨筆》與瞿兌之的《人物風俗制度叢談》、黃秋岳的《花隨人聖盦摭憶》並稱為「三大掌故名著」。謝剛主原名謝國楨，是明史專家；謝興堯則主要從事太平天國史研究，他對《水滸傳》作者的考證，從胡適考證的遺漏之處入手，認為《水滸傳》最根本的問題是作者問題，發幽探微，溯古追今，既有史實，又有史識。而周越然在二十世紀上半葉，是無人不知的大藏書家，其書室名為「言言齋」，於一九三二年毀於「一・二八」之役，但他並不因此而稍挫，他移居西摩路（今陝西北路），繼續廣事搜購，不數年又復坐擁書城。他偏嗜禁書，寫有〈西洋的性書與淫書〉等文。陳乃乾則早年從事古舊書業經營，所經眼的版本書籍特別多，撰著了不少有關版本目錄學方面的專著，並在《古今》上發表了許多目錄學、版本學方面的學術文章。

紀果庵在《古今》第三十期（一九四三年九月一日出版）的〈海上紀行〉一文，談到他們在朱樸的「樸園」雅集的情況：「次日上午我先到黎庵兄處會齊，往樸園，老樹濃蔭，蟬聲搖曳，殊為人海中不易覓到的靜區。樸園主人前在京時曾見過一面，但未接談，這番重見到他清癯的面容，與具有隱士嘯傲之感的風格，不覺未言已使我心折。我常想晉宋之交，有栗里詩人，與遠公點綴了美麗的廬山，五斗米雖不能使他折腰，而我輩卻呻吟於六斗之下（公務員配給米以六斗為限），古今世變，還是相去有間的，然如樸園之集，固亦大不易得，並非我輩『群賢畢至』，良以濁世可以談談的機會與心情太不容吾人日日如此耳。亢德已至，因有他約，先去。隨後來的有矍鑠的周越然先生，推了光頂風趣益可撩人的予且先生，丰度翩翩的文載道柳雨生二兄，和我最喜歡讀其文字的蘇青小姐，樊仲雲先生則最後至，於是談話馬上熱鬧起來，予且先生在抄寫樸園主人的八字預備一展君平手段，越翁則談到方九霞劫案，載道大說其墨索公辭職的新聞，聲宏而氣昂，蘇青小姐只有在一邊微笑，用小型扇子不住的扇著。我這個北方大漢，插在裏邊，殊有不調和之感，只好聽著似懂不懂的上海話，一面欣賞吳湖帆送給樸園主人的對聯，（聯曰：顧視清高氣深穩，文章彪炳光陸離。）和書架上的書籍，大部是清代筆記掌故和清印的書帖之屬，主人脾胃，可睹一斑，其與吾輩相近，亦頗顯然也。時主人持出《扇面萃珍》一冊，與黎庵討論《古今》封面材料，此集乃廉南湖小萬柳堂所藏，均明清珍品。主人因談到吳芝瑛女士的字，據云乃是捉刀，余亦久有所聞，而不如主人所知之證據確鑿。飯已擺好，我竟僭越的被推首席，可惜自己不能飲酒，白白辜負主人及黎庵的相勸之意。老饕既飽，本該『遠颺』，（昔人喻流寇云，『饑則來歸，飽則遠颺。』）奈外面紛傳，馬路將要戒嚴，『下雨天留客』，適有饋主人以西瓜者，不免益使老饕堅其不去之心。西瓜吃畢，蘇青女士的文章來了，她掏出小巧精緻的紀念冊，定要樊公題字，樊公未有以應，叫我先寫幾句，我只得馬馬虎虎，塗鴉一番，大意好像是發揮定公詩：『避席畏聞——著書都為——』數語的意思，未免平凡得很。主人堅執請樊公執筆，樊公索詞於我，我忽然說：

『您寫纖成白雪桑重綠，割盡黃雲稻正青罷。』樊公未作可否，我已竟感到荊公此語，太露鋒芒，豈唯對樊公不適，即給人題字，亦復欠佳，乃急轉語鋒曰：隨便寫個『文章千古事，得失寸心知』好了，不是蘇青小姐的文章大可『千古』嗎？樊公乃提筆一揮而就。三點了，不好意思再坐下去，於是告辭了雅潔的樸園……」

對於《古今》的創辦，上海電影製片廠離休老幹部、上海作家協會會員沈鵬年在《行雲流水記往》一書中另有一說，他云：「朱樸畢竟出身於書畫世家，深知『國寶』級的兩宋古書畫的價值。而當時號稱『前漢』（汪精衛屬『後漢』）的大漢奸梁鴻志家藏兩宋古書畫，他覬覦之心，無時或已。便以《古今》約稿為名，頻頻登門訪梁。」梁鴻志出身閩侯望族，曾祖父梁章鉅，號茝林，官至江蘇巡撫，是嘉道間名震朝野的收藏家，外祖林壽圖，號歐齋，工書畫及詩詞。梁鴻志早年結識北洋皖系大紅人、安福系王揖唐，王賞識梁鴻志的詩才，拉其入安福國會任財務副主任，梁鴻志因此搜刮了不少安福俱樂部的公款，後來王揖唐又舉薦梁鴻志任段祺瑞秘書。段歸隱上海，梁就用安福系的巨額贓款也在上海置花園洋房一所，並以祖傳宋代古玩三十三件（一說是兩宋蘇東坡、黃山谷、米南宮、董源、巨然、李唐等書畫名家真跡三十三種），名其居曰「三十三宋齋」。沈鵬年認為這些國寶級的珍藏，不能不令朱樸為之咋舌。因此朱樸在《古今》創刊時，就約得梁鴻志的文章〈爰居閣脞談〉並將其排在首篇，足見其是別有用心的。

後來朱樸更因此得識了梁鴻志的長女，沈鵬年說：「一九四二年四月的一天，朱樸要周黎庵陪伴同去鑑賞。至梁宅適主人外出，由其女梁文若招待。這就是朱樸致文若第一封『情書』中所說『兩年多以前曾經多少友好的熱心介紹，始終未能謀面，而這一次竟於無意之間一見傾心』的這一次。朱樸致文若信中寫道：『我因精神無所寄託遂創辦《古今》以強自排遣，卻不料無形中竟因此獲得了你的重視和青睞。』『在茫茫塵海之中能夠獲得你，可說不虛此生了。』從一九四二年四月至一九四四年三月，整整兩年的苦心追求，文若小姐下嫁朱樸，朱樸成為梁鴻志的『乘龍快婿』。『三十三宋齋』的『肥水』也能分得『一杯羹』。他創辦《古今》的目的初步得逞。」

一九四四年三月三日下午三時，朱樸與梁文若結婚，證婚人原定周佛海，後來因周佛海有事不克前來，改為梅思平主持。據參與盛會的文載道說，新郎著藍袍玄褂，新娘則僅御紅色旗袍，不冠紗也不穿高跟鞋，有許多人頗讚美這種儀式之儉樸而莊嚴。因為梁鴻志與朱樸交友廣闊，因此賀客盈門，有冒鶴亭、趙時棡（叔孺）、譚澤闓、吳湖帆、龔心釗（懷西）、林灝深（朗谿）、夏敬觀、劉翰怡、廖恩燾、顏惠慶、張一鵬、鄭洪年、朱履龢、聞蘭亭、諸青來、李拔可、嚴家熾等名人。另文化界來的有：趙正平、樊仲雲、周化人；新聞界有：金雄白、陳彬龢、袁殊、鄭鴻彥、許力求；銀行界有：馮耿光、周作民、李思浩、葉扶霄、錢大櫆、盧澗泉、張慰如、吳蘊齋；軍警界有：唐蟒、蕭叔宣、張國元、唐生明、臧卓、熊劍東、蘇成德、林之江等；女賓到的有周佛海夫人楊淑慧，陳公博夫人李勵莊，前「標準美人」現唐生明夫人徐來，以及繆斌、任援道、梅思平、丁默邨的夫人等。還有兩位是朱履龢、李祖虞夫人，都是崑曲的名手。更難得的是京劇大師梅蘭芳也來了。文載道說：「聽說這次爰居閣主（案：梁鴻志）贈與樸園（案：朱樸）的覿禮，也不是世俗的金錢飾物，而是最合樸園愛好的金石古玩。計有宋哥窯水盂全座，漢玉一枚，乾隆仿宋玉兔朝元硯一方，精品雞血章成對。」

朱樸在〈樸園日記——甲申銷夏鱗爪錄〉文中說：「（一九四四年）八月十五日，下午到《古今》社，鶴老送贈《梁節庵遺詩》一冊，盛意可感。《古今》第五十三期出版，封面刊登孫邦瑞君所貽鄭蘇戡之『含毫不意驚風雨，論世真能鑒古代』一聯，頗為大方。……八月二十三日，上午赴中行，與震老閒談時事，感慨良多。下午與文若赴爰居閣，邀外舅（案：梁鴻志）同往孫邦瑞處觀畫。今日所觀者有沈石田畫二卷，董香光畫軸及冊頁各一件，王煙客冊頁九幀，惲南田畫一卷，皆精品。石谷二卷俱係中華時代之力作，頗為外舅所讚美。……邦瑞富收藏，今日因時間匆促，不克飽鑒為憾，異日當約湖帆再往訪之。」孫邦瑞是民國著名書畫收藏家，他與吳湖帆交誼甚篤，且結通家之好，所收藏名跡多經吳湖帆鑑定並題跋。沈鵬年說：「據說孫邦瑞家藏的精品經梁、朱『鑒賞』以後，梁、朱用『金條』為誘餌，反覆談判，威嚇利誘，被掠奪而去……類此者何止孫氏一家？這就是朱樸之用《古今》為幌子，先瞄上梁家『三十三宋齋』，然後再網羅海上著名收藏家的珍品，這就是他辦

《古今》最終的真正目的。……朱樸通過《古今》人財兩得，名利雙收。把《古今》停刊以後，集中精力，找到退路，最後去『香港買賣書畫』。」

一九四四年十月《古今》在出版第五十七期後停刊，朱樸離開滬寧的政治圈，他以平民身份幽居北平，以賞玩字畫為樂事。他在〈憶知堂老人〉文中說：「一九四四年《古今》休刊後我舉家遷居北京，到後即往拜訪。」又在〈多難祇成雙鬢改〉文中說：「甲申之冬，余北遊燕都，知堂老人邀讌苦茶庵，陪座者僅張東蓀、王古魯。席間，余出紙索書，主人酒餘揮毫，為集陸放翁句『多難祇成雙鬢改，浮名不作一錢看』十四字相貽，感慨遙深，實獲我心。聯旁並附小跋曰：『樸園先生屬書小聯，余未曾學書，平日寫字東倒西歪，俗語所謂如蟹爬者是也。此只可塗抹村塾敗壁，豈能寫在朱絲欄上耶？惟重雅意，集吾鄉放翁句勉寫此十四字，殊不成樣子，樸園先生幸無見笑也。民國甲申除夕周作人』虛懷若谷，讀之愧然。」

朱樸在一九四七年到了香港，有論者說他在抗戰勝利前就到香港是不確的。除了他自己在〈人生幾何〉文中說：「我由北京來港是一九四七年，並非一九四八年。」外，香港《大人》、《大成》雜誌創辦人沈葦窗也說：「一九四七年，省齋將來香港，湖帆曾有意同行，於是時常晤面，磋商行止。湖帆有煙霞癖，因此舉棋不定，省齋先於四七年冬來港，我到港後和他時時飲茶，談次總要提起湖帆，認為南張北溥，先後到了海外，若湖帆到港，便成三國鼎峙之局，海外畫壇那就更加熱鬧了！」。

名作家董橋在《故事》一書中說：「朱省齋名樸，字樸之，無錫人，我一九七〇年年尾在香港報上讀到他去世的消息。他早歲浮沉政海，中年後來香港買賣書畫，與張大千、吳湖帆友善，《星島日報》社長林靄民請過他編《人物週刊》。省齋與張大千五十年代在香港過從甚密，也許還不斷有過書畫上的買賣。」張大千「《歸牧圖》題識提到的蘇東坡《石恪維摩贊》，大千竟然又是靠朱省齋奔走買進來的。此《贊》曾經由省齋的外舅梁鴻志收藏，四十年代末期忽然在香港為省齋發現，立即轉告大千，大千願意傾囊以迎，懇求省齋力為介說；幾經磋商，卒為所得。」一九五〇年朱樸和譚敬「同寓香港思豪酒店。一天，譚敬忽遭覆車之禍，身涉訴訟，急於用錢，打算出讓全部藏品。那時張大千正在印度大吉嶺避暑，省齋馳書通報，大千立刻回電說：『山谷伏波神祠詩卷，弟寤寐求之者已二十餘年，務懇代為竭力設法，以償所願！』省齋接電話後幾經周折，終於成事。」

沈葦窗在〈朱省齋傷心超覽樓〉文中說：「我草創《大人》雜誌，省齋每期為我寫稿，更提供許多書畫資料。那時，省齋在王寬誠的寫字樓供職，薪水甚少，但有一間寫字間卻很大，他每天下午到那裡去轉一轉，看看西報，主要的工作是為王寬誠鑑定書畫。因此，他於一九五七、一九六〇都回過上海，又到北京，而在最後一次他回香港經過深圳之時，卻遇見一件驚心動魄的事情，從此，他就不敢再北上了。原來省齋到北京，遇見瞿兌之，瞿家有一件齊白石的山水畫長卷，是他家的一段故事，名為《超覽樓禊集圖》……兌之晚年，境遇不佳，省齋卻對此卷念念不忘，因之和兌之磋商，以人民幣四百元讓到手上，……省齋得此畫後，十分得意，已在畫右下角，鈐上陳巨來為他刻的『朱省齋書畫記』印章，並在北京覓人攝影。不料在返港之際，在深圳遇見虎而冠者，從行李中搜出此物，認為盜竊國寶，罪無可綰，幾欲繩之於法。幸得長袖善舞最近在港逝世之某君為之緩頰，方保無事。省齋告我，當時心膽俱裂，確實有此情景，畫件當然沒收，後來再沒有下落了！省齋當年曾說，此件到港可值萬金以上，如今看來，十百倍都不止，而省齋從此得怔忡之疾，一九七〇年十二月九日歿於九龍寓邸，享年六十有九。」

朱省齋十幾年來先後出版《省齋讀畫記》、《書畫隨筆》、《海外所見名畫錄》、《畫人畫事》、《藝苑談往》五本專談書畫的書籍。他在一九五四年出版的《省齋讀畫記》〈弁言〉中說：「作者並不能畫，惟嗜此則甚於一切。十餘年前在滬常與吳湖帆先生相往還，初得其趣；近年在港，隨張大千先生遊，朝夕過從，獲益更多。竊謂本書之作，雖未敢媲美《江村銷夏錄》、《庚子銷夏記》等名著，但對於同好之士，或能勉供參考之一助也。」他在《藝苑談往》〈引言〉中又說：「雖然文不足取，但是所謂敝帚自珍，覺得也還有其出版之價值。尤其書中如〈石濤繁川春遠圖始末記〉、〈董北苑瀟湘圖始末記〉、〈關於顧閎中韓熙載夜宴圖的故事〉、〈黃山谷伏波神祠詩畫卷始末記〉諸篇，其中所述，雖不敢自詡謂鄙人『獨得之秘』，但因都曾經身預其事，知之較切，自非如一般途聽道說，摭人唾餘者之可比。」

與朱樸有數十年友誼的金雄白說：「在香港二十餘年中，他已成為中國古代文物的鑑賞專家。以他的天賦聰明，兼得他丈人長樂梁眾異氏之指點，又因先後與吳湖帆、張大千交遊，耳濡目染之餘，又寖饋於此，乃卓然有成。近來他的著作中，也十九屬於談論古今的書畫人物，遠至美國，每遇珍品，輒先央其作最後的鑑定，以為取捨之標準。」而對於書畫之鑑定，朱樸寫有一長文〈論書畫賞鑑之不易〉，他認為賞鑑者，乃是一種極專門又極深奧的學問，普通一般的書畫家不一定也是賞鑑家，而所謂收藏家者，更不一定就是賞鑑家。余恩鑅在其《藏拙軒珍賞目》序文說：「近來市肆家變幻百出，遇名畫與題跋分裂為二，每有畫真跋假，以畫掩字；畫假跋真，以字掩畫。又有前朝無名氏畫，妄填姓名；或因收藏家以印章題跋為證據，依樣雕刻，照本描摹。直幅則列滿邊額，橫卷則排綴首尾，類皆前朝印璽名人款識，施之贗本。而俗眼不察，至以燕石為瓊瑤，下駟為駿骨，冀得厚資而質之。」因此朱樸最後總結說：「賞鑑是一件難事，而書畫的賞鑑則尤是難事之難事，應該是萬古不磨之論。董其昌有言曰：『宋元名畫，一幅百金；鑑定稍訛，輒收贗本。翰墨之事，談何容易！』真是一點也不錯。」

名編輯名作家的周黎庵

周黎庵（1916-2003）

名報人金雄白曾對周黎庵說，當年上海的雜誌有三個型，一是《古今》型，二是《雜誌》型，三是《萬象》型，其他的雜誌都可以歸納到這三種型中去。周黎庵說：「金先生是報業的先進，他的話當然是有見地的，編一種雜誌成了型，而有許多旁的雜誌極力模仿著，《古今》亦足以自豪了。」而這《古今》雜誌的靈魂人物，便是主編周黎庵了。

周黎庵（一九一六—二〇〇三）原名周劭，字黎庵，浙江寧波人。他有個不幸的家庭，雖然父母俱在，但他卻自認是孤兒，他從沒提過父親，甚至覺得與周家也沒什麼關係。他的母親張汝釗是浙江慈谿人，出身書香門第，幼時即被稱為「才女」，十餘歲便能作詩。不幸的是在她十六歲那年由家人包辦婚姻嫁給寧波周家，丈夫是個紈絝子弟。周黎庵在〈銘心的紀念——我的外祖母和我的童年〉文中說道：「我是一個『數典忘祖』的人，在我名字上冠的姓，始終和我沒有多大的關係，只是一個符號而已。要是將來有什麼光耀門楣或衣錦還鄉的舉動，我是毅然要把它廢掉的。因為它的存在，實在於我沒有關係。……我於自己的父系，卻一無所知，我的祖父名諱和大號，雖然曾專誠向人家請教過二三次，但無不立刻忘掉，至今還不能記憶，雖然他是先我出世而亡故的，總算在鄉間也是一名紳士；然而我就不曾還過老家，而且對於他實在也不曾發生過興趣。……幸而我雖在父系的族中出生，不到九個月，便被送到母系的家中去，從此我便生長在另一個天地中，……我自己的家庭是商臭的，外家卻是銅臭書香兼而有之。她（外祖母）雖讀書不多，但有一個很好讀書的環境給我，她的家中藏書很多，經史之外，小說也豐富，她概不禁止我，由我自由閱讀。我在私塾和學校裡讀書都是馬虎得很，只能及格便算，但在自由閱讀一方面，卻大得其益，八九歲的時候，便看完了《三國》、《水滸》、《紅樓》、《西遊》之類，進而讀其他的小說，……我所看的小說以歷史方面為多，上自西周列國，下至民國，沒有一朝一代脫空，後來進一步讀《綱鑑易知錄》，再進一步看廿四史，就左右逢源，宛如舊識。」一九二八年，母親張汝釗以她卓越的才能被聘任為寧波圖書館館長。當時周黎庵小學休學，也去作一名沒有薪給的小館員，一做便是兩年。

一九三五年周黎庵考入東吳大學法學院的預科，他說：「考卷繳的是『白卷』，希望不被錄取而可償東渡扶桑念文科的夙願，但法學院院長吳經熊是我的表伯又是我的忘年交，還想做我的老師，便運用職權，破格錄取我這個曳白學生，從此開始兩學期的負笈吳門生涯，實際前後不到八個月。」當時東吳的學生很多是顯貴的子弟，大都是北伐成功後要人的第二代，他們把子弟送入這所教會大學而不去國立大學，原因是他們以為教會大學校規嚴，蘇州沒有聲色犬馬之場，而且學費昂貴，一般窮小子進不了，可免赤色思想的傳染。當時同學中便有蔣建鎬，那是蔣緯國的學名。周黎庵說：「我和緯國猶如《三笑》中的唐伯虎一樣，有好幾個『同』：同學一也，同鄉二也，同級三也，同舍四也，同伍五也，同齡六也，同會七也，同筆八也。這個『同伍』以後要詳說。『同級』則指同一班級上課，像張先生的歷史課便是同課室聽的。不過他念的是經濟系而我是法律，他屬於文學院我則是法學院，只是兩系的有些必修課同班學習而已。『同筆』是緯國不擅於做老貢生教授的文言文作文，總是倩我為他捉刀，所以稱為『同筆』。其他的七『同』，都不過泛泛，唯有『同筆』一同，他對我有特殊的關係，但也不是無報酬的盡義務，而是每一篇作文都贈我一盒百支裝的進口埃及香煙，那是他從家裡款貴賓用的取來為我所萬萬無力購置的名煙。」

周黎庵雖然念的是法律，但愛好的卻是文學，在他讀書之餘，便以寫作消遣，每天寫些雜文給上海報紙副刊發表，總其名曰《葑溪庵隨筆》。因他的住所鄰近蘇州的葑門，「葑溪」指的就是葑門外的一條水道。這樣的文字，他不知寫了幾多萬字，可惜都無存稿，現在連報紙也都找不到了。一九九九年二月周黎庵在古吳軒出版社出版了一冊隨筆集，名為《葑溪尋夢》。就是回憶作者曾於一九三五年至一九三六年在蘇州生活了八九個月，葑溪這條水道令他長縈夢思了幾十年，以至和蘇州結下了不解之緣，因而他把歷年創作的有關蘇州的山川、歷史、人物及風俗的文章，結集為《葑溪尋夢》，就是要尋找當年失去的夢境。

周黎庵上大學時即開始創作，早期作品發表在《論語》等雜誌上，間也為《宇宙風》寫些「姑妄言之」之類的短文，其間還校點一部清人舒白香的《遊山日記》，算是作《宇宙風》讀者贈品的。一九三六年秋，周黎庵來上海預備在此長住。他和經常在《論語》寫文章的海戈（張海平）及《宇宙風》編輯陶亢德等人合辦一個雜誌《談風》，算是《宇宙風》的姊妹刊物，也歸陶亢德發行。周黎庵說：「因為每天有事務上的關係，這才和《宇宙風》關係密切。但可惜這位妹妹實在不硬朗，銷路始終不上萬份，抗戰一起，立刻和其他刊物一樣，停刊了事，實在有愧得很。……八一三滬戰時，我正把『談風社』事務結束後回到浙東鄉間去消度暑期，因之上海那時種種熱烈的景況都沒福參與，對於《宇宙風》那時所遭遇的困難知道也不很詳細。只於九月中接到亢德來函，說《宇宙風》和《西風》、《逸經》等三刊物出聯合刊物，叫我也敲敲『戰鼓』，於是我也應命寫了兩篇短文。可惜身處鄉間，見聞不廣，此後也便不寫，而《宇宙風》也籌備復刊了。十一月中，浙東形勢緊張，我間關來滬，和亢德等相見，他們仍住在愚園路，《宇宙風》還是照樣出版，不過文字上已不能和滬戰時一樣激昂，有些地方不得以而用××代之了。」

一九三九年初，陶亢德從香港返回「孤島」，面對《宇宙風》，隱忍良久的陶亢德提出分家，據周黎庵的回憶說，林憾廬為人忠厚老實，但很古怪，不大會處理事務，這樣的性格和頗有辦事能力的陶亢德格格不入。只好協議分家，《宇宙風》的牌子給了林憾廬，算是正牌；陶亢德另創《宇宙風乙刊》，算是副牌。名義上還是一家，實際上各自獨立了。陶亢德後來忙不過來，一九四〇年一月《宇宙風乙刊》編到第二十期，才有周黎庵的介入。周黎庵說：「《乙刊》在滬出版，因為作者星散，拉稿不易，於是廖化作先鋒，我也不得已作起重要撰稿人來，半年前，更因編輯人手不夠分配，叫我也加入編輯，儼然成了一個分店的小夥計了。」又說：「《宇宙風乙刊》之編輯，全是幫幫友人的忙，但後來竟把所有的責任都放在我身上。那時列名為編輯者雖有四人，語堂翁遠適異國，早已久不問聞；憾廬翁在上海編他的《宇宙風》桂林版，兼辦林氏出版社，印行《中國與世界》及《西洋文學》兩刊物；亢德兄則專心於《天下事》，將《宇宙風乙刊》大家不管，結果便落在我身上，編輯、經理，都由我擔任，而且又做得很不好，印刷紙張都生了問題。他們既不管，我也管不了許多，正思拂袖告退，恰巧香港方面有人招我前去，乃摒當一切，整裝待發。編完了十二月十六日的那一期，正在找尋替我的人，不料戰事爆發，香港固然去不成功，刊物也不便再行出版。」《宇宙風乙刊》從一九三九年三月到一九四一年十二月，共出五十六期。

周黎庵進入宇宙風社後，除編《宇宙風乙刊》外，還主編「宇宙風月書」，這是當年較有影響的一套文學叢書。據藏書家趙國忠查考，已出版八冊，質量不低，從一九四〇年一月至八月，每月一冊，還編上號。月書之一——《回憶魯迅及其他》，一九四〇年一月初版，收五篇回憶性散文。月書之二——《吳鈎集》，周黎庵著，一九四〇年二月初版，一九四〇年七月再版，收入〈清代文苑雜錄〉、〈關於太監〉、〈文字獄的株連性〉、〈談清人筆記〉等十七篇文史隨筆。月書之三——《畫夢集》，畢樹棠著，一九四〇年三月初版，一九四〇年七月再版，收入散文十六篇。月書之四——《姑妄言之》，何容等著，一九四〇年四月初版，收何容、老向、豐子愷、柯靈等十二人的雜文十三篇。月書之五——《全家村》，老向（王向辰）著，一九四〇年五月初版，長篇小說。月書之六——《流浪的一年》，羅洪著，一九四〇年六月初版，收入散文三十篇。月書之七——《百花洲畔》，朱雯著，一九四〇年七月初版，收文二十四篇。月書之八——《西星集》，柳存仁著，一九四〇年八月初版，收文七篇。

在一九四一年上海出版的《西洋文學》月刊，首列名譽編輯多人，皆一時名家。周黎庵說：「至今僅巴金一人健在，趙家璧、鄭振鐸、葉公超均已下世，巴老那時恐怕尚未到不惑之歲，今則行將屆百秩耄齡了。」而周黎庵和林憾廬及林葆園（疑今）、張芝聯、徐誠斌、柳存仁、宋奇（淇）、蕢茂如共八人，為編輯成員。其中柳存仁的活動能力最強交遊最廣，凡人事和約稿關係，都由他穿針引線。至於所以拉林憾廬，是因為以利印刷和發行，而宋奇和蕢茂如是非常起勁和參與編輯工作的。

一九四二年三月二十五日，朱樸在上海創辦了《古今》雜誌，他在〈《古今》一年〉文中說：「回憶去年此時，正值我的愛兒殤亡之後，我因中心哀痛，不能自已，遂決定試辦這一個小小刊物，想勉強作為精神的排遣。」他又在〈滿城風雨話古今〉文中說：「有一天，忽然闊別多年的陶亢德兄來訪，談及目前國內出版界之冷寂，慫恿我出來放一聲大砲。自惟平生一無所長，只有對出版事業略有些微經驗，且正值精神一無所託之際，遂不加考慮，立即答應。」

在上海淪為「孤島」時期，周黎庵是名噪一時的「魯迅風」雜文作家，與巴人、唐弢等人合作出版過《邊鼓集》、《橫眉集》二書，積極宣傳抗戰愛國，揭露日本法西斯的強盜嘴臉。但上海淪陷以後，他卻背離了「魯迅風」的立場，參加了汪偽集團的骨幹朱樸創辦的《古今》雜誌，擔任主編一職。這本雜誌的內容是文獻掌故、散文小品一路文字，但是由於其背景複雜，又常登載陳公博、梁鴻志、周佛海等大漢奸的文章，人們自然就把它看成了漢奸雜誌。

《古今》從第一期到第八期是月刊，到第九期改為半月刊，十六開本，每期四十頁左右。朱樸在〈《古今》兩年〉文中說：「當《古今》最初創刊的時候，那種因陋就簡的情形決非一般人所能想像的。既無編輯部，更無營業部，根本就沒有所謂『社址』。那時事實上的編輯者和撰稿者只有三個人，一是不佞本人，其餘兩位即陶亢德周黎庵兩君而已。創刊號中一共只有十四篇文章，我個人寫了四篇，亢德兩篇，黎庵兩篇，竟占了總數之大半；其他如校對、排樣、發行，甚至跑印刷所郵政局等類的瑣屑工作，也都由我們三人親任其勞，實行『同艱』『共苦』的精神。……那種情形一直賡續到十個月之後才在亞爾培路二號找到了社址（這是承金雄白先生的厚意而讓與的），於是所謂的『古今社』者才名副其實的正式辦起公來。」

《古今》從第三期開始由曾經編輯過《宇宙風乙刊》的周黎庵任主編（其實是從籌備開始，只是沒公開掛名而已。周黎庵說：「因為對於雜誌性質的興趣所近的關係，亢德兄便把實際編輯的責任推給了我，而我也僅負編輯的實責而不居其名義，在陰曆年底便籌備起來，到三月下旬才出版。」），朱樸說：「我與黎庵沒有一天不到社中工作，不論風雨寒暑，從未間斷。就我個人的經驗來說，生平對於任何事務向來比較冷淡並不感覺十分興趣的，可是對於《古今》，則剛剛相反，一年多來如果偶而因事離滬不克到社小坐的話，則精神恍惚，若有所失。」而周黎庵也說：「我編輯過的雜誌刊物不算多，也有五六種，其中完全由我主持編務的，則只有《談風》、《宇宙風乙刊》和《古今》，《談風》出了二十期，不滿周年便遭遇戰事而夭折；《宇宙風乙刊》雖出了二年多，也遇著戰事而停刊，但老是在不死不活的狀態中，從來不曾有過轟轟烈烈的舉動。只有《古今》，卻在朝野一致注目中，舉行周年紀念，這於我編輯史上是異樣的，而於我的心境中也是異樣的。」

學者蕭進在談到《古今》時，說：「《古今》創刊前後，上海淪陷區一片沉寂，所謂的『和平文學』一片狼藉，連汪偽頭子周佛海、林柏生都極不滿意。進步文學早已撤離。在這樣的環境下，《古今》以不言政治，專談掌故、隨筆、文史等清議話題，雖『身處亂世』而『得逢其時』，以『私人刊物』而風靡一時，其秘訣即在於創辦人朱樸和主編周黎庵不同於時的編輯理念。」又說：「《古今》從前到後，長達兩年半的時間裡，其風格沒有較大變化。如果說有，那也是越發往『古』的路子上去了，這與《古今》周圍的撰稿者大有關係。……他們的文化心態與審美趣味都與當時時代氣氛相去甚遠。……他們甚至試圖以高雅、古樸的風格超越當時浮華鄙俗的文風，向傳統深處探求出路，與當時的以通俗為主的文學形成一種對立（雖然他們也可能不是刻意為之），追求一種清淡、節制的古典風格。無論是周作人、文載道的散文，還是瞿兌之、徐一士的史述掌故談，冒鶴亭的孽海花閒話，都十分含蓄、古雅、簡約，而又不失之於晦澀。這可能是時代壓抑的結果，而編者所起的作用亦不無巨大。」

《古今》到第九期改為半月刊，並登有啟事云：「本刊創刊以來，倏已八月，幸蒙讀者愛護，銷路與日俱增，至堪告慰。歷月以來，友朋面談函告，均勉以改出半月刊，俾慰讀者之望，詞意殷切，非可言喻。本刊同人受寵若驚，本應早日遵命，以慰眾望。唯『寧精勿濫』，素為本刊之宗旨，在時機未成熟前，殊不敢貿然從事。今作者雲集，佳作紛來，已達及時擴充之期；故決定於第九期（十月十六日出版），改為半月刊，每逢一日十六日出版，除廣約作家撰述外，並敦請前《論語》、《人間世》、《宇宙風》主編陶亢德先生加入編輯，從此陣容更見整齊，必可使讀者耳目一新，幸望海內外讀者作者，不吝賜文賜教，不勝期盼之至。」請陶亢德加入編輯，是可拉來更多的稿源，但陶亢德只參與編輯十期（從第九期到十八期），《古今》的成功，還是要歸功於周黎庵。例如周黎庵對清史極感興趣，因此當紀果庵在朱樸家曾看到許多清代筆記，周黎庵不僅與紀果庵討論清史問題，還親自寫了不少文章，如〈關於珍妃〉、〈清乾隆帝的出生〉等。周黎庵說：「果庵在《古今》的文字發表得並不多，然而他卻是《古今》的功臣。一年來他和我的函札往來，從來不曾間斷過，他出奇的忙，但仍不廢治牘，他對《古今》有很好的批評和指點，使我有所遵循。他所治的清史，尤投合我的興趣，有時貢獻些鄙見，居然也蒙採取，這是我引以為榮的，友朋之樂，自然無過於此了。」又如瞿兌之、紀果庵、冒鶴亭諸人關於《孽海花》及《續孽海花》的討論，熟悉清史的周黎庵，也提筆上陣，寫了〈《孽海花》人物世家〉、〈記《孽海花》碩果僅存人物〉兩篇文章。由於編者興之所致，而使得對《孽海花》及其續書的討論，《古今》刊登的這些長篇文章，成為最深入的研究成果之一。這在在都顯現了編者周黎庵對《古今》的主導力。

周黎庵在〈《古今》兩年〉中說：「我編《古今》有一個方針，便是善不與人同，戰後作家星散，在上海的只有這幾個人。雖然他們的文章寫得好，但因為每一家雜誌都可以有他們的作品，便算不得名貴了，於是《古今》便開發北方，不管匯兌如何困難，聯券如何高漲，每期總刊載幾篇北方名家的作品，北方開發成功之後，我覺得還不足以維持《古今》獨有的風格，近期起更有碩果僅存的珍貴史料和大江南北無與抗手的書畫刊載，可以說是《古今》特殊的貢獻。《古今》二年來的有成功，可以說是作者之成功，造成《古今》地位的文章，第一位作者，不用說，是周佛海先生了，凡是有他文字的一期，我們總特地多印一些，但還是一銷而空。次之，陳公博、周作人、梁鴻志、徐一士、瞿兌之、謝剛主、紀果庵、鄭秉珊、陳乃乾、陳旭輪、周越然諸先生之力亦多。吳湖帆先生的畫和冒鶴亭的掌故，尤為《古今》生色不少。」

老作家黃裳早年曾為《古今》撰稿之事，在二〇〇七年與復旦大學史地教授葛劍雄之間掀起一場筆戰。這件事其實在周黎庵的〈一年來的編輯雜記〉一文就提及：「這位作家是一個名不見經傳的腳色，我無須在這裡提出他的尊姓大名，所談的只是他的文字和他與《古今》的關係罷了。他的年齡很輕，到今年總還不滿二十五吧，而且更出奇的，還是一位最著名大學中電機工程科學生，然而讀書之多，文字之好，不獨我自愧不如，即在今日上海文壇中，不論成名與未成名的，也很難和他頡頏。然而能夠賞識他的人，卻實在不多，我在《宇宙風》編輯時代，他已經用各種筆名寫文章了。《古今》決定要辦，我想只有他最有用處，經過幾度的接洽，他便答應寫了。但是條件卻非常的多，稿費之類，總是斤斤較量，一些不留餘地。……因為交稿付款的關係，我們常常見面，但是我們始終不成為朋友。他的行蹤，似乎有些秘詭。而且我看得出，他並不十分看得起我，他替我寫文，只是賣文而已，……因為多產的緣故，他有時也不免抄舊書，但也不著痕跡，其聰敏和才華，真是難得的很的。」據學者陳青生說他後來曾經就《古今》作者、作品向周黎庵請教，「那時，周先生已告訴我，『楮冠』、『魯昔達』等是黃裳先生在《古今》發表作品使用的筆名。周先生還說，是他建議黃先生離開淪陷區上海，到大後方去，並以一次買下黃先生一批文稿的方式，為黃先生赴川提供了足夠的旅資。周先生又說，黃先生在《古今》發文用的筆名，有的是黃先生本人取的，在黃先生赴川後，有的是周先生發稿時自作主張添加的。」

一九四三年三月十五日周黎庵與穆麗娟在上海金門飯店八樓舉行婚禮，在婚禮中當司儀的柳雨生在同年四月號的《雜誌》上寫有〈文化人結婚記〉一文，記的是兩人婚典大場面，他說「賀客盈門，一方面是老朋友奇多，而新知舊雨之必須翩然光臨者，則因雙方都是文藝世家，叨在同文，不能不看也。」據柳雨生說當天「到場的有：爰居閣主人梁眾異（案：梁鴻志）、樸園主人朱樸之（案：《古今》社長朱樸）、《申報》社長陳彬龢、周化人、吳江楓、丘石木、陶亢德、柳雨生、文載道、楊光政、周越然、予且、屠仰慈、何文介、黃警頑……等等，幾逾二百人。」「婚禮儀式極為簡單，新郎新娘都穿便服，黎庵藍袍加黑馬褂，麗娟則御黃金色旗袍。證婚人朱樸，介紹人唐賢武和董景業，主婚人是穆時彥和張咀英，時彥是麗娟之兄，而黎庵則由舅氏代表主婚人也。」

柳雨生的文章中特別介紹了女主角，他說：「穆麗娟，年二十六歲。浙江慈谿人，係出名門，文學家穆時英的令妹，有名的大家閨秀也。生得眉清目秀，一雙秀妍的眼睛，晶瑩美麗，並且據周越然有一天在新新酒樓的酒桌上說，則是『鼻子生得奇好』，有旺夫宜男兩重優點。端的不羨煞人也麼哥！」。其實當時穆麗娟已經有過一段婚姻了，那是和詩人戴望舒不幸的四年婚姻生活。當年戴望舒在失去好友施蟄存的妹妹施絳年的愛情後，與好友穆時英、劉吶鷗、杜衡有了更多的交往。穆時英當時就有點抱打不平，或者是開玩笑，他就對戴望舒說，咳，施蟄存的妹妹有什麼了不起，我的妹妹比他妹妹漂亮十倍，我給你介紹。也由此戴望舒認識了穆麗娟。戴望舒從法國帶回一種法國式打橋牌的方法，教穆麗娟他們打牌，或者去跳舞；再者戴望舒又請穆麗娟白天幫他抄稿子，彼此有了更多單獨接觸的機會，逐漸產生親暱的感情。一九三六年六月戴穆兩人結婚了，婚禮在上海北四川路新亞飯店舉行。婚後他們搬到上海亨利路永利邨三十號居住。據後來到臺灣的周新的回憶，他和陶亢德、周黎庵在一九三六

周黎庵與穆麗娟伉儷

年秋天同去參觀過戴望舒永利邨的新居，那是一棟三層樓樓房，由戴望舒和葉靈鳳兩人合租同住，樓下是客廳兼飯廳，兩家合用，望舒住二樓靈鳳住三樓。周新說：「我們就都站著隨便聊沒有多久，房門外走進一位年輕女郎，由於室內光線充足，一眼就能看清整個狀貌，姿容姣好，眼睛一亮。戴望舒給我們介紹她是穆小姐，穆時英的妹妹。穆時英和我，原是光華同班同學，而且同時，相處很熟。但他的妹妹卻尚未見過，這時一見，面型輪廓，修長身材，與穆時英同一臉型，非常相像。」

抗戰爆發後不到一年，戴望舒舉家由上海遷到香港，初時住在學士台，卜少夫的夫人徐品玉，就在此時認識戴望舒夫婦的。戴望舒夫婦後來搬到薄扶林道的「林泉居」。徐品玉在〈我所知道的戴望舒和穆麗娟〉文中說：「因為麗娟比戴望舒年輕十幾歲，又生得花朵似的，戴有點自慚形穢，自卑之極，一變反成為自尊自大有點心理變態，折磨麗娟。那時戴在《星島日報》編『星座』副刊，每次麗娟回娘家探母，戴必發脾氣，當時穆母有點不舒服，麗娟或留宿一宵，戴就到穆家去吵，甚至粗言穢語，當著妻子污辱丈母娘，做人子的麗娟情何以堪！」又說：「施蟄存來港，戴堅留施住在家裡，並強迫施睡在他夫婦的對面床，中間僅隔一個床頭櫃，其實戴可讓施睡在客廳裡或是把臥房一隔為二（拉塊布幔是很簡便的事）分開住的，但戴堅持如此安排。晚上戴常常特地很遲才回家，使得施不好意思入房去睡，就在客廳椅中打盹。戴回家來，還振振有詞地對施說：『麗娟不等於你的妹妹嗎？你為什麼不進房去睡？』其實就算是親兄妹，哥哥也沒有睡在妹妹床旁邊的道理。可見戴是把在施絳年身上受的挫折，拿來發洩在施蟄存和麗娟的身上了。及穆時英回滬投偽被殺，麗娟聞訊後，戴不加一語勸慰，反而變本加厲地指著麗娟說：『你是漢奸的妹妹，哭個什麼勁？』第二天麗娟趕回滬奔喪去（穆母早已回滬），我同徐遲太太陳松、張正宇太太維敏、杜衡太太劉可侶等至碼頭送行，問她何時可返，麗娟說：『這四年來，等於做了一場惡夢，我受夠了，朵朵（案：戴望舒與穆麗娟之女戴詠素）由他扣著不放吧，這次回滬，我再也不回來了。』據聞，戴曾託留滬友人周黎庵招拂麗娟，但我們知道戴、穆這段婚姻是讓一個溫柔的女人被折磨糟蹋夠了，也會變得堅強起來反抗的。抗戰勝利回滬後，我在《申報》的報慶園遊會上，才重晤麗娟，她已同周黎庵結婚，並生了一對子女。」徐品玉說她見到有些人寫戴望舒，僅談及其詩或其學問，而不及其言行。她特地要為穆麗娟說幾句話，免得有些人認為穆麗娟是個背夫棄女負情別嫁的女人。

柳雨生在上文中說：「《古今》的洛陽紙貴，黎庵是很有功勞的。然而在戀愛方面，卻又是『端的好身手也』。」據鄂厂在〈詩人水拍〉文中說，袁水拍有一時期住在望舒家中，「望舒的太太住在上海，家用款即託水拍匯滬（案：袁水拍早年業銀行，匯款便利），由我轉交，記得穆小姐來我處拿匯款的時候，雨下得正盛，陪來的正是穆小姐現在的外子周黎庵先生。」學者黃惲推論，當戴望舒在香港尚未離婚，而穆麗娟獨留上海的時候，周黎庵的身影已經出現在戴望舒太太的身邊，做她的一個護花使者了。後來的小報也說，那時戴望舒在香港，不常寄錢來，生活自然不安定，於是周黎庵乘虛而入，倍獻殷勤，每天下辦公室後便去陪她扯談，散步吃咖啡，還借錢給她，久而久之，穆麗娟的心動了，終於答允嫁給周黎庵了。戴望舒曾以自殺要想挽回穆麗娟的心，但終究沒有成功。一九四三年一月二十三日，戴望舒正式寄出了離婚契約。同年三月十五日周黎庵與穆麗娟在上海結婚（有傳記寫周穆兩人在一九四二年結婚，是有誤的），同年五月三十日，戴望舒和楊靜在香港結婚，戴、穆兩人各有所歸。

一九四四年十月《古今》在出版第五十七期後停刊，金性堯（文載道）認為《古今》停刊是因為周黎庵出任偽行政專員之故。抗戰勝利後，周黎庵由於得到CC系和朱家驊的關照，他並沒有如他的同行陶亢德、柳雨生等被逮捕而入獄服刑，而以周劭的本名在上海執律師業。據周黎庵在《黃昏小品》一書記載，抗戰勝利後茅盾從內地回到上海，不料竟被二房東告了一狀，要他遷讓所租房屋。茅盾不便親自出庭，於是請其妻弟孔另境找了周黎庵委任這樁訴訟，周黎庵對茅盾說：「沈先生，您不要著急，這房屋糾紛是民事訴訟，被告可以不必出庭，您只要委託我為代理人好了；我可以向您保證，這樁官司保你不會敗訴而遷讓房屋。」結果當然勝訴。事後茅盾曾宴請周黎庵致謝。另外一九四七年周黎庵甚至因律師業務，而見過張資平一面，他在〈張資平的下落〉文中說：「他的妻子兒女都不在上海，出獄後孑然一身，無所歸宿，只好向一位老友的遺孀借一間亭子間居住。這位友人叫劉吶鷗，是臺灣人，非常富有，在虹口公園附近造了十幾幢新型里弄房屋。劉吶鷗也被軍統槍殺，抗戰勝利後房產遭沒收，只留下一幢供其遺孀居住。張資平住在劉家生活很不檢點，尤其不講究文明衛生，劉的遺孀非常惱火，把僅有的一間衛生間鎖住不給他使用。張資平無可奈何，有一次竟在亭子間大便，把糞便包在報紙中丟在衛生間門前。因此劉遺孀忍無可忍，要他遷出，張不允，遂至涉訟。我那時當律師，不知是誰介紹我充劉遺孀的代理人向法院起訴，所以我有機會在法庭上見到這位大名鼎鼎的名作家。是一位黑而胖的粗壯漢子。這種芝麻綠豆的小案自然不經判決便由法官調解結案，張資平自認理屈，答應遷出劉家了事，以後便不知所終了。」

抗戰勝利後，周黎庵的律師業務，並不好，後來他到英國人辦的正廣和汽水廠去當經理了。在二〇年代末，正廣和一舉成為當時國內規模最大的一家汽水飲料廠，而該廠的「Aquarius」商標，也成為國內飲料食品行業中的第一品牌，最著名的商標。到了三〇年代中期，正廣和汽水廠的「Aquarius」商標在沿海地區已是家喻戶曉。抗戰前夕，正廣和的「Aquarius」達到鼎盛階段，完全控制了上海這個國內汽水銷售量最大的市場。

五十年代周黎庵在上海文藝出版社擔任編輯。一九五七年反右，他平安度過，過了一段時間，他卻因歷史反革命的關係，被發配至安徽勞動教養。勞動教養強調「把肅反中被審查的，不夠判刑的反革命分子、壞分子、而政治上又不適合留用，把這些人集中起來，送到一定地方，讓他們替國家做工，自食其力。並對他們進行政治、思想的改造工作」。他的具體罪名，是在汪偽時期曾任偽行政督察專員之故。勞動教養期間長達十八年，直到一九七六年一月周恩來總理逝世，才釋放回上海。後來附逆這事平反了，周黎庵回到原職，他的編制原屬上海文藝出版社，但卻一直為古籍出版社工作。作家鯤西說：「當由於他舊學素養更適宜於古籍整理工作。他先是協助錢伯城君編已復刊的《中華文史論叢》。我有一篇並不成熟的考證文交付該刊，後來看到經周君審訂的原稿，對於他做為編輯的認真精神和改稿中所顯示的深厚的學力，深感敬佩。」

周黎庵八十年代初恢復寫作，他是散文家，也是一位學者，他尤其對明清兩朝的史事很熟，因而文章不僅具有知識性、趣味性，還有學術性，可稱為學者散文。鯤西就說：「三年前我正寫一篇中國最早的職業外交家羅豐祿的事蹟，文寫畢晤談間問周君知有羅豐祿其人否，答羅是李合肥幕中人，使我十分驚異，驚異於他歷史知識的豐富和多方面。現在知有李鴻章的人必不在少數，但羅豐祿這位繼郭嵩燾、曾紀澤之後奉使英、意、比三國，是中國真正意義上的第一個職業外交官。試問有誰知羅豐祿其人否？所以周君撰寫掌故文章，兼及典章制度，較之只是摭拾舊聞者不可同日而語。」

周黎庵出道甚早，在四〇年代曾出版過《清明集》、《吳鉤集》、《華髮集》和《葑門集》四冊文史隨筆集。（一九九六年遼寧教育出版社將《葑門集》與《清明集》兩書合為《清明集》重新出版。他在重印《清明集》的小序中則說「我少時也曾災李禍棗，印過五六本作品」。）晚年他在《黃昏小品》小序中說：「我在十六七歲時便搦筆為文，到今已逾一個多甲子。少年氣盛，所寫的都是千字左右的雜文，幾乎每天都有一篇見諸報端。三十年代後期三四年中，這類雜文總共寫了數百萬字之多，後來結集行世的，則不過十餘萬字，早已遭受秦火，化為紙漿，不可究詰。」八〇年代，周黎庵又重拾筆桿，陸續寫了不少談掌故之類的小品。除了《閒話皇帝》、《黃昏小品》，還有《清詩的春夏》、《中國明清的官》、《向晚漫筆》、《葑溪尋夢》等書。

對於早年參與《古今》的編輯，上海作家、名編輯家陸灝曾問他說：「有一個問題，我一直想問。如果你覺得不方便，可以不回答；當年你參與寫《邊鼓集》、《橫眉集》時，何等慷慨地譴責漢奸行徑，但後來為什麼會參加《古今》的編輯？」周黎庵回答：「沒什麼不可以回答的，說到底，就是四個字：貪生怕死。」周黎庵晚年寫文章算是快筆，鯤西說：「周君嘗自云但有一瓶酒一枝筆，文可頃刻而成。雖然這樣，不查文獻行文難免有誤，所以聞亦有人質疑，周君並不以為意，只是憒憒然就此封筆了。」

二〇〇三年八月三十一日，周黎庵在上海病逝，終年八十八虛歲。鯤西在〈懷周劭〉文中說：「周君是屬於上一代的人，今天專研歷史的學者也必大有人在，但像周君這樣從平素積累而來的知識寫成文章，這樣的風格，這樣的人再不會有了。周君的歸去同樣標誌著屬於他這一代的文風的終結。」

重逢紀果庵先生的一段因緣

紀果庵（1909-1965

張愛玲在她的極短篇〈愛〉一文中說：「於千萬人之中遇見你所遇見的人，於千萬年之中，時間的無涯的荒野裡，沒有早一步，也沒有晚一步，剛巧趕上了，那也沒有別的話可說，唯有輕輕地問一聲：『噢，你也在這裡嗎？』」。張愛玲雖說的是愛情，但人生的諸多機緣巧合，又何嘗不是如此？很多事情機緣未到，這時你眾裡尋他千百度，依然是曲終人不見；即使同處一棟大樓，「向左走，向右走」，總是咫尺天涯。而反之，有「緣」則縱使千里也會相會的，而且「沒有早一步，也沒有晚一步，剛巧趕上了」。

二〇〇四年因拍攝胡適紀錄片，猛讀《胡適日記》，記得裡面提到一位徐芳，又叫舟生的北大女學生。後來又讀到學者耿雲志先生發表的徐芳寫給胡適的情書三十封（該批書信並未收入黃山版的《胡適的遺稿及秘藏書信》），於是我開始決定要尋訪這位女主角，但在茫茫人海中尋覓，談何容易，雖然透過許多管道，經過經年終無所獲。突然有一天遇到一位老記者，無意間聊起，他說有她十幾年前的電話，但聽說已搬家了。我不死心地撥了電話，接通了竟然就是徐芳奶奶，幸運的是她雖搬家了，但電話未改，於是我見到了九十五歲高齡的胡適的情人之一的徐芳奶奶。在往後的交談中，我得知徐芳奶奶當年在北大時是寫新詩並研究新詩的女詩人，她的新詩散見一些報刊，但從未結集出版過；她研究新詩的畢業論文《中國新詩史》，是由胡適指導的，上頭還有胡適的朱批，它是國人最早寫的新詩史，但也從未出版。於是我情商友人的秀威資訊科技公司在二〇〇六年四月出版了塵封七十年的《中國新詩史》及《徐芳詩文集》兩本著作。我覺得在三〇年代，寥若晨星的女詩人之中；在林徽音、冰心以降，徐芳是顆被遺落的明珠。她的被遺落，在於世局的動盪和她「大隱於市」的個性。我們在展讀她的詩文集時，可看到她由初試啼聲的嫩筆，到風華正茂的健筆，再到國是蜩螗的另筆；我們看到她上承閨秀餘緒，繼染歌謠風韻，終至筆端時見憂患的風格與樣貌。而這些生命的陳跡，都化作文字的清婉與感喟。珠羅翠網，花雨繽紛。

而在這之後，我因探究廬隱的《海濱故人》背後的原型，而發掘了與廬隱同為北京女高師同學的王世瑛這位女作家。在這之前沒有人知道她是位女作家，任何文學史都沒出現過她的名字。王世瑛曾以本名及好友冰心為她取的筆名「一星」，發表諸多文章。據我蒐集到的就有：發表於一九二一年六月十日的小說〈心境〉（《文學旬刊》第四期）、發表於同年七月十日的論文〈怎樣去創作〉（《小說月報》第十二卷七號）、發表於七月二十日的小說〈不全則無〉（《文學旬刊》第八期）、發表於八月十日的小說〈兩百元〉（《文學旬刊》第十期）、發表於八月三十日的小說〈出洋熱〉（《文學旬刊》第十二期）。另外還有發表於《晨報副刊》的長篇遊記〈旅行日記〉（從一九二二年七月七日——八月二十九日間，共連載三十二天），及發表於一九二二年十一月二十一日、十二月一日的赴日旅行而作的系列小詩〈東京行〉（《文學旬刊》第五十六、五十七期）。但在一九二五年，她和政治學家張君勱結婚，惜乎！她從此「相夫教子」而不再寫作。她贏得「賢妻良母」的美名，而文壇卻從此少了一位寫手。更可惜的是，她這些已發表的作品，也跟隨塵封八十餘年，從未出版。她成為現代文學裡一閃即逝的過客，在暮色蒼茫中，人們甚至還來不及看到她的身影。因此我從早已昏黃的報紙中，翻找出她的作品，編定了《消逝的虹影——王世瑛文集》（二〇〇六年十月，秀威資訊出版），是有其特殊意義的。因為在當時「寥若晨星」的新文學女作家中，她是其中的「一星」，而且是閃亮的一星！只是人們忘卻她近乎一個世紀了！文集的首度出版，將讓這「消逝的虹影」，重回人們的記憶！讓早被遺忘的身影，再度「浮出歷史的地表」！

在二〇〇八年九月二十六日我收到素昧平生的一封電子郵件，謂：「經常在《萬象》等刊物上拜讀先生大作，知道先生對民國文人深有研究，如數家珍，想必也曾注意過紀果庵先生。紀果庵是知堂弟子，在上世紀四十年代與文載道齊名，與沈啟无、陶亢德、蘇青、樊仲雲、朱樸等都有深厚的交往，是中央大學教授和教務主任，蘇州大學教授，是當年《古今》、《風雨談》、《新東方》、《朔風》、《中國文藝》、《雜誌》等有影響刊物的主要作家。出版過《兩都集》（一九四四年太平書局）及十數種集子。然世事多變，紀果庵先生一誤於偽，再誤於反（反革命），三誤於右，一九四九年後活得非常艱困，終於在一九六五年投河而死。幾十年來，只遼寧教育重印過《兩都集》，身名不顯。我致力於收集整理紀庸文章有年，紀庸作品主要是文史隨筆，目前與紀庸後代一起，辦了個『紀念紀庸』網站。……知先生最近在搞出版工作，還望先生撥冗登陸紀念紀庸網站，看看能否為紀庸先生出版一本文集，以為紀念。　黃惲頓首」

我接到此訊息時，第一時間重回我三十六年前讀到紀果庵先生文章的情形，我馬上給黃惲先生回了信說：「沒問題的。您規劃一下，看怎麼出法。出一本或多本。」然後我找出三十六年前臺灣學生書局出版的《晚清及民國人物瑣談》一書（後來紀彬先生告知該書一九四四年出版過是南京《求是月刊社》發行，學生版應是據此翻印），該書選有魯昔達（黃裳）、楊鴻烈、周越然、楊靜盦、周黎庵、堪隱（謝興堯）、文載道（金性堯）等人的文章，而紀果庵的〈曾國藩與左宗棠〉一文，置於該書第一篇，封面打上「紀果庵等著」的字樣。當時買該書時，我十八歲剛從鄉下來到台北讀大學，這是我跟紀果庵的第一次接觸。那是一九七二年的事，距果庵先生去世已七個年頭了。後來因為研究周作人、張愛玲等作家，經常地看到紀果庵的名字，甚至知道他在上述的刊物中發表過不少作品，但因那些刊物皆屬圖書館中的特藏，借閱不便，一時之間，也沒有去翻檢。因此我對紀果庵的作品真正看過的就只有這一篇，而這本書在我幾次搬家及清理淘汰（因為書房太小，不得不忍痛淘汰）下，卻一直伴隨著我，當年驚鴻的一瞥，卻是三十六年後的重逢，此豈非有「緣」乎？

幾天之後，紀果庵的孫子紀彬先生，從美國寄來《篁軒雜記——紀果庵散文選》的書稿。紀果庵的哲嗣今年已七十五歲高齡的紀英楠先生在序中說：「一九四四年，父親準備結集出版《篁軒雜記》一書，序也已經刊發在《求是》雜誌上。無奈時局動盪，終未付印。黃惲先生建議此次仍用此書名，以慰父親未成的夙願，我們也覺得是再合適不過了。已無法得知他當年的選目了，唯願此書所選的篇目仍與父親的原序匹配。」是的，在一九四四年九月二十日紀果庵寫〈《篁軒雜記》自序〉一文時，還註明「《篁軒雜記》已交北平藝文社印行，不久可出版」，但他卻始終沒料到，終其一生，該書始終沒法付梓。他當時想「所以當我們在喜怒哀樂之際，均應當深深留一記憶，雖然不配作為教訓，就是自己作個紀念也是好的。」的微小心願，終至落空。文人寂寞，千古如斯！

現今的書稿分為四輯：有「筆墨生涯」十二篇、「人往風微」十六篇、「清談古今」九篇、「設身處地」九篇，總共四十六篇。其中「人往風微」一輯，均為懷人記事之作，極具史料價值。紀果庵寫了他的師友周作人、錢玄同、高步瀛、吳承仕、陶亢德、詩人南星等人，另外在文中還提到與文友諸如沈啟无、周黎庵、柳雨生等的交往。當然這其中具文獻價值的是寫周作人的〈知堂先生南來印象追記〉及〈知堂老人南遊紀事詩〉兩篇文章。紀果庵對於周作人是崇拜的，他曾在北師大聽過周作人的課。他說：「對於先生，沒有像一般入室弟子那麼親炙過，有名的苦雨齋，也沒有去過一回，然與先生相熟的人，大抵非師即友，終亦算有些緣分。」又說：「平實而近人情，乃先生思想和文字的特長，不能只以沖淡二字括之。大約廿五歲以前的人是魯迅翁的信徒多，廿五歲後，則未有不拜倒先生之門者。」因此他可說是熟讀知堂老人的所有著作，他說：「先生文章，我幾乎篇篇讀過，即戰後《藥味集》為南方不易見到者，也都在刊物上拜讀了。」由於浸染既深，因此紀果庵為文頗有知堂遺風，這點連周作人都不否認。知堂老人在〈文載道《文抄》序〉就把紀果庵和文載道並提，以為是上海南京地區「可以提出來一說」的新人，並說「紀君已出文集名曰《兩都集》，文君的名曰《風土小記》（按：文載道還同時出版有《文抄》），其中多記地方習俗風物。」可見此兩人無論在取材及風格上是最為接近周作人的。

翻閱張菊香、張鐵榮所編著的《周作人年譜》，有一九四二年五月十一日，周作人隨同汪精衛一行乘飛機去南京；五月十二日午至中央大學農場，赴偽中央大學校長樊仲雲的招宴的記載，但只寥寥數語，不得其詳。而紀果庵的〈知堂先生南來印象追記〉則具體地寫出當時的場景：「我記得中央大學招待吃飯，是在成賢街農場，各色玫瑰開得正盛，我到農場時，樊仲雲校長和胡道維先生等已先在，曾在花圃中合拍一照。中大農場在事變前原是花卉場，戰後，夷為荒圃，經過一年多的整理修建，才恢復舊觀，宴客之所，叫做『瓜棚小憩』，是用竹竿搭成的瓜架，新種的絲瓜和南瓜正抽蔓，還沒有成蔭，故不見得會有『豆棚瓜架雨如絲』之感。」又說：「那天參加的，有李聖五，薛典曾，戴英夫，陳柱尊，褚民誼等先生，褚先生是自從先生到京後就一直負招待之責的，可惜翻閱一下我在當時所拍照片，薛仲丹先生竟已成了古人，人世滄桑，又豈可意料。席間樊先生致辭，說一向與周建人先生很熟識，又與魯迅先生常見面，只有豈明先生，平時景仰，未曾識荊，今番相會，自屬無上榮幸云云。先生答詞裏頂有趣的，就是說到三十八年前之南京儀鳳門內江南水師學堂『管輪堂』生活，我從前讀過先生的〈憶江南水師學堂〉，不意今天卻聽老人口述開、天遺事。李、薛、戴諸公，因與先生並不甚熟，應酬話沒什麼可記，飯畢吃茶時，我拍了一張圍坐的像，惜正是背光，不能照得好。」

五月十三日，《周作人年譜》云：「上午至偽中央大學講演」，至於詳情則不得而知。但紀果庵記下了一手的資料，他說：「到中央大學講演是再三謙讓才答應的，由外交部一位先生伴往。我們曾預備一點茶點，先生似不大會客氣，我們讓，便吃了。這亦可愛處，遠較岸然道貌為天真也。……講題是〈中國的思想問題〉，聽講者是出奇的多，有些其他國立學校的學生都是再三要求才允許進來的，我坐在最前排，所以聽得很清楚。先是一段自謙，其理由為說不好『國語』，如『周作人』三字，即永遠講不好，小孩子聽了往往要笑起來。至於談到中國思想的本身，則與最近發表的〈中國的思想問題〉（《中和》月刊）差不多，大致是說把儒家思想當作中國的中心思想就好，不必遠求，也不能遠求。儒家思想的表現，既『禹稷精神』，他們都是以解決老百姓吃飯為前提者，故可佩服。先生說因為欽佩禹，竟連抱樸子裏的『禹步』也學了起來，並在臺上表演一下，頗令聽者有幽默之感。『無論什麼思想，都必須有其種子，才能長成樹木，外來思想可以說都是沒有種子在我們頭腦裏的，又怎能強人接受呢？我們的思想種子就是儒，不過這種子因沒受到好的陽光與空氣，故不能好好發展，我們的職責，只在如何加水加肥料，使此種子成長且茂盛便好，不必像太平天國一般把基督教硬認作天父也。』我覺得這一段話最可使人五體投地，中國人而忘記中國思想體系者，殊可尋思。此講稿我認為可以作為一年後《中和》所刊一文之前趨，蓋先生蘊蓄之已久，且是他的一貫主張。唯演稿只在《中大周刊》登過，別處並沒有登，此稿由我自校，相信尚無多大差錯。」周作人寫於一九四二年十一月十八日，而發表於一九四三年一月的《中和》月刊的重要文章〈中國的思想問題〉，原來還有一篇演講稿，此可提供研究者參照。

紀文又說到：「起初，我們聽了『督辦』兩個字，未免有些與先生的風度不相和諧的感覺，也許是民國以來所謂『督辦』者，給人印象太壞之故；至去年冬，我披閱北京出版的《新民報》，見有先生著戎裝檢閱青年團的照相，更其不免要笑出來，因為好像與先生日常習慣距離愈加遠了，『周知堂』或『藥堂』等字，怎麼會和『青年團』發生聯繫呢？不知先生自己心中怎樣，我們反正是這麼大膽的感覺著了，果然，不過兩三個月，先生就放棄了『烏紗』生活，而照舊穿那不肯換袈裟的袍子。我聽此消息，是晚上在家裏開無線電，無線電本亦先生罵為『無所逃於天地之間』的蠢東西，不想竟從此知道了先生的近事。」紀文是一九四三年三月間「追憶」所寫，文中提到「著軍服檢閱青年團」之事，當指一九四二年十二月八日《周作人年譜》所記：「上午身著日本軍服往東單練兵場，參加偽中華民國新民會青少年團中央統監部成立大會。王揖唐任總監，周作人任副總監。周作人致開會辭，題為〈齊一意志，發揮力量〉，講稿載一九四三年一月《中國公論》第八卷第四期。會後又在天安門檢閱了青少年團分列式。」對於此事不僅紀果庵大惑不解，同在《古今》發表文章的黃裳，後來曾以記者身份在一九四六年八月下旬到南京老虎橋監獄訪問被關押的周作人，寫下了〈老虎橋邊看「知堂」〉一文，黃裳說：「我不禁又想起那張穿了軍裝檢閱童子軍的照片來，問了他，他好像覺得無所謂，馬上答說，他『演戲兩年』，那些都是丑角的姿態云云。」

對於周作人的「辭官」，紀果庵的看法是：「有人對此事很驚訝，很惋惜，然在下則有另一種喜悅，陶淵明何嘗應當去見督郵，即使不是計較折腰與否的問題，詩人自仍以『池魚歸故淵』為樂耳。」但這恐怕是紀果庵個人的想法，據研究學者錢理群的說法，周作人的「辭官」，不是心甘情願的「放棄」，而是被耍了一招。從《周作人日記》：「下午，子鶴來，汪翊唐（即汪時璟）來，述朱三爺（即朱深）意，令長北大，笑謝之，手段亦仍如冉公（指王揖唐），思之不快良久」（一九四三年二月六日）；「教署事已辭，卻又可稍閒矣」（一九四三年二月八日）；「上午，別所君來訪，云此次事出之王胡（王揖唐），為之啞然」，又云「朱深對汪主席云：周不慣政治，堅辭。對王叔魯（即王克敏）云：日方反對，周放任學生。合前說而三，小人反覆，常用手段如是也」（一九四三年二月十日）可明顯看出當時他的心境。錢理群認為：「無須多加一字，周作人被罷官後的失望，又悻悻然，以致自我解嘲，委屈，怨恨……均已躍然紙上。」不久，經周作人的兩位弟子沈啟无、江紹原的奔走，於同年三月十二日得汪精衛電追任國府委員。等他從南京回來，三月十六日上午他就去找朱深示威，可惜沒見著，當天日記有「留片候朱三爺」之記載。同年七月二日朱深因黃膽病病死，周作人在日記中記：「聞森剛說朱深於今晨三時死矣」。然後又翻回同年二月六日被朱深免職的那天（周作人認為是他一生奇恥大辱的一天）的日記，幸災樂禍地補記一筆：「小人做壞事，想不到不得百五十日活，此段事日後思之，亦甚可笑也。」錢理群說：「這確實是『咬牙切齒之聲可聞』。這裡的周作人，他的心理素質、情感均已官僚化，再沒有半點書生氣了。」紀果庵當然不可能看到周作人的日記，自然無從深究知堂老人的當時的心境。

一九四三年四月六日周作人應汪精衛之邀，抵南京，前後勾留十日。此在《周作人年譜》均有記載其行程。紀果庵因生病及兒子住院，雖無全程伴隨，但亦有所記，他又想效顰知堂，於是寫了〈知堂老人南遊紀事詩〉一文，其中有南遊記事詩十首，並為文解說其詩意。紀果庵提到四月九日見到周作人的情景：「至會所，楊鴻烈公正招待早點，登樓見翁，覺豐儀如舊，唯短髭或較去年更蒼白耳。雷迅兄偕余往會，為知翁及啟无畫速寫像，因介相見。余與先生寒暄頃，雷君已成一幅，先生見曰：『畫得太嚴肅了，我是很喜歡遊戲的。』啟无則云，其像頗似魯迅。先生遂由遊戲談起，以為一個人必須有幾分遊戲氣氛才好，殆即所謂幽默感也。『但世人多以為我是嚴肅的，即畫像，也是把我畫成嚴肅的居多。古人有許多滑稽者，不知道他們的相貌如何，或者東方朔的像也許是很嚴肅的罷？我覺得滑稽很好，說正經話作皇帝的不但不聽，或者對於自己還有損失，像滑稽者流，別人聽固好，不聽也無妨。』此數語說得實在有味，我的為人，只是一味馬馬虎虎，說說笑笑，其實不足言幽默與滑稽，而今而後，當向『幽』與『默』作去，如先生之超然象外得其環中，則大佳矣。語次，雷君第二像已成，做微笑狀，先生略首肯，以為稍具遊戲感焉。」又說：「先生近不常為文，而詩則屢作，如『當日披裘理釣絲，浮名贏得世人知，忽然徹悟無生忍，垂老街頭作餅師』一首，含蓄深遠，而字面極平易，有義山之蘊藉，而無其艱澀，似梅村之感慨，而較其流走風趣，故吾曰，此天籟也。唯本事云何，似有所謂，雖微有所知，不能詳也，閒步庵知先生最深，或能箋之，今又非其時，元遺山不明錦瑟，恨無鄭箋，吾於先生亦云然。又一首曾感動雨生下淚者（見楊杰先生〈知堂在蘇州〉一文，刊《中華日報》）亦抄於此。其情正殆不減於聞吳歌云：『生小東南學放牛，水邊林下任嬉遊，廿年關在書房裏，欲看山光不自由。』山水無窮，亦不知吾輩何年更得自由看之也。」文中所說「閒步庵」是指後來在一九四四年三月二十三日被「逐出師門」的沈啟无，而「雨生」者指柳雨生也。這些目睹親聞的場景，都是研究周作人不可多得的史料。

除此而外，更重要的是紀果庵在當時是頗富盛名的散文家。一九九八年十二月出版的《中國淪陷區文學大系・散文卷》就收錄了他的〈兩都賦——南京與北京〉、〈語稼〉、〈亡國之君〉、〈林淵雜記〉、〈小城之戀〉、〈病中談病〉、〈知己篇〉等散文。編者謝茂松、葉彤、錢理群在〈導言〉中特別提到紀果庵的〈林淵雜記〉、〈小城之戀〉、〈語稼〉諸文，「同樣將『遼遠』的世界『身邊』化，因而充滿了『現在感』，處處流溢著人生的『生趣』：人們在回憶中達到了對『那些古老而單純的東西』也即人的最恆定，也是最基本的、日常的、世俗生活的積極肯定。」於是他們的文章充滿諸多關於鄉間生活及童年的「回憶」之作，但卻又對這憧憬的現實否定。紀果庵甚至說：「鄉村今日，早已無復此種趣味，有的只是流亡與災祲，死滅與淩辱，即便是生在鄉村，想也不會再有什麼顧戀矣。」這種屬於「憂患時的閒適」，有種「黍離之感」。確實，在那樣一個風雨如晦的年代裡，這種看似輕鬆活潑的小品散文於作者來說卻並不輕鬆。紀果庵在〈《古今》與我〉一文中說：「我幾年以來，因為感傷人事，漸知注意歷史，覺得一切學問，皆是虛空，只有歷史可以告訴人一點信而有徵的事蹟，若偶然發現可以寄託或解釋自己胸懷之處，尤其像對知友傾瀉鬱結已久的牢騷，其痛快正不減於漢書下酒！」正是這種對現狀的悲觀情緒，使他的興趣逐漸轉向歷史。紀果庵說：「生於亂世，總好以史遣愁」，但他又認為「『蓋棺論定』之不可靠」，於是他將前人所謂「蓋棺論定」之說，一一臚列，有如抄錄古書般，這種對「歷史」的「重讀」，論者認為「是從離亂中的生命體驗出發，用一種『新的眼光』去重新解讀（發現）歷史，是『現實生命』與『歷史生命』的一次『對話』。」在這種情況之下，紀果庵寫下了〈曾國藩與左宗棠〉、〈孽海花人物漫談〉、〈續孽海花人物談〉、〈談紀文達公〉等等掌故文史隨筆的文章，他懷古傷今，他一步步地走入歷史中去了。

美籍耿德華教授Edward M. Gunn在他所著的《被冷落的繆斯——中國淪陷區文學史》（原名Unwelcome Muse）一書中，在「傳統的復興：隨筆性散文」一章中，對文載道和紀果庵有專節論述，但由於紀果庵的文章散見於許多雜誌中，蒐羅匪易，即使如耿教授者亦無法得窺全貌。因此《篁軒雜記——紀果庵散文選》的出版，甚至未來文史掌故文章的結集（《不執室雜記——紀果庵文史隨筆選》，二〇〇九年十二月，秀威出版），對於研究學者而言都有「把臂入林」之功。因緣巧合，讓我重逢紀果庵先生，雖然不是真實的見面，但觀「其文」如見「其人」，因有所感，寫下一段因緣。

紀果庵（前排右一）全家福，攝於1964年。

編譯家、作家、藏書家的周越然

周越然（1885-1962）

周越然被稱為是近代著名的藏書家、作家、編譯家。謝希平在〈記周越然〉文中說：「一提起周越然先生，就要聯想到他的《英語模範讀本》。在十多年前，該書曾十足的出過鋒頭，其所以享受盛名，不但《模範讀本》，他的成名也不在英語方面，不過英語是他所研究的對象之一，而《模範讀本》只不過是周先生的著作中之一部罷了。」周越然由自學而精通英文，曾得到過辜鴻銘的賞識。後又從編輯商務印書館的英語教科書而致富，這使我們想起後來的林語堂也是編輯開明版的英語教科書，而大收其版稅的。周越然是把版稅拿去買書，買些中西的「海外孤本」，成為當時著名的藏書家。又由於他不僅蒐藏還研究這些書籍，寫下不少的版本考證、書話之類的文字，又成為作家。因此他擁有編譯家、藏書家、作家等頭銜，而且是名符其實，當之無愧的！

周越然（一八八五—一九六二），名之彥，浙江吳興人。祖父周學源，字星海，號岷帆，生於清嘉慶十九年（一八一四），卒於清咸豐十一年（一八六一）。是道光甲午科（一八三四）舉人。咸豐壬子恩科（一八五二）貢士，殿試二甲第八名，賜進士出身，授翰林院庶吉士。詩宗老杜，著有《蚓竅吟集》，今已失傳，僅存《螟巢日記》。父親周鏡芙生平事蹟知之不多，從曾任蘇州知府的吳興同鄉吳雲為其小像的題詩：「二十成進士，聲聞滿帝京，觀政在銓曹，激揚勵官箴」，可知也是宦途中人。周越然六歲喪父，家道中落，由母親教其讀書，七歲開蒙，十歲時已讀畢《四書》，繼之讀《詩經》及《左氏傳》。他二十歲入泮，名列縣學第五。次年秋清朝廢科舉而設學校，他後來說：「余之秀才，雖非末代，然相去亦近矣。」

謝希平也說：「周氏的中文，根底很深。早年考取秀才。吳興人目其為神童，幾篇策論，著實出色。當時人佩服他的策論，正和現代人崇拜他的文章一樣。由於在外國文上享了大名，反而把本國文掩住了。大半原因，還是他逢人便說『漢文不通』，逢寫便用『萬年之筆』所造成的。」

周越然從小就對英語特感興趣，十一、二歲時在讀《左氏傳》之暇，常常偷看家藏的木刻本《英語注解》。無師自通，一年後可與美國教士對談，後進入教會學校——華英學堂（Memphis Academy）讀書，它係美國南監理會出資創辦，故學費極廉。

一九〇八年春夏之交，周越然入蘇州英文專修館教英語（地點在大太平巷）。同年也在上海北四川路橫濱橋之北，福民醫院左近的中國公學教「歐洲近世史」，周越然回憶說：「當時和我一同教書的，有兩位王先生，後來都成聞人。一位是王顯華（浙江人），一位王雲五（廣東人）——商務先後聘為總經理。當時的學生，後來成為世界聞人的，據我所知，只有一人，就是胡適之。」但周越然這次在中國公學教書得時間極短，據他說是被學校辭退的，原因是他沒有教學經驗，他說：「後來旁人告訴我，說我的教法，不合他們的『胃口』。他們所要的，是國語的仔細講解，我所能授的，是整段整頁的大意。他們所要的，是文法上的分析。我所願授的是史實的連貫。……顯華和雲五在那邊，大受學生的歡迎，因為一個教讀本，一個教文法，都能詳解的緣故。」

一九一〇年年底，英文專修館停辦。次年周越然就蘇州江蘇高等學堂之聘，初為補習班教員。秋季學期開始，始入正科授課。他回憶說：「當時肄業之學生，後來成名者，有朱貢三、汪懋祖、李廣勛、孫雛飛、李迪彝、楊小堂、夏奇峰……夏君現任審計部部長。」

江蘇高校於一九一一年九月停辦。次年周越然在蘇州擔任富商之子的私人英語教師，他說：「自一月起，至十二月止，余共授鮑爾文讀本第四冊兩課，而所得薪水，所受供養，遠在高校之上。」一九一三年周越然應安徽高等學校之聘，先為英文教員，後兼教務主任之職，為時只有半年，但因此得識馬通伯、應溥泉、陳獨秀等名人。

一九一四年他第二次進中國公學教書，擔任的是商科英文，這次教了有一年之久。他說：「那時的校長是王搏沙（敬芳）；他是創始時幹事之一。他身任福中（煤礦）公司的要職，少到上海來。就是來的時候，也不十分顧問校事。他好玩政治；什麼憲政黨呀，政學系呀，都與他有關係。聽說後來還要組織國粹黨，不過沒有成功。我曾經見過他一次；但沒有與他交談。他與別人講話，頗露真誠之狀。」

一九一五年周越然由當時任職上海商務印書館英文部部長鄺耀西（富灼）保薦，進入商務印書館當編譯員。他回憶說：「當時英文部中，除部長鄺君外，有同事徐閏全、甘永龍、吳步雲、張叔良、邱培枝等君。後來事業日漸擴大，如發行周刊，開設函校，編譯教育書籍等，始添聘郭秉文、蔣夢麟、陳主素、李培恩、邵裴子、龍質彬、周錫三、平海瀾、周由廑、陳布雷、吳致覺、黃訪書等君。余初到英文部時，專作翻譯校讀之事。一、二年後，始有一部分工作由余負全責擔任，並有為余助者二、三人。」周越然自一九一五年起至一九三二年止，在商務編譯各類英語教科書和參考輔助讀物三十多種。分別是：《英字切音》、《英字讀音》、《初級英語讀音教科書》、《英文啟蒙讀本》、《國民英語入門》、《新學制英語教科書》二冊、《新法英語教科書》三冊、《現代初中英語教科書》三冊、《英語會話公式》、《中等英語會話》四冊、《初級英文法教科書》、《英文造句法》、《英文作文易解》、《英文作文要略》、《英語三十二故事》（與桂裕合編）、《英語模範短篇小說》（與桂裕合編）、《愛神及其戀人》、《女水仙》、《禽與獸》、《伍倪奇緣》、《鬼沼緣》、《英美文學要略》（與鄺躍西合編）、《英語初學詩選》、《書與觀念》、《英語中國故事》、《文學片面觀》、《生命與書籍》、《英語教授法》、《小學外國語教學法》（漢文本）、《德國學校近世語教授法》（漢文本）、《莎士比亞》、《英語歧字辨異》。

其中尤以《英語模範讀本》（Model English Readers，成於一九一八至一九一九年，原為四冊，後改三冊。）銷行最廣，幾乎壟斷了全國的初中英文課本，周越然不無得意地說：「在此二十五年中，華人自編之外國語讀物，絕無勝過其耐久力或超過其暢銷性者。民國十年至二十年為《英語模範讀本》最盛時代，雖不能『家喻戶曉』，但確然『風行一時』。」

他因此所得版稅甚豐，以至有足夠的財力逛書肆，跑冷攤，「時時購書，日日購書」，千方百計搜求珍本秘辛，很快就成為海上屈指可數的大藏書家。並於上海閘北天通庵路三省里建其書室「言言齋」。關於齋名的取義，周越然自云：「當時所儲之漢文本，大部分為詞曲小說，而詞曲小說皆以『言』字為邊旁，故取名『言言』，不作『高大堂皇』解，亦不作『意氣和悅』解，如《詩》所謂『崇墉言言』或《禮》所謂『二爵而言言斯理矣』也。」屋之面積約五十方丈，坐北朝南，前有花園，後有菜園，左右植樹，全地占二畝半，以竹籬與鄰家及馬路為界。屋共分三進，均有樓房。其第一、二進樓下左邊兩大室與其廂房，及樓上第一進三室，皆作儲藏書籍之用。可惜「言言齋」於一九三二年「一・二八」之役遭焚，他辛苦搜羅了十六年的藏書毀於一旦，被焚為灰燼的古本書計一百六十餘箱，約三千種；西書十六大櫥，約五千冊，其中不少是元明孤本、名家抄稿和稀見的西書古籍。對此他也頗看得開，他說：「余意天下事集者必散，合者必分。自古以來藏書家，如吾湖之陸、杭州之丁、山陰之祁、魯省之楊、長沙之袁、上海之郁、獨山之莫、江陰之繆，不是廉售其寶，必是全數遭劫。其分散一也，所不同者保藏時間之長短耳。寧波范氏天一閣、虞山鐵琴銅劍樓，自明至今，子孫世守其書，雖間受損失，而大體無虧，真盛事也，真可羨也。余開始購求古本，約在民國五年丙辰（一九一六年），而言言齋遭難在民國二十一年壬申（一九三二年），前後不過一十六年，為期可謂短矣，足見余之德薄也。」但他並不因此而稍挫，言言齋毀後，移居西摩路（今陝西北路），繼續廣事搜購，不數年又復坐擁書城。

周越然嗜書如命，於故紙堆中浸淫日久，畢生與書結下不解之緣。他銳意窮搜珍本秘笈，憑藉較深厚的國學根柢，專心致志於版本、藏印及題識等研究，卓有成效。他對古籍版本的講究自有一番論調：「對於這種讀書不考究版本的人，我可設一比喻，以見他們的錯誤。宋元本和各精刊本，可比閨女，翻刻本或影印本，好比寡婦。至於隨便石印本或排印的本子，簡直是下賤的『野雞』。青年人娶妻，總希望一個好人家的女兒，不願意與寡婦結識，或與『野雞』談戀愛的。所以真能讀書者，必求精善的本子。」

他又談到他的購書經驗說：「天下只有錯買而無錯賣，只有貴買而無賤賣之理。書賈雖有不知版本者，但終究做過學徒，終究有師傳授，見得多，聽得多，對於刷印紙張，對於書價升降，無不明明白白。站立於冷攤前，店堂中，而欲尋獲佳本者，癩蛤蟆想吃天鵝肉也，其難等於升天。」又說：「是故購書最妥之法，莫如堂堂皇皇步入店中，謂欲為自己或某機關購辦某類書籍，請其開單連同『頭本』（樣書）送至某處是也。所開之帳及所送之本，未必合理，未必可靠，但終較自己瞎尋，自己問價講價為愈。一次兩次之後，店主見汝有金錢能力，雖名貴之品，即架上所萬萬見不到者，亦能送來。余大量購書時，曾採用此法而獲得明山陰祁氏抄本《文貞公詩集》、黃丕烈跋明寫刻本《文溫州集》、勞權手校《齊東野語》等等精品。」

周越然所藏固不乏宋刊元槧，更以詞曲小說等明清精刻精印本、手稿鈔本為其特色。書人收藏，與商人不同。成功之訣，在於特色。他深得此中三昧。他說「書之奇者，不因版古，必因稀見」，因而他的皮藏，不收古董商追逐的宋槧元刊，而是中、英文珍本秘笈雅俗兼收，在我國藏書史上，重視中西並蓄，周越然可謂得風氣之先者。另外他特別重視蒐羅東西方情色文化的香豔書為其特色。這在當時風氣未開的中國，是需要眼光和勇氣的。用他自己的話說，「北平某報譏余專藏淫書，南京某報罵余專譯淫書，其實，余所藏所譯皆名著也。」他單是《金瓶梅》的中外版本就有十多種。他豐富的性學藏書，多是人棄我取的孤本珍品，是研究古代相關歷史的珍貴史料。

周越然有篇〈西洋的性書與淫書〉發表在一九四四年五月十六日出版的《古今》半月刊第四十七期，開宗明義即說：「性書與淫書不同。性書是科學，淫書是小說。性書是醫學，是心理學；淫書是謊言，是『鼠牛比』（案：吹牛皮）。西洋有性書，又有淫書。我國有淫書，而無性書。我們讀了性書，多少總得些智識。我們看了淫書多少總受些惡習。少年人還是多習科學，少閱小說的好。」接著他說：「西洋淫書，不及中國的多，也不及中國的『出色』。中國最大的淫書是《金瓶梅》，最小的是《癡婆子傳》。這兩種文筆均佳，且近人情。此外如《繡榻野史》、《浪史》、《肉蒲團》、《杏花天》、《燈草和尚》、《株林野史》、《昭陽趣史》、《野叟曝言》、《綠野仙蹤》、《姑妄言》，……非獨猥褻不堪，並且不合生理。它們主張吞藥，主張『擴展』，主張採補，都是速死之道。這種書宜燒不宜讀。」又說：「西洋的淫書，大都為上岸的水手或休息的士兵而作。欲迎合他們的心理，不得不以狂『玩』為主旨。我曾經見過兩種代表作：（一）《半日輕狂記》（上下兩卷），（二）《全夜在後宮中》。《半日輕狂記》，一名《銀梨花下》，我國有譯本。書中言某姓男子，因求婚不遂，將意中人騙入體育室（不是瘋人院，譯本誤），一再強行無禮。那個

『意中人』，經過『大辱』之後，反而心悅誠服，情願同他結婚。——此種『理論』，此種主旨，吾人一見而知其虛偽。所以西洋的淫書，祇是欺騙西洋的下流人，決不能『感動』我國的讀書人。《全夜在後宮中》，更加荒謬了。某國軍艦，因風不順，停泊在天方海灘中，艦長在海灣沐浴時，巨廈中的婦女，將窗打開，並將艦長吊入室內。他坐定後，就知道身在禁地，所有的女人都是國王的妃子。每個女人都歡迎他。翌晨他離別的時候，每個女子都很滿意。——這一冊書的主旨，無非是：水手隨時隨地可得艷遇。——本書的設計果然惡劣，但是它內中的故事倒很有趣味。」最後他說：「西洋性心理學中，常載許許多多『性史』。『性史』就是個人婚姻前後的實錄，心理學家據為研究資料的。首先印行這種資料者，是心理學專家艾理司氏。依科學言，性史全不誨淫。後來張競生採取了艾氏的意思編《性史》（第一集），為什麼大家譏笑他呢？因為張君的著作，確實誨淫。他的那篇董二嫂，是《癡婆子傳》的化身，當然不能登大雅之堂。張競生以後的小冊子，效慕張競生《性史》而作的小冊子，我見過的，總在一百五十種以上。這樣的多，都因為紙張低下的緣故。現在紙張缺乏，馬路上喊賣春宮，喊賣《性史》的癟三，幾幾乎完全沒有了。」

作為一個作家，周越然也寫了不少文章，當然大都跟書有關的。周氏性格中頗有見異心喜、恢詭嗜奇的成分。這也反映在他的書話中，無論諧謔詩文，秘藥偏方，奇風異俗，勾欄瓦舍，甚至荒丘埂莽，牛鬼蛇神，煙粉靈怪，他都一體全收，宛如一部社會小百科。用他自己的話說，是「古今漫錄，雅俗兼收，義存箴警，一笑舒憂」。

學者陳子善說周越然的著作，人們較為熟知的有三種，分別是：《書書書》，一九四四年五月上海中華日報社初版。《六十回憶》，一九四四年十二月上海太平書局初版。《版本與書籍》，一九四五年八月上海知行出版社初版。但是，正如藏書家姜德明先生所說的，「《書書書》和《版本與書籍》都各印一千冊，尤其《版本與書籍》出版之際，正是抗日戰爭勝利之時，環境突變，讀書界的心理已經厭惡了敵偽時期問世的出版物，因此流傳不廣，市面上極少見。」陳子善又說：「周越然在三十年代還出版過一本小書，至今鮮為人知，筆者也是從香港藏書家黃俊東先生的《書話集》（一九七三年九月香港波文書局初版）中才知曉的，那就是天馬書店版的《性知性識》。黃氏在書話《性知性識》一文中稱此書『是一本用俏皮的筆調來寫性故事的妙書』，作者在書中『娓娓而談，篇章很短，但都涉及一般性的知識和有關名詞的來源、歷史，在文章中，他很少為某種性事做說明，卻是借了文學中或醫書中的故事描寫而談起一些常識和見聞來。由於三言兩語，精警有趣，故頗能收寓教育於消遣的文字中之效』。」

躲齋在〈一位飽受非議的藏書家——言言齋主周越然〉文中說，周越然還以「走火」、「九一三」、「洲亞」等筆名在上海《晶報》、《學燈》、《太白》以及淪陷時的《風雨談》、《天地》、《文友》等報刊上發表短文，內容涉及甚廣，或說書林掌故，或探版本源流，或敘購書趣聞，或辯古籍真偽，或譯稀見西書，或談域外風情，用語文白參半，風格莊諧並濟，頗受讀者歡迎。只是這些散見於報刊的短文，在作者以為不過是「遊戲文字」，生前未予結集。直到近年他的嗣孫周炳輝從各報刊上搜尋，先後輯就出版了三本：《言言齋古籍叢談》（遼寧教育出版社，二〇〇一年二月）、《言言齋西書叢談》（遼寧教育出版社，二〇〇三年三月）、《言言齋性學札記》（廣西師大出版社，二〇〇四年十二月）。特別是《性學札記》，據編者說，乃是當年《性知性識》一書的增擴，所收短文超過原書一倍以上。

作為近代譯界魁首嚴復的弟子，周氏的譯文也「愛用古典，喜造新名」，如他譯婦女談戀愛（Love）為「擄夫」；將Kiss譯為「開始」，其奇思妙想，每每使人有匪夷所思之感。而Impotent（不舉）則譯為「鶩不登」，音義兼顧，莊諧雜出，頗為傳神，實在讓人忍俊不禁。又把「閹」字（castrating）譯成「割勢折丁」，把變態性愛中「鞭撻」（flagellation）譯成「福來吉星」，「色情」（eroti-siom）則譯成「意樂提神」，實在是音意雙絕，令人解頤。

上海淪陷期間，周越然曾出席日偽作家活動，頗受到同時代隱居輟筆以明志的文化人所詬病。對於此報人徐鑄成認為和錢芥塵的拉攏有關，徐鑄成在《舊聞雜憶續編》書中這麼說：「新聞界當時被『除奸』的，一是《申報》的錢華，二是《晶報》的余大雄。聽說，這兩個人，背後有一個同一牽線人。此人就是錢芥塵。也和妓院的老鴇一樣，他可以說是新聞界的人販子。聽說在『九一八』後，他就和日本報導部有密切聯繫，上海新聞界曾先後組織『東北參觀團』和『赴日參觀團』，都是他一手布置，自己卻不參加。他拉人下水的辦法是投人所好，就湯下麵。經濟困難的餌以金錢，愛名的給以吹捧，兩者都不貪的，他還有一個『絕招』：他搜集影印了不少《金瓶梅》一類的古本，對於某些自命清高的對象，登門拜訪，拿出一些『珍本』請求『法鑑』。某些假道學如果投其所好，那就一步步被他的羅網沾住了。聽說以編《英語週刊》聞名的周越然，就這樣被他拖下水的；周與久居香港的葉某（案：指葉靈鳳），是同以收藏洋文性愛之類的書出名的。錢華和余大雄之流，卻是被錢誘進魔掌的。當然，也有他們的主觀原因。」而關於錢芥塵，作家周劭（周黎庵）晚年在〈雪夜閉門讀禁書〉一文中，也提到：「我現在要說的是另一個中國奇人，也是繼承葉德輝的衣缽廣為刊印這類禁書的，則在今日已鮮為人所知。此人叫錢芥塵，他出現在上海是四〇年代初期太平洋戰起之後，我不詳悉他的生平，大概是浙西一帶人，所謂是錢武肅王的後裔，生得南人北相，高大魁梧，猶似直魯大漢。他在上海辦了一個雜誌，自己並不出面，從雜誌的文字上看不出有什麼背景，據說在來滬之前一直在東北，居張作霖幕府，和楊宇霆、莫德惠、張作相等是老友，張學良則是他的後輩，所以對東北和奉系人物熟悉得很，娓娓談來，如數家珍。他善於交際，酷喜請客宴會，時常招集一些並不相識的人在酒樓盛宴，我也曾被他輾轉託人請去叨光過兩次宴請。他不但盛宴招待賓客，並且席散時還每客贈送禮品，那禮品好怪，竟是三四十本小冊子，內容一律是禁書，大都是翻印葉德輝『雙梅景闇叢書』的，而開本奇小，大概是128開，煙盒子那麼大小，真是內容豐富，無所不有，其中尤多連名稱都未聽到過的秘笈。錢芥塵為什麼要廣事交際和贈送那類書籍，我實在百思而無以索解。」

對此種說法，關林有不同的看法，他說：「『太平洋戰爭』之後，上海全市為日軍佔領。這期間錢芥塵利用與汪偽政權中幾位舊友的關係，搞到出版許可證和配給紙，在自己家裏辦起了《大眾》月刊。不少講究民族氣節的上海通俗文學作家，如包天笑、徐卓呆、程小青、鄭逸梅、徐碧波、孫了紅等等，都為這份刊物提供稿件，有些人更是錢芥塵家中的聊談常客。徐鑄成先生談到戰時的錢芥塵，說他是一個專門誘人落水的角色。徐先生是過來人，他的說法當然也是後人瞭解錢芥塵的可供參考的一家之言。然而，包天笑、徐卓呆、鄭逸梅等先生也是過來人，他們對錢芥塵的瞭解至少不會比徐先生淺，如果錢芥塵當時真是徐先生所說的那種角色，包天笑等人怎麼會再與錢芥塵常有來往呢？」誰是誰非，殊難索考。

不過周越然曾出席兩次「大東亞文學者大會」，卻是事實。分別是一九四三年八月二十五日到二十七日在日本東京舉行的第二次大東亞文學者大會，和一九四四年十一月十二日於南京召開的第三次大東亞文學者大會。第二次大東亞文學者大會同行的有陶亢德、柳雨生、邱韻鐸、魯風、關露、陳寥士、章克標、謝希平等一行十人；第三次大東亞文學者大會參加的有陶晶孫、錢稻孫、柳龍光、梅娘、趙蔭棠、章建之、傅彥長、梁山丁、徐公美、紀果庵、陳辛嘉等多人。周越然在一九四四年十二月十五日出版的《文友》第四卷第三期發表〈自大會歸來〉一文，說第三次大東亞文學者大會達成：（一）結成東亞文學者聯盟案，（二）大東亞文化交流案，（三）設置大東亞文學獎金案。另外十一日舉行的中國文學者年會也有重要提案：（一）保證作家生活案，（二）請辦理民眾文學讀物案，（三）成立文學工作者消費合作社案，（四）請政府規定老年作家年金案。

自一九四五年以後，周越然之名再也不見於書報雜誌，於是有人以為他謝世了。其實周越然並沒有去世。只是因為淪陷時期，他曾出席「大東亞文學者大會」，深自懺悔；抗戰勝利後再不著文撰稿，只願深埋於古紙堆中，聊以「喘息」餘生。據柯靈於一九八七年七月二十三日致傅葆石函，談到孤島時期上海的文化人，說：「上海淪陷期間，有個以周佛海為後臺的文人小集團，在一次宴席中，有人對周佛海吹吹捧捧，肉麻當有趣。周越然卻說：『說到民族氣節，我感到很慚愧。』在這樣的場合，敢於說這樣的話，不但說明了他的坦率，也需要一定的道德勇氣，不能不使人對他另眼相看。」所以躲齋認為周越然在抗日勝利之後的退出學界，自匿於古紙叢中，深自懺悔，實屬必然。直到上海解放以後，周越然才重作馮婦，在上海水產學院執教英語。但未幾，因俄語風行，學校不再開英文課而輟教，到圖書館工作，直到一九五五年辭歸。一九六二年病逝。

與周越然頗為熟識的謝希平在〈記周越然〉文中說，周越然為人謙虛，他有幾件事足以自豪的，但恐怕他在其《回憶錄》中要客氣地把他放了過去。於是他就把它寫出來：

第一件足以自豪的，有三位得意高足。一位是誦經茹素號稱日本通的戴天仇（案：戴季陶），還有兩位就是研究黨務的陳氏弟兄（案：陳果夫、陳立夫），戴天仇的年紀，或許年齡和他差不多，可是教他「各得罵人」（Good Morning）的時候，儼然師道可尊。陳氏弟兄，那是入室弟子無疑，因為他們都到過外洋，直接吃過歐美大菜，學得「各得罵人」的本領，雖然不敢說他們青出於藍，總可表示名門必出高徒。

第二件足以自豪，而周先生並不以為了不得的便是他的酒量。六七年前，他每頓必需喝啤酒呢，每飲起碼要近一打，黃酒呢，也要五六斤，「醉」字在他的字典裡是沒有的。可是現在酒價太貴了，周先生不但頓數改少，喝的時候，也加以節制了，有時竟可不喝。他喝酒的姿態是西式的，喜歡乾杯，一口一大杯，看看他的身材，好像放不進這許多的酒，想起了「酒有別腸」一句話，疑團倒也消了。他從不臉紅，從不說錯話，依舊的操著一口湖洲白而客氣，雖然他喝了很多的酒。

第三件足以自豪而周先生不向人說的，便是他不願做官。他的得意門生既久任考試院長時，屢次請他出山，他是情願守著商務印書館的編審而不肯去，再四的邀請，再四的不去，結果是折衷辦法，官是不做，到了高考的時候，臨時聘請出題閱卷。他從不活動，因他離不開編審所，好像有商務印書館，就應有周越然。堂堂政府官，尚且不做，何況工部局呢？那裡曉得華委一職，偏偏的加到了他的頭上，堅辭不得，祇好半推半就的就了。

第四件足以自豪且值得介紹的，是他的藏書之富，拿書的形式來分類，一是直豎本的外國書，一是橫平本的線裝書。拿書的內容來分，有天命之謂「性」的莊嚴書與食色之謂「性」的詼諧書兩種，拿書的版本來說，有外國古本，中國宋元明版，中外絕版三種。二一年鬧北大火，損失不知多少，但是現在到過他的藏書室裡的人，還是嘆為觀止，尤其是經史子集的單頁宋版和明本的《金瓶梅》一類的偉大收藏。

此文要言不繁地點出周越然的行事作風和他的成就，就權當總結。

現代詞學的奠基人之一的龍沐勛

龍沐勛（1902-1966）

說到龍沐勛，詞學的愛好者幾無人不知。他的《唐宋名家詞選》、《近三百年名家詞選》以及《唐宋詞格律》數十年風行海內外，歷久不衰。龍沐勛從黃季剛、陳石遺學詩，從朱祖謀（彊邨）修音韻學和詩詞。先後在上海暨南大學、上海音樂學院、廣州中山大學、南京中央大學等校任教授。自一九二九年開始撰寫詞學論文，對詞的起源、詞的發展、詞的創作、詞的藝術風格及作家作品進行了全面的探討，重點著眼於唐宋詞，奠定了現代詞學研究的基礎。還有《唐宋詩學概論》、《唐宋詞格律》、《中國韻文史》、《詞曲概論》、《詞學十講》、《風雨龍吟室叢稿》、《東坡樂府箋》，皆為詩詞界矚目之作。其詞學成就與夏承燾、唐圭璋並稱，是二十世紀最負盛名的詞學大師之一。

龍沐勛（一九〇二—一九六六），又名元亮，字榆生，號忍寒。出生於江西萬載。在家族中行七，故又自稱龍七。生平愛竹，四十歲後又自署籜公。父龍賡言是光緒庚寅恩科（一八九〇年）進士，和文廷式、蔡元培、董康是同榜，後來做了二三十年的州縣官，一直是兩袖清風。母親楊玉蘭是其繼室，生子女四人，在龍沐勛五歲時就去世。由於生母早逝，童年的龍沐勛「溫飽學習無人關心，因而身體瘦弱，性情孤僻；十歲前，只在鐘祥、隨州唸過一年多初小，在家鄉讀過一年蒙館。」十歲那年父親棄官歸里，在家鄉創辦集義小學，龍沐勛在〈苜蓿生涯過廿年〉的回憶文章（以下所引，皆此文，不再註明）中說：「我和我的幾個堂兄弟也做了那所學校裡的基本隊伍……他教學生相當的嚴厲。每天叫學生們手鈔古文以及《史記》列傳、顧氏《方輿紀要總序》、《文選》、杜詩之類，每個學生都整整的鈔了幾厚本，鈔了便讀，讀了要背，直到顛來倒去，沒有不能成誦的，方才罷手。一方面又叫學生們點讀《通鑑》，每天下午大家圍坐起來，我父親逐一發問，有點錯句子，或解釋不對的，立即加以糾正。一星期之內，定要做兩次文章。……單說我個人，經過這一番嚴格訓練，一年之後，便可洋洋灑灑的提起筆來，寫上一篇兩千字的很流暢的議論文。到了高小畢業，就學會了做駢文詩賦。」

高小畢業後，龍沐勛並沒有再進任何學校。他說：「我在高小畢業之後，便抱著一種雄心，想不經過中學和大學預科的階段，一直跳到北大本科國文系去。那時我有一個堂兄名叫沐光的，在北大國文系肄業。一個胞兄名叫沐棠的，在北大法科肄業。他們兩個，都和北大那時最有權威的教授黃季剛先生很要好。每次暑假回家，總是把黃先生編的講義，如《文字學》、《音韻學》、《文心雕龍札記》之類，帶給我看。我最初治學的門徑間接是從北大國文系得來，這是無庸否認的。我那堂兄還把我的文章帶給黃先生看，黃先生加了一些獎誘的好評，寄還給我，並且答應幫忙我直接往入北大本科。後來我在十七歲的那一年，生了一場大病，幾乎一命嗚呼。……等我病體回復健康，黃先生在北大，也被人家排擠，脫離他往了。我的父親因為供給三個子姪的學費，和幾十口的大家庭生活，積年廉俸所入，也消耗的差不多了。我只好打消這升學北大的念頭，努力在家自修，夢想做一個高尚的『名士』。」

一九二一年春，大病初癒後，受新思潮影響，開始不安於封閉落後的江西，於是由堂兄沐光介紹，前往武昌從黃侃（季剛）學習聲韻、文字及詞章之學，邊在黃侃家中教其次子念田讀《論語》。他說：「黃先生除聲韻文字之學致力最深外，對於做詩填詞，也是喜歡的。他替我特地評點過一本《夢窗四稿》。我後來到上海，得著朱彊邨先生的鼓勵，專從詞的一方面去努力，這動機還是由黃先生觸發的。」

一九二三年春，龍沐勛將妻兒安置在九江丈人陳古漁家中，然後他隻身到上海，開始他執教四方的生涯。首先由同鄉郭一岑之介紹，到上海北四川路橫濱橋的神州女學教高小最高年級的兩班國文，但因他不諳吳語，教了一個多月，就還給教務主任謝六逸去兼了。他回到武昌去看黃侃，因黃侃之介任教於武昌私立中華大學附中，但僅三個月就辭職，率妻兒返鄉過年。

龍沐勛說：「我回家不到幾天，忽然接著上海轉來的電報，說有一位朋友張馥哉先生——他是北大國文系畢業，也就是當時所謂黃門四大金剛之一。……要我到廈門陳嘉庚先生辦的集美學校去，代他的課。……我毫不躊躇的，又動了遠遊之念了。登時回了一個電報，答應下來。就在正月初三的那一天，辭了老父，別了妻子，冒著大風雪，獨自一個人坐著山轎，走了兩天，到萍鄉搭火車，轉到武昌，順流東下，經過上海，取得馥哉的介紹信，換上太古公司的海船，一直漂到廈門去。」同年秋天，龍沐勛被聘為集美學校中學部正式教員。在這段期間他還不斷地認真學習，他說：「我在集美四年半的時間，除掉一心一意的教書改文外，——我做專任教員，只教兩班國文，每週擔任教課十二小時，隔一週作文一次，時間是相當充裕的。——就是跑到圖書館去借書來看。我這時感覺我的常識太缺乏了，就是在國學方面，也算不得有了怎樣深的造詣。所以我就努力的向各方面去尋求新的知識，把時人的作品，不拘新舊，以及翻譯的文學、哲學、社會科學等等，涉獵了許多。又深恨我往年不曾多學習外國語，以致不能直接去讀西洋書籍。聽到人家說，讀東文比較容易，我就特地買了不少的日本書，請同事黃開繩先生——他是東京帝國大學畢業的，後來染了肺病死了！——來教我讀了兩三個月，因為黃先生吐血，不便打擾他做這義務教師，這事就中途而廢了，我至今還引為大憾！」

當時詩壇老將陳石遺（衍）在廈門大學任國文系主任，龍沐勛說：「那時我在集美教過的學生邱立，已經升入廈大，從他老先生去受業了。我反而由學生的介紹，拿點詩給他老先生看，他說我的絕句很近楊誠齋。……我這纔深深的佩服他老先生的眼光不錯，也就備了些贄儀，向他碰了頭，拜在他的門下。從這以後，我常常渡海到廈大去，向石遺先生領教——他給我論詩的信札，整整的一大本，可惜那年由滬南遊嶺表，在海船中遺失了！」

一九二八年九月，因陳石遺的介紹，出任上海暨南大學中文系講師，教各體文。又因陳石遺的介紹，得以拜謁詩詞大家夏敬觀（吷庵）。他說：「最初器重我的是新建夏吷庵先生，他做了一篇〈豫章行〉贈給我。先後見過了陳散原、鄭蘇戡、朱彊邨、王病山、程十髮、李拔可、張菊生、高夢旦、蔡孑民、胡適之諸先生，我不管他們是新派舊派，總是虛心去請教，所以大家對我的印象，都還不錯。我最喜親近的，要算散原彊邨二老。我最初送詩給散原蘇戡兩位老先生去批評，散老總是加著密圈，批上一篇叫人興奮的句子，蘇翁比較嚴格些，我只送三四首詩給他看，只吃著二十八個密圈子。我因為在暨南教詞的關係，後來與趣就漸漸的轉向詞學那一方面去，和彊邨的關係，也就日見密切起來。……我總是趁著星期之暇，跑到他的上海寓所裡，去向他求教，有時替他代任校勘之役，儼然自家子弟一般。他有時候填了新詞，也把稿子給我看，要我替他指出毛病。我敬謝不敢，他說：『這個何妨，你說得對，我就依著你改，說得不對，也是無損於我的』。這是何等的襟度，我真感動到不可言說了！他替我揚譽，替我指示研究詞學的方針，教我不致自誤誤人，這是我終身不能忘的。」

龍沐勛一九三〇年在上海曾與「旅滬詞流如番禺潘蘭史（飛聲）、寧鄉程子大（頌方）、歙縣洪澤丞（汝闓）、吳興林鐵尊（鯤翔）、如皋冒鶴亭（廣生）、新建夏劍丞（敬觀）、湘潭袁伯夔（思亮）、番禺葉玉虎（恭綽）、吳縣吳湖帆、義寧陳彥通（方恪）、閩縣黃公渚等二十餘人約結『漚社』，月課一詞以相切磋，共推先生（朱彊邨）為盟主」，當時龍沐勛「年最少，與先生往還最密。屢欲執贄為弟子，而先生謙讓未遑也。先生嘗語予：『生平不敢抗顏為人師。除任廣東學政時所得士例稱門生外，不曾接受談詞者列弟子籍。有以此請，即為轉介於臨桂況蕙風（周頤）。』」（見〈彊邨晚歲詞稿跋〉）

對於朱彊邨，龍沐勛又說：「在他老先生臨歿的那一年，恰值『九一八』事變。他在病中，拉我同到石路口一家杭州小館子叫知味觀的，喫了一頓便飯，說了許多傷心語。後來他在病榻，又把他平常用慣的硃墨二硯傳給我，叫我繼續他那未了的校詞之業。並且託夏吷庵先生替我畫了一幅〈上彊邨授硯圖〉（案：一九三一年十月繪），他還親眼看到。」朱彊邨是希望龍沐勛傳其衣缽。龍沐勛於一九三二年又請吳湖帆繪「授硯廬圖」，是為第二幅。又請陳散原作《受硯廬圖題記》，並乞夏閏枝、張孟劬、邵瑞彭等詞人題詞，懸之書宅中，雨夕燈窗，治詞學時，恒從其吸取精神力量，終身服膺彊邨詞學而不倦。龍沐勛說：「我從他下世之後（案：朱彊邨歿於一九三一年十二月三十日），就把所有的遺稿，帶到暨南新村去整理。『一二八』的晚上，我用我的書包，把這些稿件，牢牢的抱在身邊，首先把它送入『安全地帶』。後來就在音樂院（案：國立音樂專科學校）的一間僅可容膝的地下室裡，費了幾個月的功夫，把它親手校錄完竣。同時得著汪先生（案：汪精衛）和于右任、劉翰怡、陳海綃、葉遐庵、李拔可、林子有、趙叔雍諸先生的資助，刊成了一部十二本的《彊邨遺書》。我和汪先生的關係，也是從這個因緣來的。」

汪精衛在一九〇一年應廣州府試第一，因深受當時廣東學政朱彊邨及廣東水師提督李準的賞識，所以汪精衛一直對朱彊邨持弟子禮。一九三二年七月二十二日汪精衛從南京行政院寫信給上海的龍沐勛，函曰：

榆生先生惠鑑：

奉誦手書並大著，佩仰兼至。

彊邨師葬事未竣，至用掛懷。弟與右任先生談及，尚無定議。如彊邨師在日曾營生壙，則誠宜尊其遺志。未可擅作紛更。世變方殷，妥靈宜早。誠如尊論。如窀穸有期，尚祈示知。俾得稍盡棉力。是所至感。餘不一一。專此

敬請台安！

弟汪兆銘頓首七月二十二日

龍沐勛在一九二八年秋冬間，曾應國立音樂院（案：一九二九年九月改名為國立音樂專科學校）教務主任兼代院長蕭友梅（時院長蔡元培）之請，代易孺（大厂）上課，講授詩詞。他以詞與音樂之關係極為密切，宋末始不復被之管弦，歷元明而就衰敝，他試圖就商重振詩樂合一之宏圖於音樂專科學校諸先生，遂不顧兩校相距數十里之遙，毅然前往兼課。從此到一九四〇年春，他在該校兼課十二年，也與音樂結下了不解之緣。據錢仁康的〈龍榆生先生的音樂因緣〉文中說：「榆師在音專教課，十分認真負責。音專同學很少對詩詞發生興趣，榆師循循善誘，培養出了不少能寫詩詞的學生。早期學生劉雪庵就是在榆師栽培下，擅長作詞兼作曲的多才多藝的學生。我也是在榆師的栽培下，粗通寫作詩詞的門徑。……『一‧二八』事變後，榆師過閘北舊居，看到閘北一帶被日軍大肆破壞，只剩下斷垣殘壁的淒慘景象，在滿懷悲憤中寫下了〈過閘北舊居〉的歌詞，由劉雪庵同學譜曲，音專聲樂組學生在音樂會上演唱，唱到『斷瓦殘垣，經幾多灰飛彈炸。問何人毒手相加，深仇不報寧容罷』時，聽眾無不咬牙切齒，同仇敵愾。淞滬抗戰停戰後，榆師到音專上課，見校園裏的玫瑰凋零，景物全

非，仍用『龍七』為筆名，寫了〈玫瑰三願〉的歌詞以寄感慨，黃自先生馬上把它譜寫成了一首聲情並茂的藝術歌曲，不僅在當時的音樂會上經常演唱，至今還是許多聲樂家的保留節目。」另外還有李惟寧作曲的〈秋之禮贊〉、〈逍遙遊〉和〈嘉禮樂章〉，以及後來由錢仁康作曲的〈小夜曲〉、〈春朝曲〉、〈滄浪吟〉、〈骸骨舞曲〉、〈是這筆桿兒誤了我〉、〈山雞救林火〉、〈一朵鮮花〉、〈梅花曲〉等，優美的歌詞都出自龍沐勛之手。

一九三三年年六月初，曾被魯迅譏諷、指斥過的作家曾今可，會同張資平、胡懷琛等受過魯迅嘲笑的文人，聯絡了黎錦明、傅彥長、張鳳、龍榆生等一些文化界朋友，組織一個文藝漫談會。並於七月一日出版《文藝座談》半月刊第一期，其中刊登白羽遐的〈內山書店小坐記〉，誣陷內山完造是日本偵探，並以此攻擊魯迅。對此，章石承在〈榆師在暨南大學及其後情況之零星回憶〉文中說：「一九三三年六月底，上海無行文人曾今可（案：原文以×××代之）因受魯迅及左翼作家之揭發、批判，不甘失敗，遂組織力量反攻，以《新時代月刊》社名義，邀請文藝界人士、大學文科教授舉行『文藝座談會』，並託人再三邀請暨南大學張鳳教授及榆師出席。孰意曾今可於次日報刊上登載消息，謂出席『文藝座談會』者皆係反攻魯迅及左翼作家機關報《文藝座談》之發起人。榆師對此極為氣憤，晤及中文系曹聚仁教授時說：『上海地方真不容易做人，他們再三叫我去談談，只吃了一些茶點，就算數了，我又出不起廣告費』。……榆師極鄙視曾今可之為人，稱之為墮落文人。曾今可曾以其『解放詞』集〈落花〉寄贈，冀得榆師片言隻語之褒，以為抬高其身份之資本。榆師洞燭其陰謀，置之不理。」

一九三三年下學期暨南大學在國民黨CC系的策動下，發生驅逐校長鄭洪年風潮，在混亂中派來了高等教育司長沈鵬飛以調停為名，接任校長職務。暨南大學在沈鵬飛長校期間，變得十分混亂，黨派鬥爭，益趨白熱化，實已無法維持，一九三五年六月，國民政府教育部任命何炳松為國立暨南大學校長。章石承又說：「何炳松先生任暨南大學校長，鄭振鐸先生為文學院院長，鄭以榆師多病，遽發表教授一人代理系主任職務。榆師遂憤而辭職，改應廣州中山大學之聘，任中文系主任兼詞學教學工作。中文系同學聞訊，推代表向校方提出挽留，無效。舉行惜別會，到會八十餘人。先由中文系同學代表致辭，提出校方不以學生學業為重，隨意更換詞壇素負盛名之主任，表示憤慨。繼由榆師講話，感情激動，聲淚俱下，於是師生均大哭。於此可見榆師在學生中之聲望與師生感情之親密。」

龍沐勛說在一九三五年暑假之前，「就接著中山大學的聘書，鄒海濱校長又再三託斠玄（案：陳鐘凡）來函勸駕，說胡先生（案：胡漢民）希望我到那邊去，把中文系辦好。胡先生在六月初放洋，前往歐洲養病。他在郵船上，還不斷的有詩來，說什麼『未能講肆從容話，曾把吳鉤仔細看。真個揚帆滄海去，憑君弟子報平安。』又說：『三月無詩吾豈憊，萬方多故子其南！』他對我的這般熱望，怎叫我不動心呢？」龍沐勛又說：「我自己擔任的課程，仍是文學史，和詞曲這一類。那時中大有一位老詞家陳海綃先生，在那裏教詞有了十多年的歷史。彊邨先生對他的詞，是極端推重的，我也深深的表示敬仰。可是他說得太高了，專門對學生講《夢窗詞》，學生不能夠個個瞭解。我是服膺孔老夫子因材而教的，所以另外選了些東西，對學生們由淺入深的詳細分析的來講，並且叫他們多多的練習，果然不到半載，就有些成績斐然了！其實我的詞學功夫，和海綃翁比起來，真有天淵之別，不過談起學生的受用來，我教的比較容易消化些罷了。」

一九三六年六月，粵桂「西南事變」發生，龍沐勛說：「廣州市內有準備巷戰的謠言，我拗不過妻的主張，匆匆的把所有的什物和兒女，趁著太古公司的輪船，回到了上海。別的不打緊，這一年多的經濟損失，確有些壓得我透不過氣來！」八月初，他移居上海極司非爾路康家橋廿一坊二號。他說：「這時各學校都早經開學了，幸虧國立音專的校長蕭先生，仍舊把我的教席保留了年餘之久，除卻扣去請人代課的鐘點費外，所有寒暑假的薪俸，都送給了我，我把它來做了醫藥費。可是一家十餘口的生活費，無法解決。那半年的收入，只有音專六小時的月薪，還不到一百圓，這卻叫我有些著慌。我的老友孫鷹若先生，正在蘇州辦章氏國學講習舍，約我每星期去講一次，每月送我一百五十圓的車馬費。……蕭先生待朋友真厚道！到了春季開學，設法將我改作專任，……二十六年（一九三七年）的春夏之間，我還是強扶病體，奔馳於蘇滬和市中心區（那時音專的新校舍建築在上海市政府的附近）一帶，……到了那年暑假，承蒙錢子泉先生（他原是光華大學的文學院長，這時和我也是不曾見過面的）的好意，把我推薦給張校長，聘我做專任教授，合之音專，也有每月四百餘圓的收入，家用是勉強敷衍得去了。」錢子泉就是錢基博，錢鍾書的父親，他將龍沐勛推薦給光華大學校長張壽鏞。

到「八一三」事變爆發，光華的校舍被毀了，音專也自市中心區搬到法租界來，龍沐勛說：「人心惶惶的，大有朝不保夕之勢。後來雖然各學校都在租界內租著幾幢小房子，勉強的開了學，可是都為了經費竭蹶，對教授們減時減薪。大家為了迫於饑寒，只好拚命的去謀兼課，我也足足兼了五個學校，每週授課至三十二三小時之多。這五個學校，又是散佈在四角和中央的。所以整天的提著我那破舊的討飯袋，這邊下了課，立即踏上電車或公共汽車，趕到那邊去，那種可笑的奇形怪狀，確是『罄竹難書』……」當時龍沐勛任教於音專、光華大學、暨大附中、復旦大學、中國公學，共計五校。

一九三九年冬，汪精衛派人來探視龍沐勛。據其〈幹部自傳〉（引自張暉著《龍榆生先生年譜》）說：「一九三九年的冬末，汪住在愚園路，從褚民誼處知道我的地址（褚民誼愛唱崑曲，抗戰時留在上海，和音專某些同事常有來往。）就派他的隨從秘書陳允文來看我，說汪很想念我，聽到我身體不好，準備給我一些友誼上的幫助，並不要我替他做任何工作。」又說：「我是在一九四〇年四月中旬，扶病到了南京，參加汪偽組織的。我最初是偽立法院立法委員，還兼任過偽立法院長陳公博的私人秘書（為的是補助我的生活，每月給我津貼三百元，偶然替他寫些應酬文字，不到半年，就辭職了）。」對此，任睦宇在〈悼念龍榆生先生〉文中說：「汪精衛成立偽府，在未徵得同意的情況下，突然宣佈了榆生先生為立法委員。後人每以此為榆生先生詬病。據我所知，實有難言之隱。龍師母曾親口告訴我，當這一消息發表，榆生先生非常驚愕，當時渴望與我長談商量，以定去就。而我為了家事，久稽鄉間。榆生先生多夜不能交睫，憂思冥想，終抱萬死不屈之心，存萬一有可為之望，以為我不入地獄，誰入地獄，便鼓勇嘗試。」

〈幹部自傳〉說：「我到了南京之後，所見所聞，觸目驚心，悲恨交集。我去找陳允文，要求見汪辭職。陳推說汪太忙了，等了一個多月還沒見到。陳一面安慰我一面說：『你現在是沾上了色彩，也就沒法超然了。』我無可奈何，只得忍耐下去。」又說：「我到南京參加為組織之後，我看到偽政府的情形太糟了，那裡談得上爭回權利，拯救人民？我曾寫過一封信給汪，希望他找點好人，培植若干比較有良心的幹部，或者可以減少一些人民的痛苦。可是他並沒有採納我的意見，只是隔了一兩個月，請我去吃一頓飯，談談詩詞。」

龍沐勛的兒子龍廈材在〈記抗日戰爭中幾名書生的一次軍事行動〉文中說：「父親苦悶失望之際，恰值中央大學籌備復校，父親積極參與，七月，汪又委託他籌辦學術性刊物《同聲月刊》，父親全力以赴。九月，南京中央大學開學，父親任中文系古典文學教授，他在教材上多選李煜、陶潛、辛棄疾、蘇軾、杜甫、元遺山和顧炎武等人在亡國後或身遭亂離寄懷家國之思的詩文，以啟發同學的仇日情愫。十二月二十日，《同聲月刊》創刊號出版，父親以『俞耿』筆名寫了一篇補白小文〈寒蛩碎語〉，文中談到岳飛的〈小重山〉詞。岳飛主戰非和，難酬其志，因而在詞的下片有『欲將心事付瑤箏，知音少，弦斷有誰聽』之歎。父親則為作一轉語：『儘管沒有人聽，我依舊要拼命地彈，好教一般醉生夢死的人，有些警覺，何況知音還有呢。』父親就這樣，以很大的勇氣和決心，隱晦曲折地表達他『相信一定還有知音並且等待知音到來』的這一信念。」

龍厦材文中又說到：「一九四二年春，父親給他在上海國立音專的學生錢仁康寫了封信。不久又親自來上海，面告已跟抗日力量取得聯繫，約錢到南京中央大學藝專教音樂，在教學之餘，協助父親做好一些愛國的實際工作。於是，錢更名錢萬選，九月初來到南京，並仍以錢仁康原名為大後方重慶譜寫抗戰歌曲。」對此，錢仁康在一九九五年九月二十六日回憶說：「……這樣我就在一九四二年九月到了南京。榆師果然對我十分信任，一切極端保密的事都告訴我。一九四三年他三次去北平，告訴我是通過張東蓀教授和中共中央華北局取得聯繫，商談策反的事。他住在周作人家裏，但周作人全然不知道他在幹什麼。一九四三年，榆師介紹我去郝鵬舉家裏教他的女兒彈鋼琴，要我試探郝的思想動向，並做他的思想工作。我在郝家經常碰到郝鵬舉，在交談中得知他是痛恨日本人的。我又講了一些日軍的暴行和淪陷區人民的血海深仇，激發他的愛國思想。我在郝家教鋼琴大約教了半年。」《同聲月刊》三卷七號（一九四三年九月十五日）載有〈水調歌頭・送郝騰霄將軍出任蘇淮特區行政長官〉詞一闋，上片有云：「戲馬台前臨眺，霸氣消沉未久，待子補金甌」，下片有云：「淬礪江東子弟，相率中原豪傑，風雨共綢繆」。都言及策反之事。

後來也參與策反的許寶騤晚年回憶道：「……流光如駛，三十八個年頭匆匆過去了。我現在為紀念民盟四十週年而寫這段史料，屈指數來，五個主要當事人（包括郝鵬舉）之中只有我是僅存的了。嘆逝思舊情難自已，而在這一幕中給我留得印象最深的則是榆生同志，……解放之後，我又到上海，再去訪他。談起前事，他深深致憾於舊友郝騰霄之不能始終其德，言下有一種廢然而嘆的神情，我總想著，像榆生這樣一名騷人詞客，在政治上竟又是這樣大有深心，這大概是我國士大夫傳統的習性，亦可見民族意識入人之深。榆生邃於詞學，是以自傳於後。像上述這段政治生涯，在他或許只是『餘事』，而我則後死有責，不能不書以存其事，亦以見其人。」

一九四三年夏，中央大學校長樊仲雲離職，由原文學院院長陳柱接任校長，龍沐勛改任文學院院長，任基本國文及詞選課。同時任南京文物保管委員會博物專門委員會主任委員。一九四四年十一月十二日，第三次大東亞文學者大會在南京召開，南京偽府指派了六個「代表」參加會議，其中有錢稻孫、龍沐勛、徐公美、周雨人、陶晶孫、張大公。陶晶孫充當會議議長。一九四五年七月下旬，龍沐勛因擔心文物轉移中所託非人，因此取消遠行計畫，決定留在南京。這一決定也徹底改變了他後半生的命運。抗戰勝利後的十一月八日，國民黨教育部以了解學潮為由「請」走龍沐勛，囚禁於南京老虎橋監獄。一九四六年三月八日，移至蘇州獅子口監獄看所所。六月二十六日宣判：「龍沐勛通謀敵國，圖謀反抗本國，處有期徒刑十二年，褫奪公權十年，全部財產除酌留家屬必需生活費外沒收。」一九四七年二月二十七日，龍沐勛在獄中給已到臺灣草屯的學生張壽平寫信說：「當愚被誘禁之初，與家人全相隔絕，終日閉居一室（同住二十人，空氣惡劣），雖大小便亦不得自由。幸賴彼中司法科諸君頗相矜愛，恆以提訊為由，延至彼之後院，為講文學。並以酒食相餉，且致藥物，病得稍瘳。彼中於我輩頗表同情，屢有開釋之訊。不料仍為某部人員所構，於去春移解吳門。」又說：「自去秋移禁監獄，得漱玉詞人之照護，當事者稍加優待。因獲略作運動並曝朝陽，飲食起居較有秩序，病體始稍有轉機，並得稍備圖書，專心寫作。內子月一來視，兒輩亦偶爾一來，較在南京及此間看守所，殆有天淵之別矣。然滄桑變化殊不可知，他日能否生出獄門與足下重相把晤，亦正難逆料耳！」信中說「得漱玉詞人之照護」，此「漱玉詞人」乃指汪精衛之妻陳璧君，當時她也關在蘇州同一監獄而得享特殊待遇。

是年龍沐勛在獄中又因醫療、飲食不便，引起舊疾胃潰瘍大發，幾度病危。好友夏承燾曾請當時在蘇州高等法院工作的潘希真（後來的女作家琦君）去看他，琦君說：「他的屋子和汪精衛妻子陳璧君隔壁，……待見到龍老師時，他竟骨瘦如柴，雙目深陷，無復當年青衫飄逸神情。他意外地見到我，劫後重逢，師生雙手緊握，感觸萬千。他看看我帶去的美國貨奶粉說：『你真是雪中送炭了。上海一別，沒想到會在獄中相見。』我期期艾艾地不知說什麼才好，因為我不知道這究竟是他的錯，還是現實的殘酷，世事的無常呢？」於是經過琦君，還有嚴紀青、汪賢齊等人的努力，龍沐勛在一九四八年二月五日終獲暫時出獄就醫。嚴紀青在〈我所瞭解的龍沐勳老師〉文中說：「龍師母從同學處得知我南京的熟人較多，於是就找我設法幫忙解決。我不僅出於師生之誼，且較知道他個人的道德品質和家庭的困難處境，並非甘心附敵，而是『身在曹營心在漢』。於是就想方設法找到兩家與我家有生意來往的布店為之擔保，使老師得以被釋放回家。」

一九四九年初，先任上海商務印書館編審部館外編審，十一月起任上海市文物管理委員會編纂。一九五〇年秋季，文管會成立研究室，龍沐勛改任研究員。一九五一年調任上海市博物館編纂，又改任研究員。一九五二年由陳毅市長安排到上海博物館任資料室主任。一九五六年八月起任上海音樂學院民樂系教授。一九五八年五月，被打成右派，直到一九六一年方才脫帽。一九六六年十一月十八日凌晨，因肺炎併發心肌梗塞，病逝。

學者林玫儀談到清代詞學家最受人矚目、且影響最大者，當推王鵬運、朱祖謀、鄭文焯、況周頤四大家。四家以降，則趙尊嶽上承況氏，龍沐勛上承朱氏，表現最為突出。她並臚列出六點，來推崇龍沐勛在詞學上的貢獻：

一、繼承朱氏未竟之業，校輯彙印《彊邨遺書》。

二、編選詞選，有《近三百年名家詞選》、《唐宋名家詞選》及《唐五代宋詞選》等書，藉以揭示學詞矩範。前二種流傳尤廣，霑溉後學不少。

三、創辦《詞學季刊》及《同聲月刊》，所載詞學論著，幾乎囊括當時名家之作，導引一時風會，為最重要之詞學刊物。

四、箋注詞籍，為朱祖謀所校訂編年之《東坡樂府》，進一步作考證箋注，成《東坡樂府箋》一書。

五、校訂詞學資料，又蒐輯詞學文獻，如對《蘇門四學士詞》、《樵歌》、《徧行堂集詞》及《雲起軒詞》等詞籍進行校訂；又蒐輯整理鄭文焯、陳洵諸家之論詞資料；皆為顯例。且《詞學季刊》及《同聲月刊》中刊登時人詞作，亦有保存當代作品之功。

六、詞學研究方面，成果更是卓著，如〈詞學源流論〉、〈詞體之演進〉、〈今日學詞應取之途徑〉、〈研究詞學之商榷〉、〈兩宋詞風轉變論〉、〈晚近詞風之轉變〉、〈論常州詞派〉等篇，均為影響深遠之作。其於聲韻音律方面之探求，尤為專詣精到。《唐宋詞格律》、《詞學十講》、《詞曲概論》等書，則深入淺出，洵為入門之重要指引。

林玫儀要言不繁地指出龍沐勛在詞學上的成就，允稱公論。而英年早逝的學者張暉獨力完成《龍榆生先生年譜》一書，對後學者研究龍沐勛生平事蹟，提供把臂入林之功。筆者在拙文中也多所援引，特此致謝。

雛鳳清於老鳳聲——也談趙叔雍

趙叔雍（1898-1965）

二〇〇九年一月十三日的《上海書評》二十六期有星樺〈談趙叔雍〉說：「談起趙叔雍，內地的出版物所記都很簡略，連生卒年也多有出入。前讀《顏惠慶日記》，提及他的地方均錯譯成『趙叔榮』。《上海近百年詩詞選》將他的生卒年定為（一九〇二—一九六〇），而二〇〇八年十二月二十八日《上海書評》刊曹其敏〈話說「梅黨」〉一文作（一九〇〇—？），都錯了。」而張暉在〈趙叔雍其人及其他〉文中亦說：「趙叔雍的生平行跡在大陸沉晦已久，各類辭典都對他的卒年付之闕如」。但從趙氏《高梧軒詩全集》末附其女兒趙文漪跋可得知，趙氏是卒於丁巳（一九六五）年「七月三日丑時」。雖是如此，但其行跡還是簡略，筆者查考當年與他有過交往的人士，梳理出一些線索，或可拾遺補闕也。

趙叔雍（一八九八—一九六五）名尊嶽，齋名高梧軒、珍重閣。江蘇武進人。他的父親趙鳳昌（字竹君），是張之洞的重要幕僚，在清末民初政壇上很有影響力。略微知道一些近代史的人，即使不知道趙本人，但對於「兩江總督張之洞，一品夫人趙鳳昌」這句「謔而虐」的刻薄諷刺，總是有些耳聞的。根據姚崧齡所寫的「民國人物小傳」云：「趙鳳昌（一八五六—一九三八）少時家貧，失學，入錢莊習賈。嗣以掛欠，被斥退。富戶朱某鑒其聰明伶俐，為納資報捐雜職，分省廣東候補，時年甫二十。旋入粵藩姚觀元（彥侍）署中，任書啟。光緒十年（一八八四），張之洞任兩廣總督，鳳昌夤緣充督署文巡捕（侍從）。日久受之洞賞識，升充文案，參預機要。光緒十五年（一八八九），之洞移督兩湖，遂隨赴武昌，益見信任，升充總文案。鳳昌讀書雖少，而記憶力強，且富忍耐性，工於迎合揣摩。與之洞朝夕相處，久而久之，極能了解之洞心性，悉其癖好，居然能代擬公牘，符合旨意，摹仿其書法，幾可亂真。光緒十九年（一八九三），大理寺卿徐致祥奏劾之洞辜恩負職，涉及鳳昌。查辦結果，之洞免議，鳳昌則革職永不敘用，勒令回籍。時官已保至直隸州知州矣。之洞對鳳昌所受處分，不免抱屈，特於武昌電報局給予掛名乾薪差使，常川駐滬，為其耳目。鳳昌於是與盛宣懷、張謇、何嗣焜、沈瑜慶、陳三立、湯壽潛、施炳燮等人結識。庚子拳亂，與諸人謀議，勸導張之洞參加東南自保。光緒末年，對於君憲運動，暗中復多鼓吹。時與主辦《時報》之狄葆賢（楚青），及江浙名流多所往還，互通聲氣。辛亥革命，南北議和，北方代表唐紹儀抵滬後，即挽鳳昌約晤張謇，暗示袁世凱如能被推為總統，則不難迫使清廷退位。鳳昌原與紹儀熟識，所居上海公共租界南陽路惜陰堂遂變為南北代表與同盟會要人黃興等，幕後商洽條件之所。迨孫中山先生返國，亦嘗與諸人相見於惜陰堂。而鳳昌則面陳滬漢情勢，及建國理財諸要端，頗蒙採納。關於當時爭執最烈之第一任內閣總理，必須由同盟會會員擔任一問題，竟然經鳳昌從旁建議由唐紹儀加入同盟會，即以會員資格當選充任，獲得中山先生同意，而告解決。蓋與會諸人認為辦法如此，雙方兼顧，紹儀可作孫、袁兩臨時總統新舊交替之橋樑，使南北統一，早日實現。鳳昌以此，亦遂被譽為『民國誕生之助產婆』云。南京臨時政府成立之際，漢冶萍（煤鐵）總公司主持人盛宣懷逃避日本，政府因即指派鳳昌代表官股出任該公司董事長。嗣以不同意以公司產權押借日款而辭職。尋與張謇、章炳麟、湯壽潛、熊希齡及江浙地方人士，於同盟會之外，組織『統一黨』，由張謇任理事長，章炳麟任秘書長，鳳昌任基金監。臨時政府北遷後，鳳昌反對『統一黨』黨部隨之北移，遂辭去基金監職，不問黨務。從此息影滬濱，以迄壽終。」

其中關於趙鳳昌的被革職永不敘用一事，學者孔祥吉在〈評一代奇人趙鳳昌及其藏札〉中認為，劉禺生在《世載堂雜憶》所記含混不清，大多是沿襲胡鈞所編《張文襄公年譜》所載，不排除為尊者諱、為親者諱的可能。而當時曾派兩江總督劉坤一、兩廣總督李瀚章按照徐致祥所參各節，查明據實具奏。李瀚章居官圓滑，不願得罪人，因此稱趙鳳昌非但無干預公事，反而「曾將洋行例送茶金，呈繳充公。」但劉坤一的調查報告說趙鳳昌「其人工於心計，張之洞頗信用之。該員雖無為人營謀差缺實據，而與通省寅僚結納最寬，其門如市，跡近招搖，以致物議沸騰，聲名狼藉。……不恤人言，罔知自愛，似應請旨即予革職，並勒令回籍，以肅官方。」這些評語不能說不嚴厲，正是導致趙鳳昌的被革職的主因。

趙叔雍之父趙鳳昌（1856-1938）

根據錢聽濤的資料說，趙鳳昌元配夫人洪元，生一女名汝歡，又名志仁，適蘇州潘一山。繼配夫人周南，廣東人，生女汝和，又名志道。早年就讀上海中西女塾，辛亥革命時到武漢參加救護隊，支持民軍，以後留美，與楊杏佛結婚。據《中國民權保障同盟》一書稱，楊杏佛遇刺時他們已離異，但仍去弔唁送輓聯。她一直活到一九七六年，才以八十七歲高齡在上海去世。她和楊杏佛生有兒子楊小佛，曾任全國政協委員，一直在上海社會科學院工作。

周夫人生子趙尊嶽，原名汝樂，字叔雍。趙叔雍可算是「名父之子」。在上海南洋公學畢業後，周夫人不願他隨姊赴美留學，遂從清末民初四大詞人之一的況周頤（蕙風）填詞。據況蕙風的女婿陳巨來在《安持人物瑣憶》中說：「趙老乃求朱（彊村）介紹，以叔雍執贄侍函丈焉，每年奉束修一千元（其後又有潮州巨駔之子陳蒙安（運彰）為弟子，年奉五百元）。時叔雍只十八歲，專以填詞為主，蒙安亦如之。當時況公為二人所改削之詞稿，幾潤飾十之八九也。余乙丑冬為況氏東床後，蓋屢見不鮮也。叔雍自列況門之後，將況公所著之《蕙風詞》二冊、《蕙風詞話》四冊、《證壁集》二卷等四五種之多，均由叔雍獨資付揚州姜文卿刻字店刊木版印成行世者，而他自己亦有《和晏小山詞》一冊附之於後。此和詞，據況公告我云：因感其刊印之功，故為之大改大潤者云云。」

趙叔雍對詞學有很深的造詣，撰寫了許多詞學方面的研究文章。一九九二年上海古籍出版社出版了趙叔雍輯《明詞彙刊》（又稱《惜陰堂彙刻明詞》、《惜陰堂明詞叢書》），彙集明詞兩百六十八種，是迄今明詞輯刻規模最大的叢書。趙氏搜輯明詞，始於一九二四年。他早歲師從況蕙風，蕙風輯《歷代詞人考鑒》已至元代，因明詞無多，難以繼續。趙氏承蕙風之業，遂立意於明詞之輯刻。至一九三六年，得詞林同道趙萬里、唐圭璋和著名藏家董康、徐乃昌、葉恭綽等相助，彙集當時即已罕見之本，「隨得隨刊，將三百家，各集均撰短跋為記」，即今《明詞彙刊》本。唐圭璋先生為之撰寫跋語評價說：「叔雍方彙刻明詞，逾二百家，珍本秘笈重見人間，尋三百年前詞人之墜緒，集朱明一代文苑之大觀。」而趙叔雍也自認為「執此以觀，則明詞非不繁富。惟因多附見詩文集，且有清一代，絕少搜輯之者，故未易獲其全豹。即此不圖，後更無及。充愚公移山之願，竟精衛填海之功，亦談茲道者所謬許乎。」可以說，趙叔雍對保存明詞原貌與全面搜羅明詞做了扎實的工作，為《全明詞》的編纂奠定了重要的基礎。

陳巨來又說：「據聞叔雍為南洋公學畢業者，趙以《申報》大股東，故叔雍得為該報總秘書名義，能指揮一切者（一說，只監察員名義云）。」對於此事，當時同在報界的金雄白說：「因為史量才從我鄉席子佩先生手裡接辦了《申報》，因『申報』兩字沒有在契約中規定一併讓渡，而史量才於接盤後仍以《申報》名義出版，為席子佩控於上海公共租界的會審公廨（俗稱新衙門），至被出票拘提。要了事，就得要錢，而那時的史量才，還是蠶桑學校教書的窮措大，接盤《申報》，還都仗羅掘與別人的幫忙，忽有意外鉅款的支付，自出於他能力之外。幸叔雍的尊人竹君先生與南通張季直出而援手，商之於蘇省當道（似為程德全），以省款支援，而事始得解。叔雍的進入《申報》服務，且甚得史量才的倚畀，是愛他的才氣，也所以報其先人的相助之德也。」

當年上海《商報》記者胡憨珠後來在《申報與史量才》一書中說：「終因申報在起出組織時期，以趙竹君與應季中兩人的主張最堅，出力最大，而出錢投資也最多，始得實現向席子佩手中，把《申報》接盤過來，從而使史量才獲遂主持辦理出版報紙的心願。如今他爭取得全部主權，擁有統一局面的《申報》以後可說是有志竟成，不過總算他吃飯尚未忘記種田人，於是他就把趙竹君的兒子趙尊岳（叔雍）與應季中的兒子朱應鵬，（案：應季中娶杭州朱御史之女，當說親時，議定係兼祧朱應兩姓，凡頭生之子必須為朱氏香火的繼祀人，此即應季中長子命名朱應鵬的原由）全被汲引進入《申報》編輯部做事。他們兩人都是所謂名父之子，亦各才華清茂，文采斐然。惟趙叔雍的賦性則聰穎敏慧，行為卻沖和靈活，而朱應鵬恰恰反之，他的生性則樸實無華，脾氣卻固執不化。是以史量才對此兩個故人之子，稍稍存有一點愛憎的偏見觀念。便也因此，他對趙、應兩家那筆立據的借款，趙叔雍需要用款時，立索即可立得如數。朱應鵬需要用款時，則屢索無著，故他常為此事感覺氣惱而在編輯室中，大發脾氣。」

一九二八年「五三」濟南慘案發生後，舉國憤慨，當時外交部長王正廷，以日人蠻橫無理，慘絕人寰，亟欲將日人之暴行，昭告於全世界，於是暗中策動上海新聞界發起組織國際新聞記者調查團，前往濟南實地調查，揭露日軍兇殘真相。當時記者調查團的成員為：上海四大報代表——《新聞報》的嚴獨鶴、《申報》的康通一、《時報》的金雄白、《時事新報》的趙叔雍（當時《申報》總經理張竹平代孔祥熙收購了英文《大陸報》與原為政學系的《時事新報》，又創辦了《大晚報》與《申時電訊社》，號稱四社，堅邀趙叔雍入《時事新報》助陣）；外國記者有英文《密勒士評論報》的鮑威爾、法文報女記者艷奴，及一名美國福斯影片公司的攝影師，一行七人。金雄白就是在此次的調查行動中與趙叔雍訂交的。據金雄白說趙叔雍給他的第一印象，就是十足的名士派。他說：「大連丸從上海出發，一路波平如鏡，我們總在傍晚時分，群聚在甲板上，欣賞燦爛的晚霞，享受襲袂的涼風。一天，正在倚欄閒談，而奇景出現了，表演這一幕奇景的就是叔雍。他整整齊齊的穿著一襲中國綢大褂，因為剛浴罷，竟然裡面未加寸縷，上海人稱外有長袍，而內無褻衣的叫做『雞籠罩』。這名詞說穿了不太雅馴，但是不失為最適當的妙喻。意思是長袍覆蓋於外，正如雞籠那樣的空自籠罩，其實內無他物，僅一白鳥鶴鶴而已。不料叔雍的隨便，而海風狡獪，卻故意弄人，一陣狂飆吹來，把他的長袍飄捲，於是鬚眉畢現，無所遁形，別人到也罷了，艷奴目睹到這一幕奇景，無心中看到了東方的白鶴，為之前仰後合，捧腹大笑。此後數十年中，我們還常常以雞籠罩來對他作為取笑的話柄。在我所寫《黃埔江的濁浪》一書中，曾述其經過，叔雍讀後，寄我詩云：碧海青天卅四年，艷奴蹤跡渺如煙。依前老我雞籠罩，每說風情尚惘然！後加小註云：『雄白兄敘近代史事，涉及舊遊，彌滋悵觸，作絕句貽之，用誌鴻爪。』叔雍那一份毫無造作而饒有風趣的名士派，在在處處都會自然流露。」

一九三一年春，史量才為進行《申報》的全面革新，先行實現了黃炎培所獻的組設「申報總管理處」之策。該處的組織成員，除史量才自任總理以外，基幹人員六人，計為總編輯的張蘊和，經理的馬蔭良，中文秘書的趙叔雍，英文秘書的錢伯明以及被邀來新入《申報》的黃炎培與陳彬龢。

一九三四年十一月十三日下午，滬杭道上——浙江海寧翁家埠，史量才遭國民黨軍統特務有預謀的暗殺，終年五十四歲。十四日，《申報》以醒目大標題刊出〈本報總理史量才先生噩耗〉及遺像，另趙叔雍撰寫〈哀悼史量才先生〉代替《申報》社論。如所眾知，趙叔雍自有其清茂博碩的才華，對於這篇訃告文字，他以清麗絕俗的優美詞藻，搆撰成如晉代文人雅士所作的小品文，從而寫出史量才的死因真相。胡憨珠認為該文雖未說明「匹夫無罪，懷璧其罪」的一點內情。但帷燈匣劍，蛛絲馬跡，已盡其隱約可見的影痕索跡之妙。才人筆墨，非常人可及。所以一般人說趙叔雍自史量才接盤《申報》之日起即已追隨史氏左右，他在《申報》館二十三年的年日過程裡，只是吃喝玩樂，並無有若何的特殊成績之可言，但憑此次史氏遇難之後，是他撰寫〈哀悼史量才先生〉的一篇《申報》社論，與革新史氏死後訃告文字的廣告設計兩事，已足以酬報館的慷慨養士之德了。

史量才死後，趙叔雍依然在《申報》。史量才之子史詠賡在陳彬龢的慫恿之下，雄心萬丈，在一九三八年三月一日，在香港發刊《申報》香港版。馬蔭良與趙叔雍等老臣都到香港指揮辦報，趙叔雍還擬就編輯部和經理部的名單，他以陳陶遺為總編輯，特別拍出急電到上海，調來孫恩霖與鄺笑庵兩人來港。使各人負責主編一版的任務，而後再配以自動前來投效的馮烈山與柯舞韶，以及陳彬龢所舉薦的湯建勳、王顯廷、陳賡雅等人組成編輯部。當港版

《申報》正式出版以後的一個多月，趙叔雍眼看經編兩部工作人員，都已上了軌道。於是，把編輯部交還給史詠賡和馬蔭良，才賦歸上海。

對於趙叔雍，朱樸（省齋）說得極好，他說：「珍重閣為詞學名家，梅黨健將，宦遊南北，三十餘載，上自光宣遺老，下迄當代鉅公，無不親炙交遊，文酒往還，因能熟悉掌故，言之有物……文筆綺綺麗，一時無兩，深為讀者所讚嘆云。」對於「梅黨健將」，金雄白就說：「大約在民國十三四年間，梅蘭芳到上海演戲，剛好《新聞報》的文公達也是個梅迷。……梅蘭芳一到，這《申報》與《新聞報》的兩枝健筆，就排日在副刊上大捧特捧，劇評而外，兼及梅之起居注，為捧角文字中前所未有之盛。」金雄白又說：「以後，在戰時，中國銀行在滬復業，董事中有馮耿光（幼偉），有吳震修，有叔雍，也有我，他們這三位，不僅是捧梅的健將，而且是梅的死黨。馮耿光人稱馮二爺，在他於民初任中國銀行總裁時起，就以梅的保護人自居，靡日不相見，無事不代勞，以致人們有不慊於梅者，說他是『背上駝個馮耿光，胸前抱個福芝芳』（案：福為梅之繼室），雖不免有失忠厚，但可見兩人關係之深之密。中國銀行銀行董事會中，有著如此三位的捧梅人物，對於行務倒像是虛應故事。形式上討論告一段落之後，就是你一句，我一聲的畹華如何如何，與小玖兒（案：為梅之子葆玖）的如何如何了。他們談得吐沫橫飛，讚不絕口，叔雍更往往雜以笑語，興會淋漓。這個行務會議，也無異於變成了梅蘭芳的座談會，我看到他們的痴態可掬，也發現了他們都不失為是性情中人。」

一九六一年八月八日凌晨，梅蘭芳在北京辭世。當時遠在新加坡的趙叔雍在得知消息的第二天，他用蘇東坡贈息軒道士韻寫了一首古詩悼念他，詩云：「投老隱炎陬，為歡憶少日。烏衣識風度，壯齒未二十。朝朝會文酒，夜夜巾車出。我甫欲南征，細語別樓隙。凡茲不勝紀，一擲拼今昔。忍哀對遺影，猶似蝨歌席。成連嗟入海，風雨徒四壁。」趙叔雍在〈世界藝人梅蘭芳評傳〉文中，還說：「我以前寫過不少梅先生的記載，很多是他的身邊瑣事，愛看的人，說寫得很有趣味，不愛的人，便說不談梅先生的劇藝，祇談他的生活，無聊之至。他們又哪裡懂得我的用意，原在列舉各種材料，供給人家研究梅先生的修養的用處呢。我敢再說一句，凡是治現代史的人，對於研究對象的重心人物，實在應該這樣做去，才有成績。不要盡憑大人物有些『違心之論』的演說和開會演說時『裝腔作勢』的鏡頭，來下批評，在他們，那些根本是一部份的業務，正和梅氏的舞台演出一樣而已。」

趙叔雍在抗戰中附逆是他一生中的一個污點，有論者指出，楊杏佛（銓）和趙叔雍是郎舊至親，楊被刺身死，叔雍頗受刺激，因而他於抗日期中竟參加了汪記偽府。對此金雄白認為「叔雍的參加汪政權，我也不以為是為了受他的姊丈楊杏佛受刺的刺激。淪陷區的慘狀是他目擊的，汪先生與竹君先生是故知，而與他又為吟友，公誼私情，又以他不羈的性格，遂以『社會上負有重望之人士』的身份而參與此歷史上悲劇的一幕。最初，汪先生在上海的機關報《中華日報》復刊時，他列名於評論委員之內，以後陳公博出任上海市長，由他登任秘書長，書生從政，應付上有時會欠於圓滑，有人所求不遂，曾出之以中傷之舉。事實上他的出佐公博，秘書長的職務不過是表面的，公博建立電台聯絡軍人，以與重慶暗通聲氣，知之而又助之者即為叔雍，所以公博在獄中所寫〈八年來的回憶〉一文中有這樣的記述：『軍事方面已和顧墨三（案：為顧祝同）和何柱國取得聯絡，大概今年五六勝間（案：指一九四五年），有一位姓楊的湘人，名字我也忘記，可以問趙尊嶽（叔雍名），奉陶廣軍長之命來見我商量，軍事合作，共同剿共』云云，足證叔雍之參加汪政府，並不是由於私人的意氣。」

金雄白又說：「叔雍於一九四四年冬，繼林柏生之後而出任宣傳部部長。那時汪氏已病逝日本，公博繼任主席，宣傳部在汪府中是一個重要的機構，大約經公博與佛海共同商量而始決定任命的。那時我正在上海主持《平報》社務，有一天晚上，我到佛海上海居爾典路的滬寓，不料高朋滿座，陳公博、梅思平、岑心叔、羅君強與叔雍等都在，佛海忽然笑著對我說：『叔雍將主管各報社而出任宣傳部長，你們是老友，你要不要向他表示歡迎道賀之意？』我聽到了這一消息，覺得有些突然，而且我以為以詞人而擔負行政工作也並不相宜，因自恃為故交，我過去拉了他一下袖角，拖他到無人的屋角，輕聲的對他說：『不久將酒闌人散了，你又何苦於此時再來赴席？』叔雍卻還是他那一副吊兒郎當的習性，他卻笑笑說：『你比喻得並不當，我是一向坐在桌邊在看人家打麻雀，此時八圈已畢，有人興猶未闌，而有人起身欲去，我作壁上觀久矣，三缺一，未免有傷陰隲，何苦敗人之興，就索性入局，以待終場。』他的一生行事，不論鉅細，也總是顯出他遊戲人間的名士行徑。」

抗戰勝利後趙叔雍也因此淪為階下囚，他和嚴家熾、汪曼雲、俞紹瀛、張韜及其婿譚仲將等均羈在上海南市車站路看守所，後來移到提籃橋監獄，家產惜陰堂也給沒收了。在監獄時，那些牢友總是愁眉相對，他卻能不怨天、不尤人，還是輕輕鬆鬆的那副老脾氣。他和梁鴻志還在監獄裡作詩，梁鴻志進提籃橋後的第一首詩就是給趙叔雍的，因為他們詩酒往還關係太深了。趙叔雍和梁鴻志隔室聯吟，用宮體詩十餘律，把陰森的監獄，描摹得恍惚成為紅牆碧瓦、雕欄畫棟般的皇宮。

服刑三年後出獄，他於一九四八年寄跡香江，阮囊不裕，先為中華書局海外編譯局的編輯，後又執鞭餬口，於香港文商專科學校任教。然而家庭變故接踵而至，先是他的兒子典堯一九五〇年在廣州病逝，傷明之痛，人所難堪。其夫人王季淑，係出福州望族（是當今文物大家王世襄的姑母），其曾祖父王雁汀（慶雲）遍歷中外，是清季名臣，伯父王可莊（仁堪）光緒丁丑狀元，父旭莊（仁東）光緒丙子舉人，著有《完巢詩稿》。因此季淑也工詩善書法，名士才媛當年在惜陰堂唱和，以趙明誠、李清照自況。伉儷之情本篤，不意為流言所傷，晚年竟至失和。不久，他不甘坐食，應了新加坡馬來亞大學之聘，在中文系擔任詞章教授，他寫給親友信中，有「寄跡南荒，索居苦寂，臨老作嫁，為飢而驅」之語。他常往來香港、新加坡之間，與饒選堂、曾履川多有唱酬。章士釗每次來香港，都與之會聚。一九五六年章士釗南來，所撰詩結集為《章孤桐先生南遊吟草》，叔雍為之經營出版，並撰文介紹了章詩的特色，還對章士釗南來的意圖有所披露，是值得玩味的文字。

一九六二年他的老友齊如山在台病故，趙叔雍寫了一首輓詩，題曰：「得如山大隱之耗，旬日始奉遺書，益增涕淚，題詩誌輓。」詩云：「驗封滴滴墨痕新，雪涕天涯已古人。著作平生戡偽體，多能一藝重斯文。舊遊深巷投門客，細字潛聲去國身，知更誰能倡絕學，不堪滄海幾揚塵。」以斯文骨肉之情，寫朋舊凋零之感，既傷逝者，行亦自念，其愴痛可知。

趙叔雍老去頹唐，客中寂寞，猶須嘔心與粉筆毛錐為緣。何以解憂，唯有杜康，因得黃疸病，延醫已遲，終至不起。他口占請友人代書的「絕筆詩」云：「病魔鬥藥事如何？萬苦千辛備一茹！夜擁重衾猶觳觫，晨看疏雨待朝蘇。危時擲命尋常事，垂老珍生是至愚。大好頭顱吾付汝，此中頗有未完書。」其女兒文漪註云：「先父病篤時曾欲捐眼睛頭顱贈醫院，時家人無在側者，為朋輩所阻。此為當時口占友人代書之絕筆詩，足見先父偉大之人格與豁達之天性。」至於「未完書」云云，應該他一直想寫而未能寫的「詞學源流」等書。

趙叔雍生於詩書門第，其父惜陰老人為其遍訪碩學之士，使其有所師承，加上他天賦聰明，得大詞家況蕙風之薰陶，卓然成家。詩文冠絕儕輩，駢文典麗、古文樸茂，而且手揮目送，下筆千言，不加雕琢，往往談笑中成之，其博聞強記工夫，令人傾服。至於他的為人，與他有四十年之交的金雄白稱之曰：「可愛處全在不拘繩墨的那一份名士風流，能豪飲、能談笑，一肚子的書，一肚子的當代名公鉅卿的遺聞軼事，說來莊諧雜出，使人聽而忘倦。」

趙叔雍故世前數年，曾說家藏文物如過眼雲煙，唯《高梧軒圖卷》，不知下落，引為遺憾！七〇年代此圖卷忽在香港出現，成為一件著名的文物。高梧軒為趙叔雍在杭州所築的讀書之所，因書齋正對花園，中有兩株高大的梧桐樹而名之。它的名氣雖不及惜陰堂響亮，但亦時見於文人的篇什。掌故大家高伯雨說：「原來老父專壑惜陰堂，而少主人則據高梧吟嘯，咳吐珠玉，名士風流，雛鳳清於老鳳矣。」《高梧軒圖卷》是一九二一年趙叔雍請蘇州畫師顧麟士（鶴逸）所繪，畫的本身沒有什麼特出之處，倒是題詠的人卻薈萃了一時的大名士，分別是況周頤、陳石遺（衍）、陳三立、陳寶琛、孫德謙、朱祖謀（彊村）、李宣倜（釋戡）、馮君木、周梅泉（達）九人，其所寶貴也在此。

趙叔雍書法

惜陰堂彙刻明詞記畧　趙叔雍

比數年來，從事於彙刻明詞，先就拙藏所及，再求之於各地公私書藏，乃至朋好之秘笈，隨得隨刊，將三百家。而竺磬同音，尚為日殷善本，全書殺青，少復有待。乃承損書見訊者，具問一切，為先述此，用作喤引。

一、輯刻之契機

十餘年前，竊探錄翰，尤愛金荃蘭畹之業。時時從況蕙風先生問學，乃得並承彊邨先生誨示，夜窗清課，訂律拈詞。蕙風先生嘗一日見語曰：詞籍單行，易多散佚，自汲古輯六十家，而集刻之風寖盛。彊邨叢書，網羅五代，迄於金元，精心校訂，尤為聲黨之大業。惜宋明以後，紹述罕聞，吾子有意者，曷勿溯源以沿流，竟此宏

一 「太白樓」詩人——冒效魯

冒效魯（1909-1988）手札

江蘇如皋冒家是我國近代著名書香世家。冒家先人是成吉思汗後裔，元亡以後，子孫流寓蘇北，佔籍如皋，改姓為「冒」。明代多有聞人，以冒襄（辟疆）名氣最大，他與方以智、侯方域、陳貞慧號稱明末四公子。明亡之後，冒辟疆在大樹上搭了一間「房」，住在裡面，自稱「巢民」，以示「足不履清地」，不做亡國之臣。他和秦淮名妓董小宛的風流韻事，更為人們所津津樂道。冒辟疆死後一百八十年而後有冒廣生（鶴亭），冒鶴亭乃清末民國初年一代名士、著名學者和詩詞大家。國學大師陳石遺稱吳汝倫、林琴南、冒鶴亭為「海內三古文家」；學者錢仲聯在《近百年詩壇點將錄》將冒鶴亭比為「天貴星小旋風柴進」。

冒效魯之父冒鶴亭（1873-1959）

冒鶴亭有五個兒子：長子景璋（字元美，一八九八—一九五八）、次子景瑜（字仲周，一九〇五—一九六一）、三子景璠（字效魯、孝魯，號叔子，一九〇九—一九八八）、四子景瑄（字季美，一九一二—）、五子景琦（字效庸、孝容，筆名舒諲，亦署舒湮，一九一四—一九九九）。五個兒子後來在各自的領域上都有相當的成就，但能傳其家學，當推冒效魯。

一九二七年秋，冒鶴亭有〈作詩一首示景璠〉，詩云：

我有五男兒，璠也得吾筆。書求南北通，字解形聲別。
近來頗作詩，我當示棒喝。詩家所領土，其大不可說。
仁智隨各見，取捨亦多術。墨守一家言，死法豈是佛。
熟典須生用，深思要顯出。哀樂發當前，學理積平日。
情有餘於文，脫手自汩汩。能令老嫗解，只在辭意達。
時賢務艱晦，終是智者失。雖或霸一時，久久忽焉沒。
作詩貴性情，一摑一掌血。如人腹中言，在我弦上發。
情真易感動，性至不磨滅。吾雖無異聞，告汝作詩訖。

沒想到當年只有十八歲的冒效魯，回了一首〈敬步家大人《示景璠》韻〉，詩云：

我生百不謀，所好在紙筆。頗甘皇甫瑤，略識金根別。
開緘發奇光，懍若西來喝。讀之既三四，妙處難與說。
璠常謬自許，治學疑有術。規規模古人，了知非聖佛。
陳陳而相因，傑特何由出？詩誠無益事，差勝愒時日。

但能抒吾情，赴筆應汩汩。此法亦匪它，理明辭自達。
語真貴易解，晦澀乃其失。苟與驚人句，終與塵埃沒。
胡為騁狡獪，徒取嘔心血。須如箭在弦，勢難遏不發。
猶當加以理，垂久冀不滅。再拜大人詩，三覆意未訖。

可見其才華於一斑。據冒效魯的女兒冒懷科說，她父親少時從近代學者王樹枬、湘潭袁思亮學經史、古文，十來歲時他寫的舊體詩深得康有為、陳寶琛、樊增祥等老一輩賞識，他常和胡漢民、章士釗、葉恭綽、夏敬觀、李拔可、趙堯生這些名士唱和。在冒效魯的《叔子詩稿》有〈次韻賦呈散原先生〉，就是給陳三立的，那是他十九歲的作品。

冒效魯原本讀聖約翰大學中學部，英文很有根底。一九二五年「五卅」運動後，由於對帝國主義的憤慨，他脫離了聖約翰中學，改習俄文，轉入北京俄文專修館法律系，五年後，即一九三〇年六月，以第一名畢業，時校名已改為俄文法政學院。之後，又進了以俄文為主的哈爾濱法政大學。一九三三年，他二十四歲風華正茂就隨同中國駐蘇大使顏惠慶赴蘇當外交官。他有〈隨使赴俄車過貝加爾湖作〉絕句兩首：

詩人每恨豪情少，躍馬冰天快一臨。
矗矗玉田三萬頃，雪花如掌動孤吟。

平生夢想茲湖月，皎潔能捫冰雪腸。
萬里長征今始辦，卻從車裏認明粧。

一九三四年五月七日畫家徐悲鴻在莫斯科舉辦「中國近代畫展」，此次畫展代表了中國近代繪畫的各流派，其中有徐悲鴻的作品及藏品、還有當代許多著名畫家的作品，如任伯年、吳昌碩、齊白石的畫作，也有從收藏家中借來的名畫。在紅場歷史博物院舉行，由俄對外文化局局長主持揭幕典禮，中國駐蘇使館人員都到場祝賀。徐悲鴻成為將中國傳統美術文化傳播到俄羅斯的第一人。展覽期間，徐悲鴻應邀到美協、美術院校演講受到熱烈歡迎，並與著名畫家涅斯切洛夫、版畫家克拉甫欽科、雕塑家梅爾庫洛夫結下深厚友誼。俄羅斯政府特將珍貴的以面模製成的列寧、托爾斯泰石膏像贈送給徐悲鴻。根據冒效魯的兒子冒懷穀的轉述，徐悲鴻為了答謝展館，應邀當場畫了一幅馬，他以國畫水墨畫為主要表現手段，又參用西畫的透視法、解剖法，用筆剛健有力，用墨酣暢淋漓，墨色濃淡有致，一氣呵成，四面生風馬蹄疾，一匹英姿颯爽的駿馬呼之欲出。畫畢徐悲鴻請冒效魯題詩其上。觀者均為徐悲鴻的畫意所傾倒，蘇聯騎兵出身的頓河地區傳奇英雄布瓊尼元帥情不自禁地提出渴望得到這幅畫，徐悲鴻也落落大方地成人之美。

一九三五年，蘇聯對外文化協會邀請梅蘭芳率團赴蘇演出。一九三五年三月十二日梅劇團抵莫斯科，據冒懷穀說：「家父冒效魯時任駐蘇大使館秘書，一九三四年五月為徐悲鴻畫展當翻譯，獲徐好評和畫馬相贈。這次顏惠慶大使指派他為梅蘭芳的全程陪同兼翻譯。父親博學善言，加上祖父和梅的交情，兩人無話不談，幾乎形影不離。當年梅先生四十二歲，冒二十六歲，又結成忘年交。同來的有戲劇界權威張彭春和余上沅兩教授。張彭春任劇團總指導，余上沅任副指導。梅蘭芳和張、余都安排下榻在都城飯店。張彭春是南開大學校長張伯苓胞弟，一九三〇年梅劇團成功訪美他功不可沒。張身高一米九，一口天津味的京白，見到來訪記者可謂口似懸河，行走如風，進門就像楊小樓的叫板，先聲奪人，氣勢不凡。張彭春受西洋文化浸潤頗深，好引用洋人名言，蕭伯納、易卜生等的話語常掛口邊，喜歡用中英文夾雜與冒交談。余上沅是湖北人，溫文儒雅，極有風度，比較寡言，和張彭春對比，一個溫醇，一個豪邁。張、余、冒經常與梅作伴。」又說：「戈公振對梅劇團訪蘇演出極其熱心，親自帶侄子戈寶權和家父同訪戲劇舞臺協會，對演出場所等安排做了大量工作。戈公振喜歡跳舞，常到都城飯店和胡蝶翩翩共舞。父親和戈寶權還陪梅蘭芳拜訪史坦尼斯拉夫斯基、丹欽柯，去卡梅葉尼劇院訪問塔依洛夫，去梅耶荷德劇院看梅耶荷德等演《茶花女》，去蘇聯影協看望愛森斯坦等，還看了近二十場話劇、歌劇和芭蕾。」

冒效魯有〈偕內子挈兒女遊莫斯科近郊阿汗克司格宮偶成一絕〉，詩云：

殿閣巍峨倚碧霄，豪華容易換漁樵。
摩挲不盡銅人淚，賸對斜陽細柳驕。

他的夫人賀翹華出身於名門書畫世家，賀翹華的父親賀良樸曾任北京大學書法研究會、北京畫學研究會導師，北京美術專科學校教授，擅長山水亦能詩詞。畫界曾有「北賀南齊（白石）」之稱。賀翹華學山水宗「四王」，人物學陳老蓮筆法，十七歲摹石田、石谷的山水卷，有張大千、謝稚柳等名人題識，並給予很高的評價。一九三〇年十二月與冒效魯結婚，一九三三年隨冒效魯赴俄。冒懷科說：「父親在蘇聯大使館任職期間，假期兩人周遊歐洲各國，母親還曾把萊茵河遊船上盡收眼底的風光畫了一幅寫生畫，送給當時在柏林休養的胡漢民，胡漢民高興地賦詩一首回贈。」胡漢民的詩為〈題孝魯夫人賀翹華萊茵河畫〉，詩云：

百戰山河史最誇，幾多樓閣水明霞；
丹青總是和平手，不羨葡萄入漢家。

一九三八年秋，冒效魯結束五年的駐蘇使館的生涯，取道歐洲回中國，在馬賽舟中，遇到錢鍾書夫婦，錢鍾書一九三七年在英國牛津大學獲副博士學位後，偕夫人楊絳赴法國巴黎大學從事研究，此時也正要回國。兩人一見如故，抵掌談詩，從此訂交，我們看《叔子詩稿》從馬賽舟中、紅海舟中開始，和默存、槐聚（都是錢鍾書的號）有關的詩篇不下二三十首，兩人的交情可見一斑。而錢鍾書的《槐聚詩存》與冒效魯唱和的詩也有近二十首。錢、冒相識，友誼保持終身，冒舒諲嘗云，錢鍾書於冒效魯有「使君與操」之感。一九三九年夏，錢鍾書從昆明西南聯大回到上海小住，時與冒效魯過從。錢鍾書甚至還說他的《談藝錄》得之於冒效魯的鼓勵而寫成的，他在〈小引〉中說：「友人冒景璠，吾黨言詩有癖者也，督余撰詩話。曰：『咳唾隨風拋擲可惜也。』余頗技癢。」而後來錢鍾書創作小說《圍城》，其中寫詩人董斜川說他「原任捷克中國公使館軍事參贊，內調回國，尚未到部，善做舊詩，是個大才子」，又稱「董斜川的父親董沂孫是個老名士，雖在民國做官，而不忘前清。斜川才氣甚好，跟著老子做舊詩」；復借趙辛楣之口介紹說：「董太太是美人，一筆好中國畫，跟我們這位斜川兄真是珠聯璧合。」楊絳在〈記錢鍾書與《圍城》〉中也承認董斜川「有真人的影子，作者信手拈來，未加融化。」據冒懷科說：「可是當父親『興師問罪』時，錢鍾書矢口否認，『可你硬要自認斜川我也沒有辦法……』錢鍾書明明編派父親，卻推得乾乾淨淨，兩人平時互開玩笑慣了。」但據鄭海凌〈銘記錢鍾書先生的教誨〉文中說，錢先生對他說：「《圍城》裡的一個人物，原型就是你的冒老師，你讀了《圍城》會認出他；你冒老師當年誇自己夫人漂亮，善繪畫，我曾在她畫冊上題詩：絕世人從絕域還，丹青妙手肯長閒。」錢鍾書自己也承認了。

　　冒效魯後來還是落水了，據文友黃岳年兄認為，對當日從龍歷史，當事人大多諱莫如深。依理推斷，則龍沐勛、錢仲聯的說項是一定有的，汪精衛招攬人才的心境也是必然的。當然更多的，則是自願。從當時龍沐勛、錢仲聯、冒效魯的交往，可窺見一二：首先一九四〇年四月二日，龍沐勛在南京汪政權成立後，馬上任立法院立法委員。一九四二年七月冒鶴亭來南京，曾在龍沐勛處借高麗本《樂學軌範》。同月十五日，《同聲月刊》二卷七號出版，有《橋西唱和詩》十二首，係龍沐勛、冒鶴亭、冒效魯等人集於李宣倜橋西草堂時之唱和之作。同年八月，錢仲聯來到南京，任教偽南京中央大學。十月，錢仲聯、冒效魯相偕過訪龍沐勛新居，皆有詩作述其事。錢詩云：「相投同味在茶馨」。錢仲聯於一九四二年十一月二十四日署理汪偽國民政府行政院參事，次年一月十九日實任，一九四四年又升任偽檢察院委員。冒效魯在一九四三年任汪偽國民政府行政院參事，次年七月十九日調任江蘇省第九行政區督察專員，一九四五年陳公博當政時，於一月三日調任江蘇省第一區行政督察專員，直至偽政府結束。一九八七年，冒效魯去世，同為偽府的同事好友錢仲聯作〈悼冒效魯〉詩，開頭兩句就是：「四十年前夢尚溫，燈邊南北兩王孫。」錢仲聯並自注曰：「君為成吉思汗裔，余為吳越王後。」因為冒效魯為如皋冒氏後裔，如皋冒氏不僅是蒙古人，而且還是成吉思汗的後代，所以冒效魯當然是「王孫」了。吳越王，即五代十國時吳越王錢鏐（即錢武肅王），他的後代，當然也是「王孫」了，因此有「南北兩王孫」之句。黃岳年又說，冒鶴亭曾對毛澤東說，他的第五個兒子舒湮去了後方，汪精衛曾找他要人。據此冒氏一家和汪精衛及國共高層都有極深厚瓜葛。按舒湮因投奔解放區甚早，結果後來建國後，和中共「不大搭界」的諸位兄弟都基本上平安無事，他則受了「都是革命惹的禍」。而汪政權垮台後，錢仲聯、冒效魯、呂貞白等人則隱居起來。

抗戰勝利後，冒效魯到西康工作了一年，他把在那裡所作的詩篇名為《邛都集》。錢鍾書曾為他寫過題識：「叔子出示《邛都集》，江山之助、風雲之氣，詩境既拓，詩筆大漸酣放矣。東坡云：『須知酣放本精微』，願君無忽斯語。與君文字訂交，忽焉十載，亂離復合，各感餘生。自有麒麟之閣，賞詩不羨功名。司空表聖有〈杏花詩〉，相遺魴鯉之書，遠客要慎出入。看將南行，記此為別，聊當車贈。丁亥（一九四七）一月」。他們兩人的交誼，一直維繫著，新中國成立後，錢鍾書在北京，冒效魯先在上海復旦大學外語系任教，並兼任商務印書館特約編緝及商業專科學校俄文教授。一九五八年為了支援安徽創辦安徽大學，奉調安大任教。兩人雖南北相隔，但仍不時寄詩唱和，冒效魯有詩云：

幾回北望倚危欄，袖裏新詩錦百端。
想得添香人似玉，薰爐一夕辟邪寒。

「文革」中，兩人的處境都很艱難，一九七二年冒效魯有〈憶槐聚〉詩云：

中書君豈不中書，考獻徵文政要渠。
悵望燕雲阻攜手，搖天鬢影嗒焉孤。

一九七三年，錢鍾書從下放「五七」幹校回京，曾與冒效魯聯繫，並以一首七律詩寄給冒效魯，這首詩很真切地反映了他們之間中斷歲月中所處的境遇及思想感情，詩云：

四劫三災次第過，華年英氣等銷磨。
世途似砥難防阱，人海無風亦起波。
不復小文供潤飾，倘能老學補蹉跎。
鬢青頭白存詩內，卅載重撚為子哦。

錢鍾書向冒效魯傾訴了有如知己的心聲，他們不因環境不同而改變，友道之重，可見一斑。

一九五九年大煉鋼時，高校掀起大學生自編教材以摒棄傳統教材之舉，冒效魯卻直抒胸臆，認為這是「拆了七層教學大樓蓋茅草房」，為此他戴上「右傾」帽子遭受批判。之後，他寫過一首七絕，歌頌魯迅精神，登在官方刊物《安徽文學》上，傳誦一時。詩云：

身無媚骨奉公卿，
筆駛風雷魍魎驚。
血薦軒轅真壯語，
翱翔千仞一雄鷹。

不久之後，政治運動一來，系內好事之徒便結合他平日的連篇「怪話」上綱上線批判，一口咬定這是一首「借古諷今」的反詩，以歌頌魯迅為名，行惡毒攻擊共產黨領導之實。

一九六二年秋，安大來了「極右」分子巫寧坤，巫寧坤曾就讀於昆明西南聯大外文系，一九四六年九月，他成為美國印第安那州的曼徹斯特學院唯一的外國學生，後在芝加哥大學研究院攻讀文學批評。一九五一年巫寧坤受燕京大學校長陸志韋邀請，放棄攻讀博士學位，回國從事英語教學。一九五七年「反右運動」中他被劃為「極右」分子，一九六一年在舉世聞名的清河農場勞改，餓得奄奄一息，終於獲准保外就醫，一九六二年九月起，受雇在安大外語系當「臨時工」，教高年級英語。冒懷穀說：「父親和他一接觸看到他不僅西學好，中文也好，不避他是勞教分子，交往頻頻。」

據巫寧坤在《孤琴》一書中，寫道冒效魯時說，「文革」炮聲一響，冒老不出所料就當上了安大的頭號「資產階級反動學術權威」。六月六日，合肥溽暑逼人，全校「革命師生」兩三千人，響應「橫掃一切牛鬼蛇神」的號召，深更半夜，兵分多路，殺聲震天，衝進幾十位教授、講師的寓所，把他們揪到廣場，拳打腳踢，罰跪在地上接受批鬥。當時他雖是「摘帽右派」的臨時工，也被揪出來批鬥，革命學生一路吆喝著，連推帶搡，把幾名老「牛鬼」押解到人山人海的廣場，加入黑壓壓的「牛鬼」群，接受狂呼亂罵的批鬥。冒老緊貼著他跪著，汗如雨下，全身抖索。等到散會時冒老已經站不起來了。他好不容易才把冒老扶了起來，目送他在淒然夜色中踉踉蹌蹌地摸回家去。

九月中，安大紅衛兵開始「掃四舊」。一天清晨，令人毛骨悚然的高音大喇叭，勒令全系十名「牛鬼蛇神」於當日上午九時到水泥球場接受批鬥。十名「牛鬼」又是由冒效魯領銜，巫寧坤敬陪末座。九時不到，其餘九名「牛鬼」已整整齊齊排列在球場中心，面前堆滿抄家的文物傢俱，四周觀者如堵，勝過傳統的「示眾」場面。紅衛兵頭目高聲怒斥外語系「牛鬼」搞資產階級復辟的滔天罪行，指著冒效魯的鼻子罵道：「冒效魯，你出身反動，在舊社會作惡多端，解放後黨和政府不咎既往，給你立功贖罪的機會。而你本性不改，拿著黨和人民的優厚待遇，正事不幹，寫反詩，搞四舊。這些從你家裏抄出來的封、資、修黑貨，就是你陰謀變天的鐵證。冒效魯，你還不低頭認罪嗎？」冒老面不改色心不跳，大聲答道：「觸目驚心，罪該萬死！」。批鬥會後，還要交代檢討，互相揭發批判。巫寧坤說：「聽冒效魯（已經無人稱他冒老了）檢討交代幾乎是一種享受。他的開場白很妙：『我姓冒，冒充的冒，我是一名死不悔改的反動知識份子，卻冒充什麼教授、詩人，真是恬不知恥。』交代起歷史來，一口『京片子』，侃侃而談，如數家珍，毫無愧色。可是結尾一定加上：『我的罪行罄竹難書，一死不足以蔽其辜。』有一天會下，我問他：『老冒，你一死還不能贖罪，欠下的罪誰來還呢？』他一面抽煙一面說：『唉，黨的政策是坦白從寬嘛！還不完的債還可以一筆勾銷吧。』隨即呵呵一笑。」

陳毅和冒鶴亭、冒效魯父子是有著兩代交情的。一九七二年陳毅病逝，冒效魯不顧「四人幫」可能的迫害，寄出了悼詩，詩云：

從容談笑卻熊羆，想見元戎未病時。
奮起戈矛寒賊膽，激揚鼓吹振軍威。
向陽矢葆丹心壯，謀國艱虞白髮滋。
磊落嶔寄胸似鏡，恨無彩筆狀英姿。

詩寄給周恩來總理後，周恩來在原詩的箋紙上，給陳毅夫人張茜寫了一封短信，把詩轉去：「張茜同志：這是如皋冒鶴亭老先生（已於一九五九年去世）之三子冒效魯來信附輓詩一首，寄你一閱，祝新年好！周恩來，一九七四年一月一日。」

一九七六年一月八日，周恩來溘然長逝。據林之鶴〈瑣憶冒效魯教授〉文中說，冒效魯來到還在接受審查中的林則徐後人林興的家。一進門，見到平時就懸掛在牆上相框裏的周總理照片，冒效魯頓時淚眼迷茫，凝視著總理遺像，極其鄭重而虔誠地致以三鞠躬，淒然地說「陳老總走了，周總理也走了。」此時的他，熱淚潸潸，哀思綿綿。他對周恩來、陳毅的感念之情可謂情真意切，非同尋常。其實周恩來與他也是兩代世交，周恩來的二伯父貽康（調之）和冒鶴亭是同科舉人，周恩來的六伯父嵩堯（峋芝）是晚冒鶴亭一科（晚三年）的舉人。上世紀五十年代末，冒鶴亭到北京五子舒湮處，周恩來聞訊後即趕去看望，敘舊。

一九八七年年底冒效魯在病榻上為夫人寫了一首詩〈病中贈內子翹華〉，詩云：

結褵將五紀，恩愛永相憐。
多病翻為累，殘年或可延。
兒孫欣繞膝，無酒亦歡然。
尚記濱江夜，馬蹄擾睡眠。

冒懷科說：「父親在病榻上追憶往事，表達了他對母親的深情和眷戀。一九八七年酷暑中，他還拖著手術後的病體為母親的四幀畫題跋，以紀念他們結婚五十八周年。可惜他沒有活到那年臘八，就撒手人寰了。」

冒效魯的《叔子詩稿》有〈登太白樓〉，詩云：

嘗怪詩人李謫仙，樓頭醉倒枕江眠。
千秋未睹承平盛，六億齊揮躍進鞭。
粲粲銅花光奪月，芊芊麥穉錦連阡。
神州湧現丹青手，競寫新圖拂素箋。

太白樓在安徽當塗，原名謫仙樓，是紀念詩仙李白的。太白樓位於采石磯西南一公里處，面臨長江，背依翠螺山，濃蔭蔟擁是一座金壁輝煌，宏偉壯麗的古建築。與湖南的岳陽樓，湖北的黃鶴樓，江西的滕王閣並稱「長江三樓一閣」，素有「風月江天貯一樓」之稱。因此安徽有太白樓詩詞學會，會長就是冒效魯。

冒效魯的詩，早就有名於當時。《冒鶴亭先生年譜》記載，一九三二年九月，「夏劍丞以評點先生三子景璠詩稿見還」。夏劍丞就是詩詞名家夏敬觀，他這麼評冒效魯的詩：「天姿高絕，能為辣手文章，漸去矜張之跡，出以平淡，則不可及矣。尊公謂為『枯瘦』，僕殊不謂然，但已掃盡浮詞耳，不得以為枯瘦也。」給予極高的肯定。

與冒效魯有著表兄弟之誼的黃宗江也說：「有大學問的人不一定能有大成就，這是有多種不同的客主觀原因的，或懷才不遇，或恃才傲物，或……我無能無須為三哥做結。總之，他也是個帶走了很多學問、很多思想、很多感情的人。他是個身未顯乃名不彰的人，或如語云：幽蘭在谷，無人自芳也。當然，也還有人，有學問的人欣賞他的，即如錢鍾書大師，如陳毅元帥，後者也常和他論詩，曾見諸文字……。」

一生兩世的漢學家柳存仁

柳存仁（1917-2009）

二〇〇九年八月十三日上午十一時十五分，國際著名的道藏學者——柳存仁教授，在坎培拉Calvary醫院病逝，享壽九十二歲。柳存仁是一位傑出的學者，但瞭解上世紀四十年代上海淪陷時期文學的人都知道，柳存仁曾以柳雨生之名，活躍於當時的文化界，是一附逆文人。柳存仁後來，對他早年經歷是諱莫如深的。有訪談者問起他抗戰期間在上海的歷史，他總是不著一語。他的友人對此段經歷也是避而不談。二〇〇七年四月十一日上午筆者在台北南港中央研究院文哲研究所參考書室見到已九十高齡的柳教授，身體還算硬朗，慈祥溫和，聊了一會他對小說史及道教史的研究，我邀其把近年發表的論文結集出書，他表示需要有時間整理，對於學術研究，他總是一絲不苟的。我當然也不敢觸及他的忌諱，談他早年的經歷。但歷史是不容回避的，尤其對於一個人，我們總不能稱頌其英雄光輝的歲月，而掩飾其怯懦不光彩的時刻，否則都是失真而不全面的。對於柳存仁教授，我也是做如是觀。他在淪陷時期上海文壇的失足，歷史自有其是非功過的評定；而他遷居海外，多年來一直在異域堅持研究和張揚中國文學與中國文化，成績斐然，這也是事實。從柳雨生到柳存仁，正反映出中國知識份子在二十世紀的時代巨變中的一種出處選擇。而「一生兩世」也正是他生命歷程的概括。

柳存仁（一九一七—二〇〇九），字雨生，後遂以字行。他說，存仁，是舅公左子興秉隆為他取的名字，至於雨生則是上海友人星卜家袁樹珊為他取的，袁樹珊說他五行缺水，遂取名雨生。先祖原籍山東臨清，十世祖自康熙年間即舉家移居廣州，遂常自稱「南海人」。父親為光緒二十四年（一八九八）廣東秀才，於一九一四年北京海關學校畢業後即在稅務處任職，並定居北京。柳存仁一九一七年八月十二日生於北京，幼讀《三字經》、《百家姓》、《千字文》，又續誦四書五經，至十三歲始畢，皆能背。《十三經》也看完數遍。柳存仁初讀於上海東吳二中，後學校停辦，乃轉學光華中學。柳存仁說：「東吳二中的王冥鴻先生，光華附中的潘子端（即潘予且）先生對我的知識都有過很大的啟發。」在中學時期，他喜偷看小說，決不擇選，遂常投稿於《禮拜六》及鴛鴦蝴蝶派雜誌，寫偵探小說，頗有聲名。其時，與舊文壇作家趙苕狂、范煙橋、尤半狂、程小青等人為文字交，而尤敬佩程小青。後多讀西洋文學書及國內新文學作家著作，尤喜魯迅、周作人、葉聖陶、老舍、沈從文、茅盾等作品，遂絕筆不再作舊小說。又改寫散文，投稿《論語》、《人間世》等刊物，於是得識陶亢德、林語堂、周黎庵、林憾廬諸人。

一九三五年柳存仁以上海錄取生末名考入北京大學中文學系，受知於鄭奠、羅常培、鄭天挺、孫楷第諸先生。他在〈漢園夢〉文中特別推崇鄭奠（石君），他說：「鄭先生在北京大學中國文學系教授了十餘年，家鄉本是浙江諸暨楓橋阮家埠，在北平就住在北大附近的五老胡同。他這一位頂和藹的恂恂儒者，面孔胖胖的，戴著玳瑁邊的眼鏡，身上穿著一件深藍布的長衫，滿身粉筆灰塵。他的著作極多，從來不允許在坊間的任何大書局出版，然而卻有自己的編纂計畫，每月案頭堆積的稿本積紙總可盈寸。據鄭毅生（天挺）先生告訴我，石君先生已經完成的著述——大部分都是研究中國文學的新的創業者的工作——的稿本已經超出五百種的數目，每種的卷數決不止薄薄的兩三本。他的未出版的論文集要的一部分的稿子，我曾經參加過標點分段，（約一百多篇），聽說另外一部分也有人拿去在清華大學採用。可是商務印書館的大學叢書委員的名單裡面，卻看不到鄭石君先生的名字。正好像民國初年在梁任公先生的口頭義務宣傳以前，即使在學人薈萃的北平，也沒有人注意到快閣師石山房叢書的著者姚振宗一樣。鄭石君先生假使不是比姚振宗的學問來得更見淵博功深，那麼，我想我應該替北京大學謙遜一點的說，鄭先生就是現代的姚振宗。」

除此而外，他在回憶北大的文章中，還談到胡適、錢穆等人。他一九九八年接受中研院文哲所楊晉龍的訪問時說：「其他也有對我有影響的，譬如像孫楷第，是中國小說史的關係；周作人，因為散文的關係；余嘉錫先生，因為目錄學的關係；還有鄭天挺，因為他教我校勘，諸如此類。胡先生跟我有一點私人關係，因為他勸我寫小說史的文字，而且第一篇就登在他編的報紙的週刊，就是我寫的關於陸西星（一五二〇—約一六〇一）的文章。那是寫得很粗糙的。那時我才大學一年級，我以為我也有一點小發現，寫了胡先生一定會刊出來，一定會說兩句好話；他沒有說，他說問題並沒有解決，還可以研究。我想了想覺得這也很公平，所以後來有相當長的時候我就繼續研究這個問題。本來那篇文章只有幾千字，後來我把它寫成一本書，而且是用英文寫的，所以這也可以說是受胡先生的一點影響。」

一九三六年十二月二十二日柳存仁給胡適的信云：

適之先生：

暑假前聽先生「中國文學史綱要」課，言及封神傳著者問題，曾說大概是揚州陸長庚作，後讀《獨立評論》，見先生與張政烺先生通訊，頗證此說。今年秋間，學生對封神傳與陸氏之關係的問題，甚感興趣；曾加詳考，頗有所獲。近日寫有一篇東西（約萬字）題為〈封神傳與陸西星〉。曾請孫子書先生（案：孫楷第）審正，孫先生並加意見及修改。大概這個問題，很近具體化，頗可成立了。因此說前曾由先生及子書先生提出，故生那一篇小文，並擬呈正，不知您有空暇可以抽出賜正否？便中敬懇示知為禱。專此，敬請

鈞安

學生柳存仁敬上十二月二十二日

後來他這篇文章在北大《文史週刊》刊出，從此他踏上小說史研究的慢長征程。他在接受楊晉龍的訪問時說：「我研究《封神演義》的作者，文學史上說的作者一直是許仲琳，沒有人認為是陸西星。可是我念大一時，有些學者，如孫楷第先生、胡適先生、張政烺先生也都發現了新材料，即《傳奇彙考》裡有一條講《封神傳》的作者是元朝的一個道士陸長庚。陸長庚實際上是明朝陸西星的號，他的名字的來源就是《詩經》上的『東有啟明，西有長庚』，所以他叫西星。後來我們又從方志，譬如江蘇《興化縣志》、《揚州府

志》知道陸西星是明嘉靖萬曆間一個科舉考試失敗的讀書人，後來去做道士，但詳細情形還不了解。但是如果你跟道教人物或道教的書多有接觸，關於陸西星的事知道的就會更多了。後來慢慢我就知道陸西星有一部書叫《方壺外史》，專門講男女雙修這一類的語言，因為是文言文，讀起來很麻煩。還有一部書即《南華真經副墨》，倫敦大學圖書館現藏的那一套還是我送的。他還寫些別的書，佛教的《續藏經》有兩、三種他的書，專門研究《首楞嚴經》，所以這個道士是傳統的讀書人，對佛教有興趣，因此要研究這個人，不得不有一點佛教及道教的知識。尤其是道教的東西對我有一點吸引力。」由於對《封神演義》作者的考證，使得柳存仁更進一步展開道教史的系統整理，後來他更成為道藏研究的著名學者，實肇因於此。

柳存仁在他的〈略傳〉中說他在北大期間，「嗜讀書，家中舊藏線裝舊書數十箱，在北大又日鈔書於圖書寮，嘗嚴冬中午斷食逾兩周，鈔畢海寧王忠愨公遺書。在校開始圈點正續資治通鑑及四史，凡二遍。二十四史迄未能讀完，好在富於春秋，一定不會不能讀。又讀皇清經解，作筆記，皆蠅頭小字。」

一九三七年蘆溝橋事變後，北京大學、清華大學和南開大學南遷長沙，後轉至昆明，組成「西南聯大」。但柳存仁並沒有隨校南遷，他轉至上海光華大學借讀，那時的光華大學校址本是在大西路，可在八・一三事變中被日軍炸毀，所以遷入租界，在漢口路證券大樓復課，柳存仁在此借讀兩年後取得北京大學文憑。他在接受楊晉龍的訪問時說：「我很佩服呂誠之（思勉）先生，他是我後來在光華大學借讀時比較接近的老師，……呂先生對同事和學生都很親切，私人間常有來往。星期天早上或中午，常有年輕的講師，如楊寬、童書業及少數四年級生來一起喝茶，喝茶大概自己要出錢的，目的就是見見面，談一談，所以呂先生我比較熟。還有一個老先生我很熟，即蔣竹莊（維喬）先生，他寫過不少佛教方面的書。他是佛教徒，他最有名的書，到現在還有人提的，叫做《因是子靜坐法》，就是一天到晚講導引，這書蔣先生學的是早年日本人岡田的程序。這個老師清末曾和莊俞先生替商務印書館編過國文課本，民國成立時他是南京政府教育部的秘書長，總長就是蔡元培。他提倡印《大藏經》、《磧砂藏》，如果說要印《道藏》，他也會贊成的。他教我的時候，好像接近六十歲，大概九十歲時才去世。」

柳存仁從三〇年代中期開始，就在報刊上發表文學作品，主要是散文；抗戰前主要在《東方雜誌》、《宇宙風》等刊物上發表有〈蘆溝曉月〉等散文。他說他早在北京大學時，就讀《宇宙風》，從第一期開始，很佩服「語堂、憾廬、知堂、豐子愷、周黎庵、何容、海戈、老向、郁達夫、沈有乾、廢名、渾介諸人的文字。」他說：「在八一三戰爭發生之後，我偶然的向宇宙風社的幾個刊物投起稿來，像《宇宙風・逸經・西風非常時期聯合旬刊》、《宇宙風》、《宇宙風乙刊》，都有過一兩篇我的塗鴉之作。」柳存仁在大學期間，一直想當大學教授，畢業後，果然在光華大學史學系、太炎文學院教書。上海「孤島」時期柳存仁主要在《文藝新潮》、《宇宙風乙刊》與《大美晚報》副刊等報刊雜誌上發表〈教書術〉、

〈介紹《老殘遊記》的新文獻〉、〈《封神演義》的作者陸西星〉、〈北大與北大人〉、〈漢花園的冷靜〉、〈自由之神〉、〈理想中的北京大學〉等文章，一九四〇年八月由上海宇宙風社結集出版散文集《西星集》。

一九四〇年夏，柳存仁在上海與姜小姐結婚，兩人愛情彌篤。同年八月二十八日赴香港，任前香港政府文化檢察官。在港期間，柳存仁說：「居恆寫文章，刊於《宇宙風》甲乙刊、香港《大公報》、《星島日報》、《天下事》、《大風》等，曾與鄒韜奮、茅盾、范長江筆戰，後自悔，即止。」期間，柳存仁得識許地山於香港。他說：「那時我對道教的研究還沒有粗淺的知識，雖然曾聽陳寅恪先生說及道教對中國文化的影響。」柳存仁認識許地山的時間很短，因為許地山在一九四一年八月四日就去世了。一九四二年三月十七日，柳存仁赴廣州小住，同年五月回上海從事寫作和文化活動，並以柳雨生之名活躍於當時的文化界。蘇青在《續結婚十年》書中就說潘子美（柳雨生）「他很年輕，聰明而有能力，從香港逃到上海來，給老父留住了，只得在此地做事，起先心裡本也不願意，但後來見上司都倚重他，他便不肯得過且過，以為有辦法的人隨時隨地總會有辦法的，故而大膽活躍起來。」

我們知道從一九四二年到一九四四年間，日本軍國主義的文化機構「日本文學報國會」策劃召開了三次所謂「大東亞文學者大會」，其用意是想對中國淪陷區文學實施干預和滲透，企圖將中國文學拖入「大東亞戰爭」裡。那是日本軍國主義對中國淪陷區實施思想控制和文化殖民化的主要措施。

據學者張泉《淪陷時期北京文學八年》一書指出，第一次大東亞文學者大會召開的時間是一九四二年十一月三日至十日，在日本東京舉行。參加的代表來自蒙古（三名）、滿洲（七名）、中國淪陷區和日本（包括台灣、朝鮮等日本占領區）。日本方面原本期望周作人、俞平伯、張資平、陶晶孫、葉靈鳳、高明等名人能夠參加，但實際與會的都是一些不太知名的人物：如華東的丁丁（丁雨林）、周毓英、龔持平、柳雨生（柳存仁）、周化人、潘序祖（予且）、許錫慶，以及日本顧問草野心平，華北的錢稻孫、沈啟无、尤炳圻、張我軍和日本華北駐屯軍宣傳顧問片岡鐵兵，滿洲國的古丁、爵青、小松、吳瑛，台灣的龔瑛宗、張文環等。而第二次大東亞文學者大會則是在一九四三年八月二十五日到二十七日，也是在日本東京舉行。中國淪陷區、滿洲、蒙古的代表共二十六人，除參加過第一次大會的古丁、柳雨生、沈啟无、張我軍外，還有田兵、吳郎、周越然、邱韻鐸、陶亢德、魯風、關露、陳寥士、陳學稼、章克標、謝希平、陳綿、徐白林、柳龍光、王承琰、包崇新、方紀生、蔣崇義及台灣代表楊雲萍、周金波等人，而日本的代表則有百餘名。

第三次大東亞文學者大會在一九四四年十一月十二日於南京召開。據學者王向遠《日本侵華史研究》的資料指出，日本派出的代表有：長與善郎、土屋久泰、高田真治、豐島與志雄、北條秀司、火野葦平、芳賀檀、戶川貞雄、阿部知二、高見順、奧野信太郎、百田宗治、土屋文明等十四名。中方參加人數則高達四十六名，其中「滿洲國」代表有古丁、爵青、田魯、疑遲、石軍、小松，還有加入了「滿洲國」的日本人山田清三郎、竹內政一，共八名；華北代表有錢稻孫、柳龍光、趙蔭棠、楊丙辰、山丁、王介人、辛嘉、梅娘、雷妍、蕭艾、林榕、侯少君等，共二十一名，周作人因「高血壓」而不能出席。華中代表有陶晶孫、柳雨生、張若谷等二十五名，其中有不少並非「文學者」，而是汪偽政權中的官僚政客。列席會議的還有當時在南京的日本美術史家土方定一、詩人池田克己、作家武田泰純和佐藤俊子，以及在中國開設書店的內山完造等人。

三次的大東亞文學者大會，柳雨生是為數不多的三次都參加者之一。根據一九四二年十二月一日《日本學藝新聞》發表的簡歷，柳雨生當時是擔任汪偽政府宣傳部編審和新國民運動促進委員會秘書。學者陳青生說，據當時傳媒報導，柳雨生與會期間多次發言，不僅就如何「樹立東亞精神」發表過諸如「吾等應由文學作品上使大家相親相愛」等具體「意見」，還提出「為設立東亞新文化體系，提倡東亞文化精神思想」而應當設立「東亞文藝獎金」、「每年頒發」的「提案」。在日本法西斯文人建議將「大東亞文學者大會」的決議對重慶廣播，「以促渝方文學家之反省」之後，柳雨生又建議，還要「以各地語言對華僑廣播，以示慰勉」。這些都是柳雨生對「大東亞文學」積極追隨的初步表示。首次赴日出席「大東亞文學者大會」之後，柳雨生又在日本周遊了一段時間，回國後，他便發表了〈異國心影錄〉等訪日隨筆。在第二次赴日出席「大東亞文學者大會」歸國後，柳雨生又接連發表〈告日本文學界〉、〈大東亞戰爭與中國文學的動向〉等文字。

柳雨生在〈異國心影錄〉中說：「我想，做人的道理，最高尚的是應該超乎以德報德的恩仇的觀念之外的，一個人是如此，一個民族國家其實也是如此。……懂得真正的大勇猛大精進的精神的人，一定能夠責己深切，對人寬恕的人。這種理想的人生，大約是人類所歷久追尋而決不致於被認為落伍的一種真理。」文中特別提到時任「文學報國會」會長的菊池寬的一篇小說舊作〈超乎恩仇之外〉，並大加讚賞。從一九三七年開始，菊池寬作為文人代表三次來到中國。一次是帶領二十二名作家到前線從軍；二次是到南京、徐州一帶視察戰況，採寫《西住戰車長傳》；三次是參加汪偽政權的成立大典。此外，菊池寬還多次以領導身份積極參加軍部策劃的「大後方文藝運動」、「日本文學報國會」、「大東亞文學者大會」、「大日本言論報國會」等為侵略戰爭歌功頌德搖旗吶喊的活動。柳雨生推崇這篇小說，另有用意。他說：「這篇故事的情節，是可以讓一個陌生的中國人去瞭解日本國民的生活和他們的人生哲學的。這篇故事的題旨，雖然是講的人與人之間的恩仇關係，可是我覺得國與國之間的關係，不論是理智的看法還是感情的衝動，也未嘗不可從這篇小說裏，悟出一番大徹大悟的道理」。柳雨生的言外之意是：當時日本的「進入」中國，談是為了幫助中國擺脫英美的奴役，為了中國振興強盛，因而，中國人民尤其是中國作家，在理智和感情上都應為感謝日本，放棄抗日，效法故事中的主人翁的「超乎恩仇之外」，與日本攜手實現「大東亞共榮圈」「美好理想」。在〈海客談瀛錄〉文中，柳雨生也公然鼓吹「大東亞共榮共存」思想。在此他說：「東亞之地域至廣，百年以來，被侵略被歧視而有待於解放之民族，亦極眾多。在此東亞地域內，必先安定民生，使各民族各國家之庶眾，均能得適宜圓滿之生活，有無相通，截長補短，而致力於經濟之提攜，文化之溝通，則一切主張，一切理論，始有確切之寄託，不致成為空洞，形同畫餅。」至於〈告日本文學界〉和〈大東亞戰爭與中國文學的動向〉等文章，對「大東亞戰爭」、「大東亞共榮圈」之類，更是直截了當，不厭其煩的進行讚揚和鼓吹。在淪陷時期聒噪一時的漢奸文學醜劇中，柳雨生的〈異國心影錄〉、〈海客談瀛錄〉及〈告日本文學界〉等，可以說是當時為數不多的漢奸文學作品的典型代表。

柳雨生更廣為人知的是創辦了《風雨談》。《風雨談》月刊於一九四三年四月在上海創刊，一九四五年八月終刊，共二十一期。學者陳青生在《抗戰時期的上海文學》一書中稱《風雨談》是「當時上海乃至整個淪陷區最引人注目的大型文學期刊之一」；學者封世輝在二〇〇〇年版的《中國淪陷區文學大系·史料卷》中稱其為「華中淪陷區最重要的文學刊物之一」。確實《風雨談》雖立足於上海，但輻射華北和華中淪陷區，吸引極多的南北名家，包括包天笑、秦瘦鷗、蘇青、予且、譚惟翰、文載道、周越然、錢公俠、譚正璧、陶亢德、路易士等上海文壇的知名人士，又有北方的文壇名家，如周作人、沈啟无、林榕、南星、莊損衣、朱肇洛、張我軍、聞青、李道靜、瞿兌之、徐凌霄、徐一士等。南京有紀果庵、龍沐勛等人。從作者的陣容而言，《風雨談》無疑是空前巨大的，據柳雨生說，共約一百十人，且「每人只書一名，若計筆名則不止此數，翻譯及轉載者俱未計在內」。

《風雨談》在〈創刊之辭〉中說：「譬如風雨之夕，好友三五，大家一塊兒，共話桑麻，聚談往日，究竟還可以算得是一件有意義有趣味的事。……我們願意多見瀟灑輕鬆的文字，少見沉重大文。」在第七期〈編後小記〉寫道：「可見純文藝的要求，在目前已不僅是作家編者單方面的要求，而是廣大而普遍的讀者們的主張了。」在第九期〈編後小記〉又說：「本刊的理想是一個純文藝的刊物，並非是一個綜合雜誌。」確實《風雨談》始終都是追求純文藝傾向的，柳雨生喜愛的作品是「在典麗之中見真實，於平淡之懷寄熱情」。《風雨談》的主要欄目有專著、評論、小說、散文、詩歌、戲劇等。主要作品有周作人、柳雨生等的散文，陶亢德、包天笑等的自傳或日記，予且、丁諦、柳雨生等的短篇小說，路易士、南星等的新詩，譚正璧、羅明等的劇本，譚惟翰、蘇青的長篇小說，以及應寸照的詩論等。學者唐倩特別指出柳雨生對於翻譯和介紹日本文學是積極的，《風雨談》的創刊號就刊載了谷崎潤一郎的〈昨日今朝〉和橫光利一的〈秋〉，並在〈編後小記〉中說：「谷崎潤一郎和橫光利一先生，在中國已是盡人皆知，簽名都是特為本刊作的，彌足珍貴。」第八期的「文壇消息」中，又說道：「日本著名批評家山本健吉近專為本刊撰寫文學批評兩篇」。隨後的第九期就刊登了山本健吉的〈論《超克於近代》〉。《風雨談》的「文壇消息」經常報導日本文學的動向和一些作家的行蹤，柳雨生在譯介日本文學方面是比較賣力的。

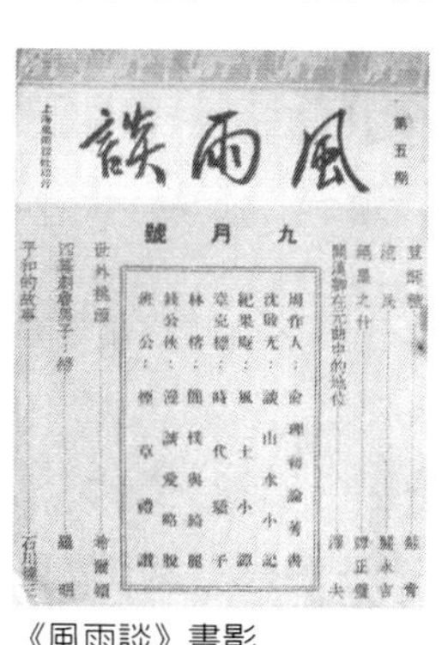

《風雨談》書影

上海淪陷後，柳雨生在上海的《雜誌》、《風雨談》、《古今》、《天地》、《太平洋周報》與北京的《藝文雜誌》等刊物上發表有〈入懷記〉、〈排雲殿〉、〈老鼓抄〉等小說和〈漢園夢〉、〈再遊漢園〉、〈海客談瀛錄〉等散文，後來結集出版有散文集《懷鄉記》（上海太平書局，一九四四年五月出版）和小說集《撻妻記》（上海雜誌社，一九四四年十一月出版）。柳雨生的散文，又被稱為「學者的言志的散文」，且以「詞句沖淡而熱情，文體整齊而不草率」見長。譚正璧當時曾說過，柳雨生的散文很受周作人的影響，但「也有不相似的地方」，周柳兩人的散文，「筆調同樣富於情致，但是周文沖淡而柳文溫厚，周文蘊藏而柳文顯露」。譚正璧認為，柳雨生當時的文學創作，是「散文比小說好」；而在兩部散文集中，「《西星集》比《懷鄉集》好」。他說：「這自然是為了他那〈《封神演義》的作者〉一文，對於我這個愛好研究通俗文學的人，感著別人所感不到的親切有味的緣故。」但《西星集》的作品均作於柳雨生參與漢奸文學活動之前。譚正璧的評論，固然有藝術技巧的優劣比較，恐怕也包含對於柳雨生在落水前後創作具有不同思想內涵的褒貶。

另外一九四四年柳雨生以敵偽資金接收「太平書局」，他說：「為出版界盡了一點微力，為讀者們擺上一個精神糧攤。太平書局這個名稱，在兩年前就已有了，原址在香港路，曾發刊過書籍畫報等讀物，後來主持的人，無意繼續

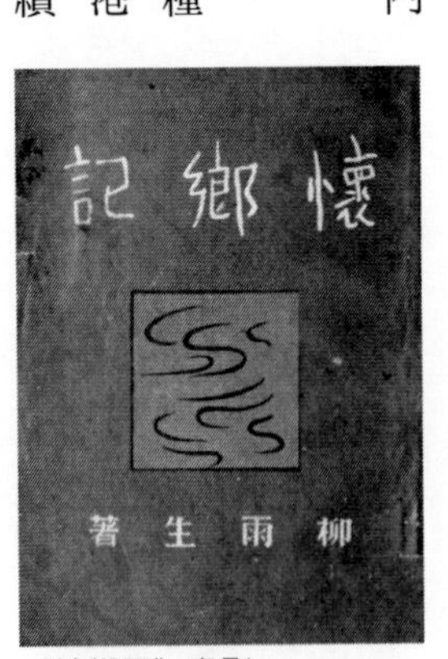

《懷鄉記》書影

經營，把它停辦了。」接收後一改以前疲軟的面目，與上海雜誌社成為淪陷區出版量及水準較高的出版單位。著名的有秦瘦鷗的《二舅》、潘序祖的《予且短篇小說集》和丁諦的《人生背喜劇》及譚正璧主編的《當代女作家小說選》，散文有蘇青《浣錦集》、紀果庵《兩都集》、文載道《風土小記》、周作人《苦口甘口》、《立春以前》等，還有楊之華的論著《文藝論叢》、路易士的新詩集《出發》等等。

凡此等等，使柳雨生成為淪陷時期上海漢奸文學活動的「台柱」之一。正是由於當時的這些具體表現，他戰後受到中國政府的法律追究，是被以「漢奸文人」罪名緝捕治罪的為數不多的作家之一。根據一九四六年六月一日的上海《申報》報導說：「昨日下午高院又宣判一文化漢奸柳雨生，通牒敵國、圖謀反抗本國，處有期徒刑三年，剝奪公權三年，全部財產除留家屬之必須生活費外沒收。」

抗戰結束後，一些附逆文人都被判刑，開始時極嚴厲，大都在五到十年之間，周作人初判十四年，紀果庵判了五年，但後來發現這麼嚴厲的判決引起淪陷區民眾的不滿，因此，二審時都判得相當輕，只要有學生、關係人等聯名證明沒有危害國家的行為，就改成相當輕的判決，如紀果庵，在獄中待了半年，就釋放了。與柳雨生情況類似的陶亢德，再經上訴後，改判一年三個月，緩刑兩年。於一九四七年九月十六日釋放。因此柳雨生不會晚過於此時間，甚至有可能半年一年時間就釋放了。

被釋放後的柳雨生來到香港，先後任教於香港皇仁書院和羅富國師範學院，從此轉入學術研究，並以柳存仁之名聞於世。董橋說柳存仁在香港任教時，寫古裝話劇《紅拂》、《涅槃》，和姚克合寫《西施》、《秦始皇帝》，和黎覺奔合寫《趙氏孤兒》。一九五二年柳存仁還在香港大公書局出版《人物譚》一書，他在〈序〉中說：「曩歲有一個時期，承一家日報之邀按週替它寫一篇短文，其中有讀史隨想，也偶然談到現代的人物；雖然是以人為主，卻還不十分拘束，有時候也談談制度、風俗，旁及零星的考證都說不定。所以，這裡所收集的幾十篇東西，由已經逝世的賢哲如魯迅先生，如章太炎先生，到並世的學者文士；由宰相、太監、國王到木牛流馬；由藝術家、戲劇家、畫家到世界羽毛球冠軍黃炳順，或是星卜家鎮江袁樹珊；偉大如釋迦、耶穌，渺小如廣州光孝寺的樹，也都在他閒談之列，它的範圍，真地不可說不雜矣。」該書的大部分內容後來加上新寫的「歐遊」文章合為《外國的月亮》於二〇〇二年由上海古籍出版社重新出版。

柳存仁在談到香港那段日子時說，由於香港政府並不承認北大學歷，況且那時的香港都是英國文憑掛帥，於是他常常都被人輕視，甚致遭人白眼。他在皇仁書院任教時，連他的坐位也有意無意的被安排靠近廁所。且在學生行畢業時，所有教師都穿上博、碩、學士服，但因他的學歷不被承認，故連學士服都不敢穿，只好穿上一套整齊的西裝觀禮，可是這一來，更成了強大的對比，充滿自尊的柳存仁不免更感難堪。於是他心裡更明白，既然這是一個英國學歷掛帥的環境，所以他決定在香港報考英國倫敦大學，幸好皇天不負苦心人，他考上了。從此他就一邊教書，一邊不斷的努力上進，且怕自己的英文不夠好，於是每天都努力的背英文字典。最後他在一九五七年，寫成了他的博士論文，雖是研究中國小說，可內容主要的還是考證《封神演義》的作者，然因當中涉及到佛教與道教，故最後中文定名為《佛道教影響中國小說考》（*Buddhist and Taoist Influences on Chinese Novels*）。也因這論文，柳存仁獲得了英國倫敦大學哲學博士學位。柳存仁說，住在倫敦總是要做點事，所以他就寫了那本《倫敦所見中國小說書錄》（*Chinese Popular Fiction in Two London Libraries*）「其實是一本英文書，那本英文書就把我所見的英國博物院、英國亞洲學會所藏的明清小說，大概都看過了，每一本都做了提要，提要只表示看見什麼而已，並不是我要拿它跟什麼比較。」

一九六二年柳存仁被澳洲國立大學聘為中文系教授，從此他就定居澳洲，更與澳大所藏的一批許地山中文藏書結下不解之緣。許地山是研究「道藏」專家中的專家，陳寅恪在〈論許地山先生宗教史之學〉對許的宗教史研究非常推崇：「寅恪昔年略治佛道兩家之學，然於道教僅取以供史事之補證，於佛教亦只比較原文與諸譯本字句之異同，至其微言大義之所在，則未能言之也。後讀許地山先生所著佛道兩教史論文，關於教義本體具有精深之評述，心服之餘，彌用自愧，遂捐故技，不敢復談此事矣。」以陳寅恪在學術界之聲望，自是一言九鼎，由此也可見許地山佛、道研究的成果。許地山對道教之研究，據其弟子李鏡池言，是從大學念書起，已有二十五年之工夫了，他曾積二十五年之學歷，想要寫一部《道教史》，可惜只完成《道教前史》共七章，一九三四年六月由商務印書館出版。另外還有遺稿七章，為前史之續。一九四一年六月商務印書館出版他的另一道教論著《扶箕迷信底研究》。可惜天不假年，許地山在一九四一年八月去世了。他死後，他的家人打算返回中國大陸定居，所以將他的藏書暫時托存於香港大學圖書館。沒想到十年後，在一九五一年新建立不久的澳洲國立大學派人在亞洲購書，於是許地山的中文藏書被購往澳洲國立大學圖書館典藏。柳存仁到澳洲國立大學任教後，對此批沉睡在塵封中的書，更是愛惜，他花了兩年時間，把一千一百二十冊的《道藏》看完，寫了五十冊《閱道藏記》的筆記，從此他潛心研究——道藏，最終成了近代研究「道藏」專家。

柳存仁於一九六六年澳大亞洲學院的中文系主任和講座教授，曾兩次被選擔任亞洲學院的院長，直到一九八三年退休，又被選做全大學的研究員（University Fellow）。在二十年間的工作歷程中，他曾被邀到美國哥倫比亞大學、夏威夷大學、哈佛燕京社、巴黎大學、香港中文大學、日本早稻田大學、馬來亞大學和新加坡大學做訪問教授和訪問研究員。他在談到去美國的時候，說：「有一個朋友叫房兆楹，本來是我大學圖書館的副館長，也教目錄學的課程，是清史專家。他到美國要編明人傳記字典，他跟哥倫比亞的同事來信說請我去教書，同時要開一個明朝思想史的課，他們就請了日本的岡田武彥及香港的唐君毅等，就這麼四五個人，日本方面後來還請了一個酒井忠夫。……到了美國就在紐約住下來，所以我認識陳榮捷、夏志清、劉子健等人。當時我在班上講一些明代道教和思想史的題目，從校外來聽講的有杜維明、陳學霖等，都比我年輕，還有來問問題的。……我有時也到別處演講，就多一點錢，多認識一點朋友，附近的幾個大學都去講過。我自己用《道藏》的材料講書，就在這個時候。」「十幾年前我去過哈佛，請我去的就是楊聯陞，我們兩個人本來打算合寫一本書，後來因為楊聯陞先生生病要住院，我就一個人寫了那一本書，即唐玄宗、宋徽宗、明太祖注的《道德經》的研究。」

柳存仁曾獲韓國嶺南大學、香港大學、澳大利亞墨篤克大學及澳大利亞國立大學頒贈名譽文學博士學位。他還是英國及北愛爾蘭皇家亞洲學會會員，也是澳洲人文科學院首屆院士。一九九二年獲澳大利亞政府頒發的AO勳銜和勳章。也曾受邀訪問台灣中央研究院文哲研究所，並作講演多次，一九八四年又曾應北京中國社會科學院宗教研究所的邀請在該所講道教史及訪問，一九九八年五月他在北京大學湯用彤講座講演〈漢末的張天師是不是一個歷史人物？〉。

柳存仁有深厚的國學根基，讀大學時曾受教於錢穆、羅常培、孫楷第等著名學者；又精通多國語言，受到西方學術研究方法的影響，在學術研究方面取得了許多突破性的成果，著述甚富。一百二十餘萬字的《和風堂文集》三冊（上海古籍出版社，一九九一年）及其續編《和風堂新文集》二冊（台北新文豐出版社，一九九七年）及《道家與道術》（上海古籍出版社，一九九九年）等，集中反映了他主要的學術成就。錢鍾書稱柳存仁為：「高文博學，巍然為海外宗師。」余英時說：「柳先生在中國學術的博雅傳統方面具有深厚的修養；他同時也承受了清代以來經、史研究所發展出來的一切專技訓練，如訓詁、校勘、目錄、版本之類無一不擅其能事，但其治學方式則徹頭徹尾是現代的。這一點特別表現在他的專業精神上。他選定了小說史和道教史為專業之後，便全力開拓這兩個知識領域的疆土。」例如他對《西遊記》的研究，雖然他曾撰有《吳承恩傳》，但後來他面對《西遊記》書中的結構和文本的「全真味」，面對宋元明全真教史中的大量資料，多層次全方為地證明了《西遊記》從構思、演衍到撰稿，均與全真教有關連。作為對道教各派文獻都很熟悉的柳存仁知道元明以來的全真教特別講究「內丹」修練，全真教創始人王重陽及「七真」都有一批「丹詞」。於是柳存仁從《西遊記》書中的詩詞，找到它源自全真教的「丹詞」，這是非常強而有力的「內證」。柳存仁從而提出《西遊記》有一個全真教古本，確是近年《西遊記》研究中的一大創獲，它實際是對「吳承恩作」說的致命一擊。同時對當年柳存仁的業師胡適在《西遊記考證》所說的：「《西遊記》不是元朝的長春真人丘處機作的」，兩者「完全無關」，也是一大挑戰。但正如余英時說的：「他以專門學問為主體，『因人所已知，告其所未知』，故每一篇論文都有『新發現或新解釋』。他『在前人的業績上去蕪存精』，故往往能改正前人的錯誤，包括他以前業師的錯誤。因此中國小說史和宗教史這兩門學問都在他的手上獲得了長足的進展。」

作為華人漢學界「宗師」級的人物，柳存仁的治學之道，除了記憶力驚人之外，僅僅是「認真」兩字而已。余英時也歎美其治學精神說：「他的著作，無論是偏重分析還是綜合，都嚴密到了極點，也慎重到了極點。我在他的文字中從來沒有看見過一句武斷的話。胡適曾引宋人官箴『勤、謹、和、緩』四字來說明現代人做學問的態度，柳先生可以說是每一個字都做到了。」柳存仁雖已九十二高齡，但無時無刻不在做研究，據晚年與他有通信的林耀椿兄告知：「老先生一生為學術努力，歸道山前還在為他寫的《丘處機傳》拚命撰寫。」實在令人感佩！

一位「落水」的名編輯家——陶亢德

陶亢德（1908-1983）創刊的《宇宙風乙刊》書影

他一生編過（包括主編、合編和參與）二十多種雜誌，而且都享有盛名；他還開過出版公司，出了不少好書。曾和他一起辦過雜誌的周黎庵說他胸懷大志，「要不是抗戰發生致遭挫折，說不定會成為王雲五或鄒韜奮式的人物」。但就在民族存亡之際，他失足「落水」了，從此他成了只是在魯迅、周作人、林語堂的研究中，被提及的名字而已，他的生平事蹟，編輯成就，都被人們刻意地迴避及掩埋了。他就是陶亢德。

陶亢德（一九〇八—一九八三），原名陶光燮，浙江紹興人，亢德是他常用的筆名，還有徒然、哲庵、室暗等。陶亢德出身貧寒，早年在蘇州做學徒，雖然是學做生意，但對文學有興趣。他後來在《風雨談》第九期的〈自傳之一章〉文中說：「我也曾在蘇州和幾個友人試辦過一個行銷未離當地一步的小小刊物。刊名叫做《白華》，主持人為其時筆名王墳的朱雯兄，同志有邵宗漢、周新二兄及東吳大學的幾個學生。其時我正在做文人夢，辭掉了可以按月領薪供膳供宿的職務，一個人偷偷的住在異鄉，嘗試賣文度日的生活。這生活是夠苦的，雖不至衣食不繼，總須日愁夜愁，天天盼望有雜誌社覆信給我，信上寫著『大作可以發表』。而事實那時候我的大作，能夠發表的正是十不得一。不過那時候年紀輕，吃苦奮鬥視作當然之事，又無室家之累，更在發文學狂，所以能夠什麼都不顧到，反視美孚燈下寫小說，打汽爐中自己煮半生半熟的僵飯，為清標絕俗的雅事，自認前途無量。在這種似癡似狂的心境之下，對於《白華》的出版正覺興高采烈，和朱雯兄跑印刷所看校樣，催宗漢、周新他們寫稿，自己胡謅什麼燈下小品，大有樂此不疲之概。《白華》的印費記得是由朱兄負責籌措，有幾篇名家如朱自清、蘇雪林的文章，也是他一手拉來，好像沈從文也有文章來過。原來朱兄那時候已是曾孟樸先生父子主辦的《真美善》雜誌主要撰稿人，和蘇、朱、沈已有文字因緣，所以能夠拉得他們的文章增光篇幅。宗漢也常在《真美善》發表小說散文，我之與他們兩人相識論交，也因曾在《真美善》投過一篇小說得荷發表，同時大家又在蘇州。《白華》的壽命極短，蓋其時刊物讀者無多，又是內地出版，雖名家捧場，終無補於銷路，一共出了幾期現在已經忘得乾淨，刊物則恐連最費心血的朱雯兄也不見得有存了。」（筆者案：《白華》旬刊於一九二九年十一月十一日創刊，一九三〇年一月二十一日終刊，共出八期。）

《白華》停刊後，到了歲暮天寒家裡來信催歸，陶亢德在雪地冰天中回到故里。到得陰曆新年，一個幾十年未曾回家一次的表兄返鄉省親來了，陶亢德的父親要他和表兄同往瀋陽找事做去。他的表兄是遼寧財政廳的一個科長，他就給東北大學設法找事，但因不催促而沒有下文，又給電車廠設法，結果也因不催而無成。陶亢德說：「事情反正急不出來，住在他家裡又有喝有吃，連衣服也有人給我添配裁製，我也就閒散起來，有時到鼓樓的新書店裡買點文藝書籍，到青年會看看上海報紙，……記得有一次去青年會看報，在閱報室的廊柱上貼有《生活》週刊的廣告紙，還註明該會經售字樣。……我自然就立刻買了所有的幾期趕快跑回寓所細讀。讀完之後寫了一篇遼寧通訊寄去。當時也不過一時興起，至多想博取一點稿費罷了，誰知出於意外，回信不久即來，除說『大作可以發表之外』，還請我多多通訊，措辭極為誠懇。」《生活》週刊後來又請他當特約通訊，條件是：月酬三十元，字數在三千以內；如發表字數超過三千，當另行致酬。而就在這個大好消息來了後一兩天，他的表兄也替他找到財政廳第三科科員，月薪為「現大洋」六十元，並且年底另有半數的分紅或獎勵金，而且只要幹得好，未來還有出任小縣稅局局長之望。福既雙至，眼看諸事大吉，只是他只做了七天，古時有五日京兆，現在他只當了七天的科員，因為「九一八」事變爆發了。

回到上海，陶亢德打了電話給《生活》週刊的鄒韜奮，希望他能撥冗一見。「臨別時殷殷囑我撰文，並說稿費可以先付。後來我寄了二篇小文給他，一共拿到八十多元稿費，這數目在當時於我是一筆大收入，在刊物稿費中也是十足厚酬。」後來陶亢德加入《生活》週刊編輯部，並以「徒然」的筆名撰寫「望眼鏡與顯微鏡」一欄。在《生活》週刊的近兩年時間裏，可說是陶亢德的學習期，他耳濡目染，練就了從編輯到拉稿，從讀者到廣告的辦雜誌的絕技。

一九三二年九月十六日，邵洵美與林語堂合辦《論語》半月刊。說到《論語》這份雜誌，一般人都將它歸功於林語堂，但實際上就和《論語》關係的密切程度，邵洵美實不亞於林語堂。除了出版發行和一切雜務瑣事都由邵洵美的時代書局包攬外，雜誌的盈虧也全部由書店承擔。在資金方面，林語堂一開始出了一些，第十期後就完全由邵洵美獨資。至於編輯人選，最先幾期，先後由章克標、孫斯鳴實際負責，到了十幾期，方由林語堂接替。邵洵美說：「這時候《論語》已日漸博得讀者的愛護，銷路也每期激增。林語堂先生編輯以後，又加了不少心血，《論語》便一時風行，『幽默』二字也成為人人的口頭禪了。」後來林語堂讓他的哥哥林憾廬參加《論語》編務後，由於雜誌暢銷便向章克標要求提高編輯費和稿費，章克標因對林語堂將自己的兄弟調入雜誌社有意見而責罵林語堂分明「是把《論語》當成了自己家的菜園子……是個門檻精」。因此，兩人關係惡化。正巧此時良友圖書公司準備辦刊物，林語堂便以承包方式為良友辦《人間世》，於是在二十八期後林語堂辭去編輯工作。一九三三年十月，由於鄒韜奮對邵洵美的推薦，陶亢德接替林語堂成為《論語》主編，自第二十八期至八十一期，歷時近兩年。一九三四年四月林語堂創辦《人間世》，陶亢德便又兼任了《人間世》的編輯，與徐訏一起成為林語堂的左右手。

由於在《論語》與《人間世》，林語堂、陶亢德只是負責編輯，並不能完全施展拳腳。於是林語堂提議單獨創辦一個刊物，自己當家作主。一九三五年九月十六日，林語堂與陶亢德共同出資創辦《宇宙風》。《宇宙風》因為完全是自家事業，陶亢德也格外賣力。陶亢德在〈知堂與鼎堂〉（一九四三年《古今》第二十期）文中說：「這雜誌我是把他當作性命看待的，決心要辦他成為一個『精彩絕倫』的散文半月刊。」《宇宙風》的刊名取自海戈（原名張海平，四川人），因為當時正在上演梅派的戲《宇宙鋒》，改鋒為風。周黎庵談到海戈說：「《宇宙風》的大名，是由他想定的。當日一念之想，不料出版後風行宇宙，這三個字的應用，何止數十百萬次之多，『肇錫嘉名』，實是他一件得意的傑作。」

實齋在〈閒話陶亢德〉（一九四四年《天地》第四期）文中就說他八年前與陶亢德初相識的情景：「大約是在民國二十五年，那時陶公正在開始創辦《宇宙風》，記不得為了接洽一件什麼事，我赴愚園路宇宙風社看他，社內有寫字台三四具，他坐在居中一具，面南伏案貼樣，見面後他立了起來，說道：『請坐，請坐。』我還沒有坐下，他已面南坐下，繼續伏案貼樣，忽而用尺，忽而用刀，狀頗緊張。我暗暗詫異，心想哪有約了客人來而置之不理的。約莫過了十數分鐘，大約是貼好了，方才轉過身來驀地發言道：『你是否主張罵人？』我說：『只要罵得好，像魯迅那樣，那麼似也未始不可。』他說道：『我是不贊成罵的。』言下很是直截堅決，我心裡又暗暗詫異，心想哪裡有初次見面立即與客表示異議的，那是我識陶亢德的開始，記得那次見面絕對沒有經過所謂『寒暄』那步手續，以後屢次會見，也是絕未寒暄的。且說那次的初會，過了數十分鐘，所約的幾位都到齊了，陶公立即興致勃勃的詢問諸人道：『今天該是誰請客吃飯？』結果議定預支稿費，赴九江路的狀元樓去小吃。在電車上乘客相當的擁擠，亢德見有一個空座，立即跑去佔了，毫不客氣。在車上我開始端詳陶亢德這個人：他頭戴一頂半新不舊的呢帽，坐在電車的角裡低著頭似笑非笑的似乎在盤算什麼；在室內時倒不覺得，在電車上他那麼坐著，看去生得很是短小，配著那個聰明臉孔，確乎當得『短小精悍』四字。只是看他那個較常人略大的鼻子，鼻尖二邊又似乎長著很多的紫斑，又見他低頭深思之狀，心裡有點害怕，直覺地感到這個人必工心計，倒須小心提防才是。」

後來實齋與陶亢德交往既久，印象也隨之改觀，他說：「聽說他是小學也未曾畢過的所謂『孽』的，可是如今非但能文，而且能讀日文，又能讀英文。有一次我自他的三樓寓所辭出，跨下樓來，見梯邊倒散著一堆破舊書籍簿冊，其間有一本練習簿，順手揀了起來一看，寫的似乎是法文，我便驚問主人：『這是你的嗎？』主人哼了一聲道：『我學過一點法文的。』我自扶梯上一檔檔的跨下來，心裡一邊大為感動，一邊又深為嘆惜，一路思量天下竟真有這樣好學的人，這不是元的《儒林外史》裡的王冕再世了嗎？」。

據周黎庵說《宇宙風》的銷量，曾達到了四萬五千份，位居《生活》週刊（十二萬份）和《東方雜誌》（八萬份）之後，名列全國雜誌第三，也是文學刊物的冠軍。而在一九三六年八月十日林語堂到美國定居了，其時距《宇宙風》的創辦還不到一年的時間。林語堂雖仍不斷地給《宇宙風》寄稿之外，雜誌的編務，早已由陶亢德負責了。

從《論語》到《人間世》，再到《宇宙風》，陶亢德一直遵循林語堂的辦刊宗旨，他在一九三四年一月的《論語》第三十二期〈新年致詞〉曾說：「孕育《論語》者林語堂先生，鞠育愛惜使之成人者林語堂先生，是語堂先生之目的即是我努力之的。讀語堂先生文（第三期，〈我們的態度〉），讀語堂先生函（二十八期，〈與陶亢德書〉），與語堂先生談（在我記憶中），我可以說他孕育《論語》之目的，全在於聚『好友幾人』，作『密室閒談』，全無道學氣味，而所談未嘗不嬉笑怒罵，而斤斤以陶情笑謔為戒也（見〈與陶亢德書〉）。在簡言之，就是對中國現實說幾句老實話，對自己理想坦白道來，提倡幽默，使好哭好呻吟的中國人能作健全的笑，如此而已，固未嘗掛過主義招牌，樹過營寨旗幟，示人以救國之道（見二十九期，〈群言堂答扉先生書〉）也。」

《論語》和《人間世》的編輯經歷，使陶亢德在上世紀三〇年代的期刊界嶄露頭角，更重要的是結識了文壇上眾多的成名作家。比如魯迅、周作人、老舍、郁達夫、豐子愷、朱自清、郭沫若、馮沅君等一大批成名作家，都在此時有了接觸。陶亢德後來在一九四三年發表的〈談雜誌〉（載於《風雨談》第一期），談到名作家和雜誌編輯的關係時說：「一個名作家之為名作家，決不是得來全不費功夫的，就是他們不肯給我們的雜誌撰文，我也要一樣的敬之重之，何況他能惠然賜稿，更何況源源賜稿。……然而要能得到一個名作家的源源來稿，這作家倘非你的至親好友，那麼你得先把你的雜誌編得像個樣子。」而「一個雜誌的編者對於作家究應如何，我是不學無術的，我只知道尊敬他們，無論有名與否，一視同仁。」他說：「我後來自己主編雜誌時候，不肯把無名作者的來稿不看而退或甚至不過目而望字紙簍裡裡一塞。一個作者投稿給你，也許為名也許為利，但他的達到目的總在幫助你的雜誌先得了名利之後，總之是作者的盛情可感。」又說：「所以我們做編者的人對於來稿之不看而撕，固屬十惡不赦，就是看了認為不能發表的作品，尤其是不合於本刊，但未嘗不宜於他刊之作，即作者有違投稿之章不附來退稿郵費，也最好能原璧歸趙。」他對於有潛力的無名作者是有意識地挖掘和培養的，他說：「對於無名作者的來稿，……對其第一篇來稿還必『從寬錄用』，我有這麼一個看法，就是一個作者第一次投稿給你如經採用，他以後如有更佳之作定可十九歸你，……而到了第二三篇投來時，你就嚴格處置，也不至於使他不再來第四五篇，他至少已經明白你不是有眼無珠或唯名是用的編輯，後來的投稿不取，多半會得歸罪於自己的寫得不好。」這可說是陶亢德做為一位成功的名編輯的經驗總結。

陶亢德還編輯了《宇宙風》的別冊增刊，包括《貪官污吏傳》（一九三六年，宇宙風社出版）、《鴉片今昔》（一九三七年，宇宙風社出版）等，還有一本名為《她們的生活》（一九三六年，宇宙風社出版），收錄的都是女作家的散文、隨筆、小品文或記敘文等，如謝冰瑩的〈補襪子〉、孚英的〈美的心情〉、樊秀林的〈剪髮小史〉、乃琴的〈從廚房到成衣店〉、雪因的〈對孩子的愛與憎〉等。

林語堂赴美後其兄林憾廬加入《宇宙風》編輯，林憾廬的加入讓陶亢德感覺很不好，這一事件也埋下了其與林氏兄弟漸漸分離的伏筆。不久，抗戰軍興，陶亢德也輾轉到了香港，流離中尚編輯《宇宙風．逸經．西風非常時期聯合旬刊》。一九三八年三月五日退避至香港的《宇宙風》雜誌社與《逸經》雜誌社聯合創辦了《大風》雜誌。由著名作家簡又文和林語堂任「大風社」社長，陶亢德和陸丹林任編輯。夏曼（陶亢德）在〈香港的雜誌〉文中說：「香港之有『海派』雜誌，恐怕要推宇宙風逸經社合辦的《大風》為開山祖了。《大風》的社長是大華烈士簡又文，創刊於民國二十八年春。簡君雖貌如老粗，卻雅愛文事，尤喜辦雜誌，初以大華烈士筆名為《論語》半月刊撰西北東南風，摭述時人軼聞趣事，每則數十至百餘字，使讀者閱時閱後笑口難掩。後辦《逸經》半月刊，出版之日，在斑園（簡君滬寓）遍請滬上文士，大放爆竹以示開張之喜。出版後以內容精彩，銷數極佳。至八一三停刊，簡君舉家遷港，烽火漫天，而辦雜誌之心不死，函邀《逸經》編輯陸丹林君去港，並請宇宙風社合作，於是一陣大風，遂起於香港。」《大風》為抗戰期間在「精神上智識上」感到貧乏的讀者，提供文化滋養和精神食糧。內容方面，「為適應時勢之需求」，故「由一元而演為多元」，其中包括文藝創作、書評、譯文、專著、史實掌故、各地通訊、漫畫等。但從第十期開始陶亢德和林語堂的名字就從編輯名單消失了。

一九三九年初，陶亢德從香港返回「孤島」，面對《宇宙風》，隱忍良久的陶亢德提出分家，據周黎庵的回憶說，林憾廬為人忠厚老實，但很古怪，不大會處理事務，這樣的性格和頗有辦事能力的陶亢德格格不入。只好協議分家，《宇宙風》的牌子給了林憾廬，算是正牌，陶亢德另創《宇宙風乙刊》，算是副牌。名義上還是一家，實際上各自獨立了。陶亢德後來忙不過來，一九四〇年一月《宇宙風乙刊》編到第二十期，才有周黎庵的介入。《宇宙風乙刊》從一九三九年三月到一九四一年十二月，共出五十六期。主要撰稿人包括林語堂、周作人、俞平伯、黃嘉德、黃嘉音、何容、老向、許欽文、畢樹棠、劉大杰、朱自清、施蟄存、謝冰瑩、蕭乾、陳衡哲、李健吾、郁達夫、郭沫若、老舍、豐子愷等。曾發表過郭沫若的《海外十年》、《北伐途次》，老舍的《駱駝祥子》、《牛天賜傳》，豐子愷的《緣緣堂隨筆》，謝冰瑩的《一個女兵的自傳》、《隨軍雜記》等。同時，陶亢德又開辦了亢德書房，在「孤島」出版文學、翻譯、時事等類書籍。

另外陶亢德還創編了時事文化綜合月刊《天下事》，在上海和香港兩地出版，在上海出版的月刊（一九三九年創刊），主要是「特約歐美通訊，選譯西洋名著」。陶亢德在〈創刊之辭〉中說：「本刊之出，即擬應現代國人之需要，使能執此一冊，於當前世事，能十九瞭然於胸。取材目前暫自英法美日德蘇各國雜誌書報。選材標準，一重於『時』。……二重在『事』。我們所懸之鵠的甚高，我們所抱的希望至大，雖創刊伊始，未克盡照理想，但將盡其全力，按照預先計畫，逐步做去，使本刊成為世界時事文化各方面有價值可信賴的評述月刊。」而在香港出版的半月刊（一九四一年創刊）則側重於「遠東戰爭和太平洋局勢之評論」。學者王樊逸認為「這兩地出版的《天下事》雖拘於時局，在內容上不盡相同，但同樣體現了編者的現代意識。」陶亢德還將《天下事》裡的文章，重新編輯成系列的「天下叢書」，包括有《美國生活》（一九四一年，亢德書房出版）、《德國內幕》（一九四一年，亢德書房出版）、《蘇聯見聞》、《日本管窺》等。

可惜好景不長，上海全面淪陷，《宇宙風乙刊》停刊，亢德書房關閉，徹底打破了陶亢德的計畫，也把他推上了一個必須抉擇的十字路口。不久，陶亢德終於淪為汪偽政府的御用文人，他擔任汪偽機關報《中華日報》編輯主任楊之華（楊樺）執編的《文壇史料》的主筆。當時的《中華日報》特別致力所謂「和平文學」的提倡，從事的是典型的漢奸文學。陶亢德還是《古今》（朱樸創辦的）和《天地》（蘇青創辦的）這兩本汪偽政府支持下的雜誌的主要撰稿人，並曾經擔任《古今》的編輯。一九四三年四月他又創辦了類似於《西風》的刊物名為

《東西》，鼓吹日本和西方文化，由古今出版社出版，但僅出版兩期。一九四三年四月柳雨生創辦《風雨談》於上海，自第六期（一九四三年十月）陶亢德任編輯顧問。一九四四年夏天，有日偽背景的太平出版印刷公司（案：位於共同租界香港路由英國人經營的密林頓〔注：據日ミリントン文翻譯〕出版印刷公司由上海日軍報導部接管，改名為太平出版印刷公司，名取洋之助被日軍委派負責該公司的經營與管理。）改組為太平書局，由陶亢德和柳雨生接管，陶亢德並擔任總經理。

紀果庵在〈我所知道的陶亢德〉（原載《藝潮》，一九四四年第四期終刊號）文中說：「我初次和亢德見面是三十二年春天，他預備到日本去，來京與各方接洽，矮矮身材，目光奕奕，頭部與身體顯有比例不稱之感，蓋在相片上看來，萬想不到其身長如此之短也。他就住在我的學校裏，我陪他到中央大學去參觀，又到傅佐路蔡宅治辦事件，因他係與某友人結伴而來，惟恐半路失散，因之處處有神魂不定的樣子，記得一個下午，完全消耗在打電話上，而問來問去，又總是纏夾不清，耽誤我們談話的機會不少，晚上我們卻談得很久，由這坦白的對話，無形中使我們彼此的友誼加深許多，而且他告訴了我不少可算得『人海滄桑』的故事，尤其是文壇譜友的近狀，著實令人惆悵感喟，倘有一天，容許我們把這些材料公開表暴，卻正可視為現代《世說新語》的好材料呢？」紀果庵又說：「去年七月中，我去上海，寓愚園路，他在寓中候著我，那種懇摯快樂的情感，即幾十年的老友，亦無以過，次晚在周黎庵兄家中吃飯，他暢談我應當抱的態度，尤使我感到溫厚的愛護之意。第三天我本想趁車回京，到愛文義路他的寓所吃午飯，他喝了不少老酒，話也說得很多，他太太乃是生在哈爾濱的紹興人，講得一口北方話，那天飯菜都是她自己燒的，非常精美，房子雖少，而孩子又多，但處處有條理，十足表現是位典型的賢妻良母，後來見到蘇青女士，從她的談話中，更證實我的批評不差，原來亢德在外面待人極溫摯，有時回家卻要發脾氣，我們窮酸朋友大約總都明白這種發脾氣的裏面原因，但據說亢德夫人總是極力順從，未嘗因此衝突，在新式太太中，即此一點瞭解的衿懷，便不可多得了。」

據學者黃惲說：「陶亢德一度和蘇青關係密切，來來去去走得勤了，也在蘇青的床上躺了一會，抽根煙，這樣的情況應該很多，而蘇青對陶亢德也有很深的愛慕之情。不過據蘇青的描述，兩人還是止於禮而不及於亂的。」黃惲是根據蘇青在《續結婚十年》之〈夜長人不寐〉的描寫，其中魯思純即是陶亢德，書中說：「魯思純平日是沉默寡言的，但在酒酣耳熱際，牢騷便發不盡。他上下古今的談論著，一會兒罵狗官，一會兒想像幽居山林之樂，他該是晚明儒生的典型吧，然而淳厚拘謹則過之，又沒有宋儒之迂，我對他確實相當的心折。」又說：「公寓裡的燈火都熄滅了，殘葉遍地，枯枝靜悄悄，我不禁低迴留戀不已。進了自己的房間，首先嗅到一陣濃烈的煙味，是如此夠刺激的，男人們若不會飲酒抽煙又算是什麼呢？我喜歡魯思純的明達而淡泊，假如一個女人能嫁到這樣丈夫，紅袖添香伴讀書，閨房之樂豈非可以媲美易安居士與趙明誠嗎？」

一九四三年八月二十五日到二十七日，第二次大東亞文學者大會在日本東京舉行。八月十五日陶亢德與柳雨生、周越然、邱韻鐸、魯風、關露、陳寥士、章克標、謝希平等一行十人赴日參加會議。在大會的第三天（二十七日）上午，代表分為三個分會場討論，陶亢德屬第三分會場，討論東亞文學，特別是中日文學之間的交流問題和中國（淪陷區）文壇的現狀問題。陶亢德在發言中認為：「迄今為止的東亞各民族之間的理解、認識，還很不盡如人意。對十億一心，進行大東亞建設的偉業，勢必要造成妨害」。他提議成立「大東亞文學」之類的能夠共同發表東亞各國作品的「機關雜誌」。陶亢德後來寫有〈東行日記〉（刊於《古今》第三十四期）和〈東京通訊〉，由此得知，陶亢德等一行在日本受到許多文學團體和新聞媒體的接待。後來陶亢德轉回東京又再度拜訪日本軍國主義的文化機構「文學報國會」，他說：「有感於抵日後他們招待的殷勤，重來東京後即思前往一行，雖然明知彼此見了以後因語言不通談不上話說不出感激之忱，也總覺得去了一趟無論如何算是表了一點意思，稍釋心中的不安。」

淪陷時期的陶亢德甚為活躍，雖然「落水」是為了辦雜誌，但到了主持具有日資背景的太平書局的時候，其辦雜誌的正當性便蕩然無存了，及至東渡日本出席東亞文學者大會，更徹底陷入了漢奸的深淵。抗戰勝利後，陶亢德被定為「文化漢奸」，據金戈的〈陶亢德受捕一瞬〉一文記載，陶亢德在愛文義路膠州路口他的住所，一幢舊式洋房的三樓被捕，當時是深夜，陶亢德睡在床，他的妻子開了門。陶亢德從床上起來，他說：「是不是逮捕我，何必深夜勞駕，白天也盡可過來。唉！其實大可不必多此一舉，我和某公有關係的，你們一問就知道了。」執法人員沒有理他，有禮貌地向陶夫人說：「請原諒，我們奉命執行任務，決不為難陶先生，請你撿幾件衣服，帶一點點心，別的不必多帶了。」陶亢德鋃鐺入獄，初判好像五年，經上訴後，改判一年三個月，緩刑二年。於一九四七年九月十六日被釋放。

一九四九年以後陶亢德先後在新知識出版社、教育出版社、中華書局上海市編輯所任編輯。譯有：德國佛烈希（Karl Von Frisch）著的《蜜蜂的視覺、嗅覺、味覺和語言》（一九五八年，科學出版社）、法國瓦萊里・拉多著的《巴斯德：微生物學奠基人》（與董元驥合譯，一九八五年，科學出版社）。

文友黃惲說，一九五七年《新民晚報》《亦報》有署名孺子牛的寫文章談論魯迅，也只剩下魯迅好談了，但魯迅對於每個人來說，能談也就有限，終於孺子牛也不見了。這個孺子牛就是陶亢德。陶亢德的後半生默默無聞，總算沒有在驚濤駭浪中沒有翻船或自尋死路，但對於像他這樣的人，這後半生也算窩囊透了，他事業的志向抱負再不用說起，提到也會充滿恐懼。他的活，說尸居餘氣，從某種意義上講，似乎也可以，但確切地說，是苟延殘喘得過且過。這就造成陶亢德的後半生不如周黎庵，不如文載道，更不如章克標，他們都出土文物似的再次復活了，而陶亢德沒有，他比他們死得早。

一九八三年這位曾經輝煌的名編輯家，走完了他的人生。

小說家穆時英的「真假漢奸」之謎

穆時英（1912-1940）與仇佩佩伉儷

他曾經是一個被遮蔽的名字，一個被雪藏了幾十年的名字——穆時英。這位被稱為「新感覺派聖手」的作家，死於一九四〇年六月。長時期以來，他是個有爭議的人物。因為抗戰時期，他曾先後擔任汪偽政府的《國民新聞》總編、《國民新聞》社社長和偽《文匯報》的籌備社長。因此他被冠以「漢奸」的罪名，最終死於暗殺——顯然這是罪有應得。然而，還有一種說法也流傳甚廣，說穆時英出任偽職是受國民黨「中統」派遣，他非但不是漢奸，還是一名地下工作者，但結果遭到軍統方面的人誤殺。穆時英到底是漢奸還是一個抗日的地下工作人員，至今仍是一個謎。

穆時英（一九一二—一九四〇），浙江鄞縣人，一說慈谿人。筆名有伐揚、江兼霞（葉靈鳳亦署），匿名子、穆士英等。根據學者李今的〈穆時英年譜簡編〉說，一九一二年三月十四日出生於上海。父親穆景庭（一八七七—一九三三）是位很富有的實業家，經營過金融生意，曾在通易信託公司當過副經理，做過寧紹輪船公司、三北輪船公司的董事，鼎甡錢莊的大股東，後來獨自開辦鴻興金號，還做房地產生意。在穆時英的眼中父親「是個剛愎，精明，會用心計，又有自信力的人。那麼強的自信力！他所說的話從沒有一句錯的，他做的事從沒有一件錯的。時常做著些優美的夢，可是從不相信他的夢只是夢。」穆家雖算不上高門大戶，但曾相當富裕，家有不少房產。穆時英排行老大，下面有小他兩歲的弟弟穆時彥，小他五歲的妹妹穆麗娟，小他七歲的小弟穆時傑。據穆麗娟說，穆時英小時候非常聰明，總能考前三名。一九二五年九月，他考入光華大學初中部，三年後畢業。在中學時期開始閱讀大量文學書籍。十五歲那年，父親開的金子交易所（是根據行情買空賣空的黃金交易）破產了，穆時英看見「父親獨自個坐在客廳裡邊，狠狠地抽著煙，臉上的笑勁兒也沒了，兩圈黑眼皮，眼珠子深深地陷在眼眶裡邊。只一晚上，他就老了十年，瘦了一半。」在穆時英的眼中，父親成了「一個頹喪，失望的陌生人」。

對於穆時英的學歷，據史料家秦賢次的查證，穆時英一九二八年九月，升入光華大學高中部一年級。次年九月，跳級改入文學院特別生。特別生係類似大學之預科或補習班，修滿一年經考試及格後，得入大學一年級。一九三〇年九月，穆時英升入理學院化學系一年級；第二年轉讀國文系一年級，當時國文系系主任為錢基博（錢鍾書之父）。

穆時英對文學的熱情，使他潛心研究外國新文學流派，著迷於現代小說技巧的「試驗和鍛鍊」。早在一九二九年五月，穆時英即寫成一部長篇小說，名《交流》，一年後由上流芳草書店出版，惟未引起文壇注目。一九三〇年二月十五日，在施蟄存主編的《新文藝》月刊一卷六期上發表他的第一篇小說〈咱們的世界〉時，受到施蟄存的極度重視。施蟄存後來回憶他和穆時英相識的經過時說：「他在光華大學讀書時跑來水沫書店，給《新文藝》送來了他的小說〈咱們的世界〉，那時他只有十七歲。讓我非常驚異。這是個絕頂聰明的人，無論什麼一學就會。」施蟄存不僅將〈咱們的世界〉置於頭篇，還在「編輯的話」特別推薦說：「穆時英先生，一個在讀者是生疏的名字，一個能使一般徒然負著虛名的殼子的『老大作家』羞愧的新作家。〈咱們的世界〉在Ideologie上固然是欠正確，但是在藝術方面是很成功的。這是一位我們可以加以最大的希望的青年作者。」當時《新文藝》是「新感覺派」劉吶鷗、施蟄存等繼《無軌列車》後，創辦的第二個同人刊物。由於穆時英的加入，使得這一流派大放異彩，穆時英也得到「新感覺派聖手」的稱號。

經施蟄存推薦，穆時英的成名作〈南北極〉，在一九三一年一月十日刊登於當時最負盛名的《小說月報》二十二卷一期，立即引起左翼文壇矚目，「幾乎被推為無產階級文學的優秀作品」，蜚聲一時，被譽為最新崛起的青年作家。同年十月二日，穆時英著名的中篇小說《被當作消遣品的男子》，由光華大學學長趙家璧收入他第一次主編的成套書《一角叢書》中，引起轟動。據趙家璧回憶說：「那時，我們學校已實行男女同校，新的女生宿舍也蓋起來了，有一個女同學開始和他搞得火熱，隨後把他丟了。於是他把他的生活經歷用表現都市生活的新的技巧手法和意境，創作了這篇富有意識流風格的小說。」

一九三二年一月二十日，穆時英的第一個短篇小說集《南北極》編入「文藝創作叢書」，由湖風書局（封面署「春光書店」）出版，收有〈黑旋風〉、〈咱們的世界〉、〈手指〉、〈南北極〉、〈生活在海上的人們〉五個短篇（次年一月二十日由現代書局出增訂本，又增加〈偷麵包的麵包師〉、〈斷了一條胳膊的人〉、〈油布〉三個短篇）。據說，當時在上海的大街上，隨意邁進一家書店，便會在

《南北極》書影

書架上發現穆時英的小說《南北極》，經常有癡癡迷戀穆時英小說的讀者給他來信，甚至有崇拜者專程從千里之外的南洋趕來敲他舊宅的大門。而此時的穆時英年僅二十歲。

一九三二年五月一日，施蟄存主編新創刊的大型文學刊物《現代》月刊後，穆時英的小說源源登出，成為「現代派」最重要的小說家。同年十一月一日，穆時英另一著名小說〈上海的狐步舞〉，發表在《現代》二卷一期上，本期還配有穆時英的英俊肖像。「據講這張身著筆挺的西裝，燙頭髮的照片刊登後，引無數的女學生朝思暮想一睹他的尊容，因為知道他頂愛上舞場，於是就有了上舞場的嗜好。」同年十一月到次年一月，穆時英在《大陸雜誌》第一卷第五至七期連載長篇小說《中國１９３１》。據趙家璧說這部長篇是穆時英看了他借給他的美國作家多斯．帕索斯的《一九一九》後立意創作的，他模仿帕索斯的方法寫中國，把時代背景，時代中心人物，作者自身經歷和小說故事的敘述，融合在一起。後來這部小說編入「良友文學叢書」準備出版時，改稱《中國行進》。但最後並未見出版，其中的〈上海的狐步舞〉，只是《中國１９３１》的一個斷片。

一九三三年六月十五日，現代書局又出版了穆時英的第二個短篇小說集《公墓》。收有：〈被當作消遣品的男子〉、〈公墓〉、〈上海的狐步舞〉、〈夜〉、〈蓮花落〉、〈夜總會裡的五個人〉、〈黑牡丹〉、〈CRAVEN“A”〉八個短篇。

當年左翼批評家曾指出穆時英具有「濃重的流氓無產階級的意識」、「十足的中國式的流氓意識」，小說裡的人物多是「個人主義的英雄」。這是指《南北極》裡面的作品。但在《南北極》之後，穆時英的眼光開始轉移了，他不再專注於社會底層，他更多地流連於夜總會、酒吧、電影院、跑馬廳等都市娛樂場所，追蹤狐步舞、爵士樂、霓虹燈的節奏，捕捉都市人纖細複雜的感覺。正如楊之華所形容的：「滿肚子崛口大學式的俏皮語，有著橫光利一的小說作風，和林房雄一樣的創造著簇新的小說的形式，這便是穆時英先生的內容。」但左翼文壇卻對穆時英的轉變發出愈演愈烈的指責，面對這些指責杜衡發表〈關於穆時英的創作〉一文，為其辯護。杜衡說，穆時英在創作上是沿著兩條絕不相同的路徑走的，非常自然地可以分成兩種類型：一是《南北極》之類；一是《公墓》之類。這兩類作品自身也的確形成一個南北極。前者「替中國的新文藝創造了一種獨特的形式」，只就文字而言，「是比不論多少關於大眾化的『空談』重要得多的」；對於後者，杜衡的評論幾乎成了定論，至今仍經常被引用。他說：「中國是有都市而沒有描寫都市的文學，或是描寫了都市而沒有採取了合適這種描寫的手法。在這方面，劉吶鷗算是開了一個端，但是他沒有好好繼續下去，而且他的作品還有著『非中國的』即『非現實的』缺點。能夠避免這缺點而繼續努力的，這是時英。」（引自李今的〈穆時英年譜簡編〉）

學者吳立昌認為穆時英是在不經意中寫出了「普羅小說」，又在不經意中暗合了「文學大眾化」的口味。穆時英說：「對於自己所寫的是什麼東西，我並不知道，也沒想知道過，我所關心的只是『應該怎麼寫』。」他並不贊成「大眾化」的「普遍、明白、曉暢」的原則。因此穆時英自己不承認這種創作的前後期變化，他聲稱「兩種完全不同的小說卻是同時寫的——同時會有兩種完全不同的情緒，寫完全不同的文章」，他歸之這種矛盾的來源，正是他有「兩重人格」。他在〈我的生活〉一文，更吐露心曲：「……因為是那麼複雜矛盾的生活，我的心理、人格也是在各種分子的衝突下存在著。我是頂年青的，我愛太陽，愛火，愛玫瑰，愛一切明朗活潑的東西，我睜著好奇的同情的眼，可是同時我卻在心的深底裡，蘊藏著一種寂寞，海那樣深大的寂寞，不是眼淚或太息所能掃洗的寂寞，不是朋友、愛人所能撫慰的寂寞，在那麼的時候，我只有揪著頭髮，默默地坐著；因為我有一顆老了的心。我拼命地追求著刺激新奇，使自己忘了這寂寞，可是我能忘了她嗎？不能的！有時突然地，一種說不出的憎恨，普通的對於一切生物及無生物的憎恨；我不願說一句話，不願看一件東西，可是又不願自殺——這不是怯懦，因為我同時又是摯愛著世間的。我是正，又是反；是是，又是不是；我是一個沒有均衡、沒有中間性的人。」

李今在〈穆時英年譜簡編〉說一九三三年夏天，穆時英大學畢業，獲文學士學位。但好友黑嬰在〈我見到的穆時英〉文中說，那時父親去世，家道中落了，他必須自謀生計，離開了光華大學，沒有讀到畢業。但李今曾與穆麗娟核實，還有穆時英身穿學士服的照片為證。她認為黑嬰當屬誤記。但據秦賢次先生遍查教育部檔案，並無穆時英畢業的資料記載。因此秦先生推斷，一九三三年六月，國文系二年級學期終了時，穆時英因大二「基本國文」成績不及格，被學校留級而自動退學了。是有一說，錢基博給穆時英「基礎國文」一科的分數為五十九分，需要補考。穆時英去求錢基博加分，錢基博不買賬，堅持原立場。錢基博用

「五十九分」敲打一下已有文名的穆時英，告誡其不要以為發表幾篇小說就如何如何，您的國文基礎還欠火候。想來，也正因為穆時英有代表性，錢先生才槍打出頭鳥，警告一下那些不用功的學生。當然，錢基博先生對當時的新文藝也有一點自己的看法。那時的文化人溫梓川晚年評穆時英：「他下筆很快，行文也有他一股的幼稚口氣。」而據施蟄存後來的回憶敘述：「他的古典文學和文言文知識水平，低得有時還不如一個中學生。直到一九三二年，他的小說裡還把『先考』寫成『先妣』，原來『考、妣』二字他還分不清。」

秦賢次還因〈上海狐步舞〉刊出時附有穆時英照片，說他人既長得英俊，又是舞林高手，確實帶動上海的大學生，尤其是光華大學，喜歡上舞廳的風潮。並據之合理推測，保守的光華大學當局痛下殺手，逼迫穆時英退學，與此以及他小說的轟動有或多或少的蛛絲馬跡關連。這也使得光華大學校長張壽鏞竟然在一九三四年十月二十九日的學校紀念週上，演講〈嚴禁大學生入舞場〉，可推知當時上舞廳的情況已到嚴重的地步。

雖然李今還引用嵇康裔一九七二年的回憶說，穆曾在新雅茶座上親口告訴他，他大學時的功課之差，為全班之最，老師見他，無不搖頭嘆息。畢業時，由於他接連出版了兩本小說集，一躍而為「知名作家」，所以光華大學對他的畢業考試，是在人情下通過的，他自己戲說這是「作家的內幕消息」。但這種說法不僅是嵇康裔的一家之言，也是穆時英個人的說法，是否可靠大有問題。至於身穿學士服的照片也不能當作證明，或許為了好玩在照相館拍了，何況據推算那時他才大二學期結束，還不到畢業年限，因此退學較為可能，不管自動或被逼。

離開學校，穆時英到一家洋行工作。一九三四年六月二十三日，與舞女仇佩佩在上海新亞飯店結婚，他們的結婚照還刊登於七月一日《小說》第三期。當年穆時英、戴望舒、劉吶鷗、施蟄存等人十分熱衷跳舞，據施蟄存說，有一段時間每天晚飯後就「到北四川路一帶看電影，或跳舞。一般總是先看七點鐘一場的電影，看過電影，再進舞場，玩到半夜才回家」。現代舞廳不僅產生了一批以此為業的商人和舞女，而且還成就了無數都市男女的「風花雪月」。穆時英正是在舞廳愛上了大他六歲的舞女仇佩佩的。舞廳裏眩人耳目的聲光化電和紙醉金迷的色情意味使得它在大多數現代派小說中成為都市頹廢和道德淪落的象徵。穆時英筆下的「夜總會」和「狐步舞」最具典型：「飄動的裙子」、「精緻的鞋跟」、「蓬鬆的頭髮」和「凌亂的椅子」聯成一片，「酒味」、「煙味」和「香水味」混為一體，「華爾滋的旋律」飄飄地繞著舞客們的腿，「法律上的母親偎在兒子的懷裏」卿卿我我，「五個從生活裏跌下來的人」在最後的瘋狂中走向絕望。據穆麗娟回憶，他們結婚後租住在虹口區最新式的、帶衛生間、有淋浴房的房子。仇佩佩有舞女的習氣，喜歡賭博。穆時英也和她一起賭，晚上賭錢，白天睡覺，洋行的工作當時做不下去了，因此只做了一年的樣子。以後靠寫文章謀生了。穆麗娟又說：「家裡沒錢了，我們又搬家，後來搬了好幾次家。記得曾經和劉吶鷗住過樓上樓下。劉吶鷗是臺灣人，家裡很有錢，在上海公園坊有好幾幢房子。他為人大方，誰家不方便了都可以來住。我們也去住過。當時住在公園坊的文化界人很多，除了我們和劉吶鷗之外，杜衡、姚蘇鳳、葉靈鳳，還有黃苗子和郁風。郁風有一個伯父（案：當為郁風的父親郁華）當大法官的，也住在那裡。其他還有不少人。」

一九三四年十月十日，穆時英與葉靈鳳創辦《文藝畫報》，但僅出四期，於一九三五年四月停刊。同年春，經姚蘇鳳介紹，穆時英與當時上海市教育局長兼《晨報》社社長潘公展拉上關係，擔任《晨報》副刊《晨曦》的主編。因為早在一九三二年七月八日《晨報・每日電影》專欄創辦，姚蘇鳳就任《每日電影》副刊的主編，他是一九三〇年代中國影評活動風起雲湧的重要推手。也因此穆時英在《晨報・每日電影》發表了大量的題為〈電影的散步〉的文章，甚至還有長達四萬字，連載一個月的〈電影藝術防禦戰——斥掮著「社會主義的現實主義」的招牌者〉的論辯文章。一九三五年十二月十四日，「晨曦文藝社」召開成立大會，社員兩百四十七人，穆時英任主席，並以最高票數當選理事，其餘新感覺派成員或關係密切者依次為樊仲雲、向培良、姚蘇鳳、劉吶鷗、葉靈鳳、黑嬰、高明、禾金、莊瑞源等。

左起：穆時英、仇佩佩、侶倫、王少陵夫人、王少陵。

一九三六年一月二十日，《晨報》終刊後，穆時英轉任《時代日報》副刊《二十世紀》任編輯。《時代日報》原為小報界著名人物來復（即來嵐聲，又名來小雍）於一九三二年創辦的四開小報，後為曾擔任過上海市社會局長吳醒亞收買，改為日出三小張，《晨報》停刊後，又改出一大張，仍由名政論家樊仲雲擔任主筆，徐蘇靈擔任總編輯。同年二月十五日，高明、姚蘇鳳、劉吶鷗、葉靈鳳、穆時英編輯的綜合性文藝刊物《六藝》創刊，僅出三期，四月終刊。同時穆時英在《時代日報》上，連載長篇小說《我們這一代》，但尚未登完，四月下旬，他就離開上海去香港了。

穆時英的香港之行，並不是為了逃避可以預見的戰禍，據穆麗娟說，穆時英把家裡的錢輸光以後，仇佩佩和他鬧氣。兩人大概吵了嘴，仇佩佩本是廣東人，他一氣之下就去了香港，穆時英為了挽回這段婚姻，於是追到香港去了。據侶倫回憶說，一個夏夜，穆時英到報館找他，不遇，穆時英留下字條附有地址，第二天中午，他按照字條上寫的地址，到威靈頓街一間樓房去回訪。「出現在我眼前的穆時英穿著長袖白色襯衫，有一副江南人的文秀面孔，的確剃光了頭（案：這是他太太的「約法」：要想挽回夫妻關係，除非他剃光頭表示誠意），同他的儀表有些不調和，看起來很不順眼。他告訴我，離開上海時是葉靈鳳介紹他到報館找我的，因為他在香港沒有認識的人。這時候同在屋裡的有兩位女性，他把其中正在抽煙的一位向我介紹：這是他的太太，看情形，他到香港終於找到太太，而且住在一起了。感情上的風波顯然是過去了。」

香港文學研究家小思（盧瑋鑾）女士的《香港文蹤》中〈香港文藝界紀念魯迅的活動記錄〉一文的小注，涉及到「香港文藝協會」，其中有云：「該會為旅港青年文藝界所組織，以『聯絡友誼，研究文藝創作方法』為宗旨，成立於一九三六年九月。主要成員有杜衡、穆時英、杜格靈、王少陵、劉火子、李育中、李晨風等人。該會主要活動是舉行文藝茶話會，並向《大光報》借用副刊，出版《集體文學》及《文藝陣線》兩個雙週刊。」

抗戰爆發後，穆時英無法回上海，他只得滯留香港。一九三七年九月間，黑嬰要回蘇門答臘，途經香港，他曾去探望穆時英。黑嬰說：「他住在九龍一條僻靜的街上，一幢房子的二樓，好難找。他和廣東舞女在一起，連床也沒有，四壁蕭然，境況顯然很壞。他告訴我，在香港很難找到合適的工作，他不會講廣東話，生活也不方便，上海在打仗，一時不能回去，真叫進退兩難。」據侶倫回憶說：「香港一家新辦的影片公司邀請穆時英拍一部『國防電影』。穆時英拿出他早有腹稿的劇本：描寫東北抗日游擊隊英勇事蹟的《十五義士》，隨寫劇本隨進行拍攝，由他自己擔任導演（事實上他對電影方面是有研究的）。後來因為影片公司發生變故，片子沒有完成。但是由於廣告宣傳作用，一般人知道穆時英導演《十五義士》，比知道他是《南北極》小說的作者還要多。」

一九三八年三月，穆時英與朱旭華一起編輯出版《世界展望》。此為政治刊物，全是翻譯的文章，主要內容是圍繞二次世界大戰形勢、政局、經濟問題發表的評論，但僅出四期。卜少夫就是在此時認識穆時英的，他說：「二十七年（一九三八）春季，我們這一批朋友先後從上海撤退到香港，我們所安頓的地方是西環太白樓下——半山地區——其所以住在那裡的原因，完全由於但杜宇的關係。於是，太白樓下在當時儼然成為香港的拉丁區（太白樓下在戰前的香港是被稱為平民區的），聚居在那裡的，先後有張光宇、張正宇、戴望舒、但杜宇、杜衡、顧鳳城、汪馥泉、葉靈鳳、楊紀、鷗外鷗、曹涵美、袁水拍、徐遲、王道源、路易士、丁聰、朱旭華、陳娟娟、馮亦代、魯少飛等人，穆時英那時也從九龍城搬來了。……這時，香港的文化界，活躍起來了（這是香港文化界的黃金時代）。以我們這批人為中心的，最具體的組織，是每週一次的文藝座談會；報紙、雜誌、畫報，以及各種小冊子，從這裡散佈到整個華南地區、海外區、淪陷區和遙遠的國內的每個角落。穆時英的生活也寬裕而安定起來。他起先是編《世界展望》，以後入《中國晚報》編副刊，最後入《星島日報》編娛樂版，並兼中央電影攝影場駐港代表一職。」同年冬季胡蘭成也搬進太白樓，同住的卜少夫認為，穆時英的「附逆」，和胡蘭成的關係最大。胡蘭成自己說「我沒有勸過一個人參加汪政府，只有穆時英自己說要參加，我才介紹他辦報，不久被刺，我幫穆太太領得了撫恤金。」在香港穆時英還結識了後來出任汪偽宣傳部部長的林柏生。不管穆時英是真漢奸還是做抗日工作的國民黨中統特工，他正是在香港與汪偽組織接上了線。

而嵇康裔的文章則談到他和穆時英在香港碰頭的事，他說：「一九三九年十月，我到了香港，我找到了薄扶林道的學士台，一別三年，備感親切，我們一直由學士台走到植物公園，邊走邊談，再走下植物公園，到了電話大廈的地庫，『聰明人』餐室，我還清楚記得，他要的是楊梅冰淇淋蘇打，此後，我們下午總約在這個餐室碰頭，他還告訴我，一年前，也是每天下午在這裡飲茶，對面坐的不是你，而是林柏生。那時林柏生已經去了上海，將出任未來南京汪偽政府的要職，幾次來函相邀，他說這倒是一個回上海的好機會，問我意見如何，我說慢慢研究。此後，我幫他安排好一切，使他可以安安穩穩的去上海，去出任汪政府的職務。」一九三九年十月二十八日，穆時英和母親、妻子一起從香港啟程回上海。

但據日人松崎啟次《上海文人記》一書記載，是「他們」將穆時英從香港請回上海的。而這要牽涉到劉吶鷗，香港的黃俊東說：「穆時英的變節，似乎受他的友人劉吶鷗的影響很大。」無疑是可信的。根據劉吶鷗研究者許秦蓁的《摩登・上海・新感覺——劉吶鷗》一書中說，一九三九年六月，由「滿映」出面，聯合日本「東寶映畫株式會社」、南京維新政府共同投資，在南京創辦「中華電影股份有限公司」（簡稱「中影」），此為日本佔領軍控制下的一個電影製片、發行、放映的機構，總公司設在上海江西路一百七十號「漢彌爾登大廈」（Hamilton House），在南京、廣州、漢口、東京均設有分公司，此時劉吶鷗與松崎啟次、黃天始、黃天佐兄弟一起迎接日人川喜多長政來到上海，並與黃氏兄弟一起加入「中影」，「中影」董事長褚民誼是維新政府外交部長，總經理石川俊重，松崎啟次任製片部長，劉吶鷗任製片部次長，中方代表則由黃天始負責營業；黃天佐負責製作。松崎啟次說：「作為製作部長，……我們必須如披沙揀金一般，謹慎、周密地選拔每一製作人員。他，就是我們選擇的第一個人。劉君（劉吶鷗）對他的才氣、純情和勇敢評價極高。另一方面，劉君也非常謹慎，放手讓他去汪精衛的宣傳機關謀職。劉君認為，向他這種人見人愛、多才多藝的作家，不能立即放進我們公司的溫室裡培養。」因此穆時英回到上海不到一星期，除任維新政府藝術科長外，即隨由「中影」選派與黃天佐代表公司及新華、藝華、國華電影公司各一名代表，組成中國電影界人士，在上海興亞院文化部調查官增谷達之輔率領下，到日本訪問。日人今日出海說：「來訪的電影界代表一行中，穆時英是夾在裡邊的唯一的作家，所以他希望在訪問中會見一下日本作家，說哪怕是見到一位也好。在他來說這比參觀電影製片廠更為重要。」於是經穆時英的提議，在大阪大廈，他與他久仰的橫光利一、片岡鐵兵、林房雄、菊池寬、久米正雄、尾崎士郎等日本文學家聚會。

根據郭秀峰的回憶，當林柏生當上了偽政府的新聞宣傳部長後，「在上海積極擴大宣傳，設立小型報《民族日報》（社長穆時英）、《國際日報》（社長古咏今）……」。一九四〇年二月二十一日，汪偽的國民黨中宣部下令停辦《民族日報》。並利用該報的機器設備改出一張的小型報《國民新聞》。同時，《國民新聞》的全班人馬甚至設備都來自穆時英任社長的《民族日報》社。開始，《國民新聞》社社長是偽江蘇省省長李士群，暫時由黃敬齋代理社長，但由於總主筆胡蘭成的推薦，穆時英很快當上了總編輯，不久，又取代了黃敬齋，正式任社長。

一九四〇年三月二十二日，南京汪偽政府各院部人選名單已出爐。三月二十三日，《國民新聞》刊登「國民政府新任各院部長名單」，包括：主席林森（汪精衛代）、行政院長汪精衛、宣傳部長林柏生、宣傳部政次胡蘭成、常次孔憲鏗，穆時英任宣傳部新聞宣傳處長兼駐滬特派員。穆時英並為復刊的《中華日報》主持文藝宣傳工作。《中華日報》最初創刊於一九三二年四月十一日，反映國民黨內汪精衛集團的政治傾向。一九三七年十二月十三日停刊。抗日戰爭期間，汪精衛偽政權成立後，於一九三九年七月十日復刊，成為汪精衛南京偽國民政府的機關報。由林柏生任社長，葉雪松任總經理，郭秀峰任總編輯。據郭秀峰的回憶，《中華日報》正式復刊後，「先後由劉石克、劉靜哉、殷再緯任總編輯」。據說穆時英曾主編該報的《文藝周刊》及《華風》副刊，由於編者使用都是化名，因此不能確考。

一九四〇年五月十八日，汪偽政府組成以立法院院長陳公博為專使，行政院副院長兼外交部長褚民誼為副使，宣傳部部長林柏生、內政部長陳群、實業部長陳君慧等為首的答禮使節團一行二十四人，由上海乘船赴日本，以酬答不久前，汪偽政府成立時，日本阿部特使率領國民使節團來華慶祝「還都」的外交活動。穆時英也以《中華日報》代表名義，隨答謝使團再度訪日。五月二十一日，經神戶，抵東京。六月四日，由福岡飛回南京。這其間，答禮使節團的活動在《國民新聞》上，作了連篇累牘的報導，六月四日還專門發表〈歡迎答禮使節團返國〉的社論，稱此舉「完成了中日重整邦交的第一步」，「是中日合作，和平建國的開始」。對於這次的訪問，日人今日出海曾見到穆時英，他描述說：「我去他下榻的帝國飯店造訪。在一間寬敞的房間裡，穆君接待了我。他一臉憂鬱地說道，如今的中國青年知識分子，很難把他們引為同志的。與上次相比，穆君大不相同，我覺得他已經清楚地品嚐、理解了現實中的痛苦。這時，他已不再做官，成了報社的社長。我們又就戰爭引起的蕭條、物價飛漲及各種各樣的問題依次交談，一直談到文學。這天晚上，以林柏生先生為首的中國答謝使節團舉行了宴會，我遠遠看到穆君彬彬有禮地在一個角落與河上君、阿部君說話，看樣子好像很高興。我想他在中國恐怕是既沒有談論文學的機會，也沒有談論文學的對象吧。」

據興亞院的增谷達之輔說，穆時英隨使節團赴日訪問期間，其家人曾接到恐嚇電話，威脅說如穆時英不放棄現在的工作，停止攻擊重慶，攻擊英國，就要殺了他。穆時英回到上海也曾接到類似的電話，另外他還收到過長篇的恐嚇信。一九四〇年六月二十七日晚，穆時英、劉吶鷗、黃天始、黃天佐和松崎啟次在上海愚園路一個小夜總會聚會，為了給剛從日本歸來的松崎啟次接風。松崎啟次曾在兩個月前因妻子病故，回到日本。而在隨答禮使節團訪日的忙碌行程中，穆時英特地前往探望松崎啟次，並前往他亡妻的墓地祭拜。松崎啟次說：「我們五個是志同道合的團隊。那個晚上，我們雖在夜總會，但既沒有喝酒，也沒跳舞，只是聽著猶太人的音樂，圍坐在桌旁。可以坐在這裡，對我們來說已經足夠了。……時間大概已是午夜十二點之後了，我們五個人從夜總會裡出來了。當時，穆君握著我的手說：『對不起。我從回到上海那天起就害了眼病不能寫文章了。』……『不，我很掛念這件事的。向您妻子表達最後的好意，在我一生之中僅此一次，卻未能如願。您知道我有多麼於心不安嗎？』……誠然，因為我妻子的去世，所以這是他能表達的最後的好意。我在口中重複了一遍這個不可思議的文學式表達，就與他握手道別了。」

第二天（六月二十八日）下午六時四十分許，穆時英下班乘人力車經三馬路福建路一百九十五號弄附近時，突遭狙擊，右肩及右小腹各中一彈，因射中要害，流血過多，不及救治殞命。穆時英只活了短短的二十八歲，在他被暗殺後的相當長一個歷史時期內，人們都認為他是一個「漢奸」而罪有應得。因為在一九四〇年，日偽政府下的上海風雨飄搖，正是國民黨政府的特工人員與汪偽特務機關之間的「特工戰」愈演愈烈之時，設在租界裏的日偽系統報社也成了國民黨特工人員襲擊的主要目標之一。但是到了二十世紀七〇年代初，嵇康裔卻在香港撰文為穆時英辯誣，該文章說，穆時英真正的身份其實「是國民黨中央黨方的工作同志」，他是被軍統誤殺的。作者自稱是穆時英在中統的上司，穆時英返滬任職於汪偽報界是他親手安排的。如果嵇康裔的回憶屬實的話，那麼，穆時英真正的身份應該是重慶方面臥底的中統特工。他是被軍統所誤殺的特工。從漢奸到間諜，穆時英的身份讓人們議論紛紛卻又各執一詞，成為一宗謎案。

政論家樊仲雲的人間蒸發

樊仲雲（1901-1989）

樊仲雲成名甚早，著作也不少。當年還是個著名的政論家，他曾是〈中國本位的文化建設宣言〉一文的聯署人之一，該宣言也稱為「一十宣言」或「十教授宣言」。後來投靠汪偽政權，一九四〇年，樊仲雲以教育部政務次長的資格出任中央大學校長，這是他的全盛時期，然而也因為這個最高點，造成了他此後一蹶不振的墜落。他是以涉嫌貪污而辭職下臺的，即是中央大學的所謂膳食風潮，以這種形式黯然去職，對於一個享有一定聲譽的國際政治經濟專家來說，是相當難堪的。抗戰勝利後，他卻人間蒸發，他逃過了被緝捕的命運，飄然遠引於香江。

樊仲雲（一九〇一——一九八九），字得一，又字從予，筆名獨逸。浙江省嵊縣人。早年畢業於嵊縣中學。又畢業於日本東京大學政治經濟系。一九二三年參加文學研究會，一九二七年春，在武漢中央軍事政治學校擔任教官。先後任商務印書館編輯、新生命書局總編輯。陶希聖在《潮流與點滴》書中說：「我與《東方雜誌》社和《小說月報》同人的來往比較多些。他們大抵是文學研究會的會員。」注中說：「《小說月報》社的鄭振鐸、葉聖陶、周予同；《東方雜誌》社的樊仲雲、胡愈之、沈雁冰等人，是往來較多的。有時在北四川路新雅吃茶談話。」新生命書局由周佛海、陶希聖創辦於一九二八年。樊仲雲主持，陳寶驊經理。出版《食貨》半月刊、《社會與教育》月刊、《新生命》月刊。

新生命書局還出版《中國問題叢書》，收有陶希聖著《中國社會之史的分析》、《中國社會與中國革命》、《中國社會現象拾零》、《中國問題之回顧與展望》；沙發諾夫著《中國社會發展史》；馬扎亞爾著《中國經濟大綱》；周谷城著《中國社會之結構》、《中國社會之變化》、《中國社會之現狀》；嚴靈峰著《中國經濟問題研究》；朱其華著《中國社會的經濟結構》，至一九三四年底，共出二十多種。還出版恩格斯《家庭、私有財產及國家之起源》，李膺揚（楊賢江）譯，周佛海校，書前有陶希聖及譯者序；烏里揚諾夫（列寧）《俄國資本主義的發展》上冊，彭葦秋、杜畏雲譯，後出下冊；胡愈之著《莫斯科印象記》等書。一九三七年歇業。汪精衛國民政府成立之後又恢復，成為其宣傳「和平」言論的喉舌之一。新生命書局還出版許多政治類的書籍，如周佛海的《三民主義的理論體系》、《三民主義基本問題》、薩孟武的《三民主義政治學》、《政治學之基礎知識》、鄧初民的《國家論之基礎知識》、陶希聖譯的《國家論》、樊仲雲的《最近之國際政治》、《最近之國際政治續》、《國際政治之基礎知識》等。

一九二九年八月，樊仲雲在復旦大學任教授，教「現代政治」課，當時法學院長為吳頌皋。在這之前，他還在勞動大學教「國際問題」課。同時也在《中央日報》當編輯。

一九三〇年八月十五日，樊仲雲與薩孟武的妹妹薩孟珍（薩孟珍實為薩孟武母親葉氏兄弟之女，過繼給姑姑葉氏為女，故姓薩）在上海結婚。樊仲雲的婚姻，在當時也真稱得上是一個傳奇。他們不但不是媒妁之言，而且居然廢除一切禮儀，只是對外發了一個結婚啟事，就實行同居了。文史研究者黃惲認為樊仲雲與薩孟珍的認識，是否出於其兄薩孟武，不得而知。因為新生命書局開設在上海，作為書局編輯的樊仲雲自然也在上海，而此時，薩孟珍也在上海，在商務編譯所任職，所以兩人的相識，很可能緣於社交或工作（業務聯繫），或者由朋友介紹，而不是在南京任職的薩孟武，作為兄長，他很可能進而認可了這門親事。

一九三〇年十二月，《中國新書月報》創刊號出版，其中有一條消息是〈樊仲雲結婚〉，內容如下：

新生命書局編輯樊仲雲君，於八月十五日與商務編譯所職員薩孟珍女士結婚。茲覓得其通告如左。編者以樊、薩兩君，均服務於出版界，故特為刊出，以志慶賀。

我們已於八月十五日實行同居　共相扶持　同其運命　我們覺得一切繁文縟禮　甚屬無謂　故都摒而勿用　若承諸親友與以寵錫　我們心實不安不敢領受　諒之諒之

樊仲雲　薩孟珍同啟

一九三一年八月，樊仲雲在上海中國公學擔任教授兼教務長。但在次年卻捲入中國公學的學潮中，據一九三二年六月一日上海《申報》中國公學全體學生刊登的啟事說：「推究此次學潮之起因，實由樊仲雲勾結教授會常務委員區克宣、傅東華、汪馥泉三人，非法陷害同學（函令捕房逮捕）致激公憤。」又說：「樊仲雲乃多方活動為副校長，曾請出數要人，向校董會介紹。」又說：「最近樊等壓迫愛國運動，激起公憤，致被迫辭職，然其霸佔中公之黃金夢，無時或已。乃一面將校長室之印信及教務處之重要文件，並全體同學之歷年成績，悉行捲竊以去，視學校為其私產，行為同於盜賊，古今中外絕無僅有！」一九三二年樊仲雲又兼光華大學、暨南大學教授。

一九三五年，樊仲雲主編《文化建設》月刊，《文化建設》月刊是國民黨CC派「中國文化建設協會」創辦的機關刊物，一九三四年十月十日創刊於上海。陶希聖、樊仲雲受命創辦《文化建設》月刊時，提出了「中國文化建設」的概念。《文化建設》月刊最初的封面設計是一些青銅器的拓片圖案和寶塔圖案，似乎預示著中國文化的某種內涵，這些圖案含有中國古代文化精華的意蘊。該月刊到一九三七年七月因抗戰而停刊，前後存在不到三年的時間，共出版三十四期。最著名的是在第一卷第四期（一九三五年一月十日）推出了有十位教授（陶希聖、樊仲雲、薩孟武、何炳松、武堉幹、孫寒冰、王新命、黃文山、章益、陳高傭）共同署名的〈中國本位的文化建設宣言〉一文，該宣言也稱為「一十宣言」或「十教授宣言」。

學者王達三在〈「中國本位文化論」之重提與新詮〉文中，探討了「十教授宣言」產生的近因，他說，一九三四年下半年陳序經在商務印書館出版了《中國文化的出路》一書。陳序經認為實現中國文化現代化的不二法門即是全盤西化，否則中國文化不但不能生存下來，而且是逆世界歷史潮流而動。陳氏一書，引起了一些對中國傳統文化有「瞭解之同情」（陳寅恪語）和「溫情與敬意」（錢穆語）的學者的強烈反彈。「十教授宣言」即是這種反彈的代表性的立場與表述，並成為「中國文化出路」大論戰真正開始的標誌性事件。當然在現實層面，山河破碎、國事陵夷、內憂外患、民生困頓、政治腐敗等因素則是觸動「中國文化出路」大論戰的深層次原因。換句話說，這場論戰的參與者都是懷著為中國找一條新的文化之路以拯救國家民族的危局的用心和情懷而參與其中的。

樊仲雲曾回憶說：「一九三四年幾個朋友閒談，慨歎中國成了帝國主義者的次殖民地，在文化思想方面，也自失其安身立命的根據，為了恢復中華民族的自信力，於是我們提出建設中國本位文化的主張。」據葉青（任卓宣）在〈「中國本位的文化建設宣言」發表經過〉一文說，大致在一九三四年十一月底或十二月初，「一十宣言」的起草者們有過三次聚會。第一、二次是在上海新雅酒店，由樊仲雲分發請帖，費用也出自《文化建設》月刊社。第三次是定稿會，在孫寒冰家裡舉行，由孫做東，宴請大家。第一次聚會討論了「一十宣言」的名稱和內容，並公推王新命為起草人，因為他是《晨報》的總撰述和主筆，「能文，也寫得快。」第二次聚會討論王新命所撰的「一十宣言」草稿。文章很長，文學味道很重。葉青主張「宣言只能談原則，談思想，必須抽象。對事實要簡略，從大體上立論。如果詳實了，各方看法不同，要引起爭辯，不免橫生枝節。而且一詳實，便囉唆，把原則掩蓋著了。宣言所宣布的原則須是不容爭辯的真理。」結果大家採納了葉青的意見，由王新命回去刪繁就簡，成一新稿，供下次討論。第三次聚會討論後定稿。宣言的第一節大都出自王新命；第二節的內容出自多人；第三節出自葉青的成分較多。

這篇宣言包括標題、署名、日期等在內僅有兩千八百四十字，並分為三個部分，即「沒有了中國」、「一個總清算」、「我們怎麼辦」。在「我們怎麼辦」這部分中，作者們提出了進行「中國本位的文化建設」的五條原則和三個方法。五條原則中第一條是中國問題具有特殊性和時代性，因此文化建設應注意中國此時此地的需要；第二條是既反對復古也反對非古，主張對中國文化取其精華去其糟粕；第三條是以中國需要為標準來吸收借鑒西方文化，但反對盲從的全盤西化；第四條是中國人應有急迫感和創造力，以便迎頭趕上西方文化並為世界文化做出貢獻；第五條是進行「中國本位的文化建設」的目的並不是要放棄大同理想，而是先建設和整合中國以便更好地促進世界大同理想的實現。五條原則可以概括為：「中國是既要有自我的認識，也要有世界的眼光；既要有不閉關自守的度量，也要有不盲目模仿的決心。」進一步說，就是「不守舊，不盲從」。不守舊就是反對全盤復古，不盲從就是反對全盤西化。根據這些原則，進行「中國本位的文化建設」應採取「批評的態度，科學的方法」，即「檢討過去，把握現在，創造將來」來進行。作者們在宣言的結尾表示，只有根據這些原則和方法，才能「使中國在文化的領域中能恢復過去的光榮，重新站著重要的位置，成為促進世界大同的一支最勁最強的生力軍。」

此宣言發佈後，影響頗大，引起了全國文化學術界關於中國文化出路的大討論。其主要的激烈批評者是全盤西化論者，特別是陳序經和胡適。陳氏於一九三五年三月在《獨立評論》第一百四十二號上發表〈關於全盤西化答吳景超先生〉一文，該期雜誌輪值主編胡適寫有〈編輯後記〉一文，胡氏並於三月三十一日在《大公報》發表〈試評所謂「中國本位的文化建設」〉一文，對「十教授宣言」進行了猛烈抨擊。王新命遂單獨起而回應，發表〈全盤西化論的錯誤〉一文進行反擊。文章指出，儘管陳氏是極端的全盤西化論者，胡氏是以折衷為目的的全盤西化論者，但二者患有一大通病，即偏執地認為中國文化就是陳舊的、落後的、罪惡的，並無知地認為中國文化就是那些封建割據、無序社會、讀經復古、性史春藥之類的東西，從而得出必須整體性拋棄中國文化而實現全盤西化的結論。

《文化建設》月刊是一本學術、文化建設、時政及文藝的綜合刊物。故也有大量其他的學術、文藝的文章。如陶希聖的學友黃現璠發表的〈南宋末年河北山東義軍〉、〈元代被壓迫階級之漢南人〉；樊仲雲欣賞的作家紀庸（果庵）發表的〈動盪中的「文化城」〉、〈「冀東」管窺〉等等。黃惲在〈紀庸與樊仲雲〉文中就說：「自從北師大畢業之後，紀庸教過小學，也教過初中，一九三四年，他應張志廣校長之聘，來到當時的察哈爾省立宣化師範學校任教。一九三五年秋，紀庸看見上海出版的《文化建設》月刊有徵文啟事，要求寫些學校教師的生活雜感。於是，紀庸就寫了一篇〈教學生活漫談〉，不久在《文化建設》一九三五年十月第二卷第一期刊出，這篇文章可以看作紀庸的處女作，意義重大，不是說此前紀庸就沒有刊出過文章，因為他是一向喜歡『弄弄筆墨』的，卻一直『苦於文章沒有出路』。這次成功，使他的寫作注入了激情，隨即，紀庸又按照《文化建設》的『小學教員的希望』徵文要求，寫了〈希望呢？奢望呢？〉一文，刊於同年《文化建設》十二月出版的第二卷第三期上。經常寫稿的人都知道，投稿有兩個階段，第一個階段是天女散花，廣種薄收；第二個階段則是有的放矢，按需分發。紀庸去應徵文，還不過處在第一個階段的初始。隨後，紀庸就收到主編樊仲雲的親筆信，對這位年僅二十六歲的師範教師的文章獎勉有加，並直接提出要請他做《文化建設》的特約通訊員。紀庸遇到樊仲雲究竟是他的幸運還是不幸，這且不說，至少紀庸從此登上了文壇，而樊仲雲在某種意義上也確實是紀庸的『伯樂』。從此，紀庸連續給該刊撰稿，而樊仲雲對紀庸的賞識有增無減，甚至還推薦他寫了一本三萬多字的《察哈爾與綏遠》，這是紀庸寫作出版的第一本著作。」

一九三六年一月二十日，穆時英轉任《時代日報》副刊《二十世紀》任編輯。《時代日報》原為小報界著名人物來復（即來嵐聲，又名來小雍）於一九三二年創辦的四開小報，後為曾擔任過上海市社會局長吳醒亞收買，改為日出三小張，《晨報》停刊後，又改出一大張，當時樊仲雲擔任《時代日報》主筆，徐蘇靈擔任總編輯。

一九三七年抗日戰爭全面爆發後，國共兩黨決定以當時的文化統一戰線組織「上海文化界救亡協會」的名義創辦《救亡日報》。按照夏衍的說法，這是十年來國共兩黨在上海這個地方「第一次公開對話」。雙方見面後，潘公展主動提出請郭沫若擔任《救亡日報》社社長。儘管潘公展對郭沫若的政治傾向瞭若指掌，但此時，潘公展也看到國共合作抗日是大勢所趨，而郭沫若任社長，是理所當然、眾望所歸的事。因而他想先發制人，提出由郭沫若任社長。接著，潘公展提出，既然是國共合作辦報，就應該有兩位總編輯，兩位編輯部主任，經費由雙方負責，並提出了國民黨方面的具體人選。潘漢年知道潘公展的用意，為了避免報社的領導權為國民黨所掌握，便提出既然雙方都已推舉郭沫若任社長，那麼有關報社的其他工作人員，應由社長決定。潘漢年這一意見合情合理，潘公展只好表示同意。當時，國民黨派往《救亡日報》的有樊仲雲、汪馥泉、周寒梅等人。於是夏衍（代表共產黨）、樊仲雲（代表國民黨）同為總編輯。另邀了三十名知名人士巴金、金仲華、茅盾、夏丏尊、鄭振鐸、張天翼等組成編委會。汪馥泉時任《救亡日報》編輯部主任。樊仲雲幾乎是不負責任的，只在出版後幾天，每晚八、九點鐘到大陸商場的編輯部來走一走，就算完成了他的任務。很顯然，他對抗戰沒有信心。幾天以後，樊仲雲再也不到《救亡日報》了。

「八一三」淞滬會戰爆發。蔣介石投入七十萬軍隊浴血抗戰，堅守三月後不得不全線撤退。此役，中國軍隊傷亡達二十五萬人，日軍僅為四萬餘人。這更堅定了周佛海對此前「戰必敗，和未必亂」的認識，極力主張對日求和。周佛海在南京西流灣八號的私宅為防日軍轟炸，特意建了一個堅固的地下室。淞滬會戰時，梅思平、陶希聖、羅君強等人乾脆搬到此處，而與周佛海等人志趣相投的顧祝同、熊式輝、高宗武等一批高級官員也不時來此聚會。他們大多相信「抗戰下去，是要滅亡的」，其實「除了頭腦極簡單的糊塗蟲外以，沒有不明白繼續打下去，中國絕不能僥倖成功的道理」（《周佛海日記》）。「恐日病」的周佛海等便在組織「低調俱樂部」，樊仲雲、李聖五等因為臭味相投，於是也躋身而為「低調俱樂部」的基本份子。一九三八年二月，梅思平奉汪精衛、周佛海命，與林柏生前往香港，創設直屬於「藝文研究會」之國際問題研究所。「藝文研究會」的全盛時期，在成都、長沙、西安、廣州、香港設有分會，尤以香港分會的活動力最強。以搜集日本情報為名，暗中勾結日本、宣傳反共言論為實，由林柏生任主任，梅思平任副主任兼幹事，樊仲雲（得一）、張百高為幹事，朱樸、連士升、李聖五、高宗武、龍大均、胡蘭成為研究員，又創辦「蔚藍書店」，出版梅思平主編之「國際叢書」、樊仲雲主編之「國際週報」、朱樸主編之「國際通訊」、湯良禮主編之英文「民眾論叢」，人稱梅思平、林柏生、朱樸、樊仲雲為「四大金剛」；林柏生在香港還創辦《南華日報》，後來成為汪組織的海外喉舌，登載汪組織的動態及宣揚和平運動的言論。抗戰初起，胡蘭成和樊仲雲均在香港，樊任國民黨的《國民日報》主筆，胡則在報上寫文章，兩人既是同鄉，情誼也最深厚。

當時在樊仲雲的想法，以為一則中國抗戰已經絕望，與其繼續作戰，毋寧向蘿蔔頭的「東亞新秩序」屈膝，二則自己做了多年的教授，只落得一堆書籍，兩袖清風，看看舊日的出窠弟兄一個個都竄了起來，有的次長，有的廳長，相形之下，未免不平。三則自己在一九二七年寧漢分裂時雖在陶希聖手下做過幾個月的宣傳科長，但這樣的官即使做到現在亦不足道哉，何況僅僅做幾個月？「十年無官老且貧」，這時他確實頗想廁身宦海，過過官隱，於是就毫不猶豫的加入汪偽的陣營了。樊仲雲自恃是學者，以為汪精衛對他必另眼看待，而把他當作重要的幹部，那裡知道汪精衛到上海後，和日方講條件的「六三花園」的歷次會議，一次都沒有請他去參加，這不啻對他當頭澆了一盆冷水，樊仲雲在失望之餘知道參與機密已經無自己的份，於是極力計劃在偽府正式開張後，能夠先入為主，攫取到一個重要的職務。這時已經在一九四〇年一月中旬，離開偽府開張之期不遠，他一連三次上書給汪精衛，除了對汪逆的關懷表示「感激涕零」外，還對推行教育工作提供了幾個具體的計劃，自以為汪逆看到他的信和計劃書必定要拍案叫絕，大加賞識，而偽教育部長一席，便非他莫屬。哪知信和計劃書送上去以後，半個多月還是毫無動靜。有一次樊仲雲特地跑去問陳春圃：「汪先生看到了我給他的信和計劃書嗎？」陳回答說：「汪先生看到的，他非常滿意準備還都後將你的計劃付諸實施。」樊仲雲聽到這話才稍微安心。一個月後偽府籌備「還都」的活劇愈演愈烈，人事的安排亦較前更為緊張。又有一次他去問傅式說：「教育部長內定了嗎？」傅點點頭說：「據我所知教育部長一席，汪先生內定請你擔任。」樊仲雲至此始深信不疑，以為偽教育部長一席，已非他莫屬。那裡知道偽府開鑼前夜，正式發表趙正平為偽教育部長，樊仲雲不過是一個次長，這使樊仲雲大感不滿，他向摯友李聖五、傅式說等說：「我雖然沒有做過大官，但事務官決計不做。」李聖五向他說：「教育部次長是政務官，不是事務官。」樊仲雲還是搖頭說：「這樣的差使我實在志不在此。」李聖五、傅式說等都知道這是樊仲雲在跟趙正平鬥氣，但趙正平是由周佛海推薦的，跟趙正平衝突終不是辦法，於是就由李、傅兩人出面去向老太婆陳璧君疏通，終算讓樊仲雲任偽教育部次長外，再兼偽中央大學校長。

一九三八年十二月，偽南京維新政府曾提出創辦偽國立中華大學辦法大綱，並設立「國立中華大學籌備處」。後因日本當局反對校名「中華」用詞，一九三九年初偽維新政府教育部又擬議創辦偽國立南京大學，於同年十二月成立籌備委員會。一九四〇年四月汪偽行政院決定解散南京大學籌備委員會，設立「中央大學復校籌備委員會」，準備籌辦偽國立中央大學。同年七月，偽中央大學在南京原中央政治學校舊址成立，樊仲雲、錢慰宗分任正副校長。同年九月開學，入學新生六百七十四名。據中大學生柳君南回憶，樊仲雲在開學後第一次精神講話的場景：「在那會作回聲的羅馬劇場式的大禮堂中，穿了西服的『白面書生』式的樊先生，顯得異常的渺小。他的略帶低暗的紹興官話，幽幽在靜肅的空氣中，顯得十分軟弱無力，樊先生的不能作為一個政治家，這也許是一個原因吧。但是他的講詞，言簡意賅，大致是說，大學的英文名『由尼凡雪丹』是從『由尼凡史』即『宇宙』這字變化語尾而來的，大學各學院，包括整個宇宙的各種學問，大學各院之間，以及教授學生之間，為有機的結合，如宇宙一般，在橫的方面有類別，在縱的方面是沒有階級可分的。宇宙是無所不包的『大塊』，顧名思義，大學各院所研究的學問，也是無所不包的。」

偽中央大學初建之時，共設六個學院：文學院、法商學院、教育學院、理工學院、農學院、醫學院，十五個系，三個專修科。樊仲雲不甘受「扒灰部長」趙正平的指揮，過了不久就索性辭去偽教育部次長一職，而專任他偽中央大學校長的職務。到一九四一年以後，偽中央大學在校學生人數略有增加，近一千名。太平洋戰爭爆發後，日軍侵佔金陵大學校舍，偽中央大學於一九四二年八月遷入金陵大學校址。

樊仲雲出任教育部政務次長、中央大學校長，這時的他，又想起了紀庸。黃惲說：「沒有樊仲雲就可能沒有後來的紀果庵。紀果庵不過是因為投稿，而被樊仲雲賞識，然後，就一舉從邊塞宣化的師範教師，拔擢到了京城南京做教育部秘書，加上中大教授，中大總務主任的，完全稱得上是不次拔擢。紀先生要資歷沒資歷，比起那種留學博士碩士，他甚至只是很一般的國內的師範本科，一下就任為中央大學教授，樊仲雲厥功甚偉，也見他任人唯才，任人唯賢，以紀果庵的才能也完全能勝任與稱職，可稱得人。」二十多年後，紀庸在他的自傳中說：「以後樊逆做了漢奸，我也依附於他，其因緣種於此時。」而當時中大學生柳君南對校長樊仲雲的印象是：「平日學生與他見面的機會是不多的，課餘常見他偕了總務主任紀國宣，即新近在京滬各大雜誌上頗露頭角的果庵先生，悠然散步於園林間。他很愛好花木，在他的計畫中間，要建設一個『園林化』的中央大學，來改善我們的讀書環境」。這樣的描寫是可信的。

有報導指出，偽中大油水之肥，實在不在偽教育部之下，除了每月經常費一項可以大揩其油外，全校學生的制服費、伙食費等都有油水可撈。學生既多，數目又大，不到一年樊仲雲就由窮文人而變成面團團富家翁，樊仲雲雖非長袖善舞之輩，然而他的太太卻精明異常，揩油本領高人一等，偽中大全校教職員和學生的伙食由她一手包辦，起初每桌四菜一湯，兩葷兩素，後來變成一葷三素，再後來索性三素菜一素湯了，無形中強迫全校師生做「素食主義」的信徒，學生都吃得面黃肌瘦，形同和尚，結果全校師生紛起責難，常在膳廳滋事生風，碗盞桌櫈，滿堂飛舞，學生並寫信給繼任的偽教育部長李聖五，要求派員徹查。但李聖五和樊仲雲是老朋友，這些檢舉信函自是石沈大海。學生等不到教育部的回音，再聯名上簽呈給偽宣傳部長林柏生，要求主持公道，林柏生把簽呈送給陳璧君看，陳璧君看後大發雌威，以為中大校長揩油揩到學生頭上去，這還成什麼話？於是叫林柏生立刻徹查，林柏生既奉「太后娘娘」面諭，那敢延遲半刻，就會同李聖五帶了偽教育部的主任督學李公鐸等到偽中大去徹查各種帳目，調查結果當然屬實。林柏生聲色俱厲的對樊仲雲說：「這次事件樊先生本身實在不能辭其咎，汪夫人已經決定派人來辦理接收工作了，就請你即日離開中大罷。」一九四三年六月，偽教育部長李聖五兼代中央大學校長，九月又由陳柱任校長，一九四四年一月又由陳昌祖繼任校長。

對於「樊仲雲剋扣和貪污學生的伙食費」這事，據共產黨地下黨員打入偽中央大學，並擔任訓育主任的范克曼的說法是：「四十年代初期，蘇聯與美、英等國結成反法西斯同盟，宣佈解散共產國際。影響所及，從大後方的重慶到淪陷區的南京，都不約而同地出現『要求解散中國共產黨』的謬論。偽南京中央大學校長樊仲雲也是這種謬論的鼓吹者。我便暗中組織中大學生發動了一次『反對樊仲雲』的鬥爭。公開的理由是說『樊仲雲剋扣和貪污學生的伙食費』，掀起了一場風潮。」

抗戰結束後，樊仲雲竟下落不明，用現在的話說，就是從人間神秘蒸發了。據黃惲後來聽樊仲雲的後人說是逃往香港，「大隱隱於朝」，改名「樊唯一」，在香港報館任編輯。一九五〇年三月底，胡蘭成寄寓在熊劍東一個部下的家裏，食宿暫無問題。他到處去拜訪朋友，尋找門路。他找到了樊仲雲。在胡文虎系下的報紙做事的樊仲雲不知是真無辦法，還是不願向這位小老鄉援手，他向胡蘭成表示目前只能自顧，無法幫他的忙。

筆者曾透過友人在香港查訪樊仲雲的行蹤，甚至問了在港的資深報人羅孚先生，但都一無所獲。或許當年他改用化名在報社任職之故。偶然間我翻閱了一九七三年五月十五日出版的香港文史雜誌《大人》第三十七期，卻登有樊仲雲寫的〈商務印書館與中華書局〉一文，據作者的案語說：「《大人》雜誌主編（案：曾是四〇年代上海的小報文人沈葦窗）因為筆者有此一段經歷，囑我把這兩大出版事業在中國文化運動中的活動筆之於書。」可見到了此時，他已不忌諱地用了真名了。當然沈葦窗一定知曉樊仲雲的，可惜的是沈葦窗已於一九九五年九月六日在港病逝了。

據黃惲說樊仲雲隱姓埋名在香港工作，而夫人薩孟珍一直在大陸培養一子三女，當時連薩孟珍也不知樊仲雲的去向，也算善於蟄伏了。一九八四年樊仲雲回到中國大陸，一九八七年薩孟珍謝世，又過兩年，一九八九年，樊仲雲才走完曲折傳奇的人生之路，享年八十九歲。

補記：

近日於中央研究院查資料時，發現樊仲雲在香港期間出版過兩本書，分別是一九六四年九月出版的《中國近代史》及一九七〇十二月出版的《中共二十年》。出版者是一德書房，應該是他自己印行的。留有通信處為：香港九龍碼頭圍道二九〇號，電話：625710。而一九七三年四月三十日的香港《華僑晚報》刊有一小廣告介紹樊仲雲新著《中共二十年》，廣告詞曰：「《中共二十年》為樊氏繼《中國近代史》後的新著，《近代史》重點在中共建黨與對日抗戰，至勝利後國府流亡臺灣為止。《中共二十年》敘述其佔據大陸以來的經過，由一面倒，大躍進及文化革命的發展，將五年計畫，人民公社，中蘇紛爭，造反奪權，整黨，建黨，越南戰爭，日本復興，尼克遜主義等，作系統而詳盡的評述，末附結論〈中共的將來〉並〈二十年大事年表〉，尤便參考，全書約三十萬字，分訂上下兩冊，售港幣八元，倘與《中國近代史》合購，減為十元，郵票通用，外加寄費一元三角，如欲購買，可向九龍漆咸道三九一號高發大廈十八樓B2（紅磡差館對面）接洽。」可見這兩本書是以他書房的名義印行，而透過郵購來發行的。

他在《中國近代史》的自序中說：「一九二九年，我在上海及復旦暨南兩大學講授『現代國際政治』，到一九三一年，又在中國公學擔任『中國近百年史』。由於教學的經驗，感到今日研究中國史，決不能侷限於中國一國的範圍，而當放眼於整個世界，尤其是近代史為然。」又說：「這本小書的寫成，因為時間匆促，而來港以後，攜書甚少，自知其中難免謬誤，倘荷讀者與之教正，實所感幸。」而在《中共二十年》的序中，樊仲雲還是強調寫中國近代史要從世界史的立場來執筆，「因此乃不惜以一年餘的時間，搜集報紙材料，寫成此《中共二十年》以作為《中國近代史》的續篇。」末了云：「想起南來港島，忽已二十餘年，不知何時可致太平。」是樊仲雲在抗戰勝利後就逃到香港，在香港的詳細情形今不得知，僅就所見之資料補記於此，聊備一爪。

後記　發現的喜悅

執筆寫這篇〈後記〉的心情無疑是喜悅的，打從五、六年前就開始蒐集資料要寫這本書，當時也寫出了幾篇，並發表在一些刊物上，有些朋友看了一直鼓勵我要把它系統地寫完，而我自己也有雄心想把它繼續完成。奈何後來因有的人物資料蒐集不易，有的事件有相當大的爭議性，於是就時寫時停，斷斷續續了。這中間更因寫另外一本書，而把這些材料束之高閣了。直到二〇一〇年四月間，接到饒佳榮兄的電郵，談到他在雜誌上看到我幾篇談論《古今》裡面作者的文章，蠻感興趣的。問我計畫寫多少篇？可否結集出書？當時我的另一本書已寫完，手頭正好有空，因此告知可繼續寫下去，但範圍不會侷限於《古今》雜誌裡的那批人，因為我原先設定的就是整個淪陷區，從滿洲國到華北、華中等，只是《古今》的那批人，資料比較完整，而先寫罷了。

在寫作的過程中，發現在「大節一虧，便無足觀」的成見下，相當多的史料幾被遮蔽與銷毀，因此目前大陸和臺灣能找到的資料很多都是斷簡殘篇，語焉不詳的。就如同兩岸對報人陳彬龢抗戰後的行蹤記載，都付之闕如，甚至錯誤百出，如《民國人物大辭典》等工具書，甚至把他的生卒年只記到一九四五年，只因為抗戰勝利後，有關他的種種就宛如人間蒸發，渺不可尋了，其實他是活到一九七〇年才在日本病逝。於是我擴大了搜索的範圍，將目標放在五、六〇代的香港，從香港的《大華》半月刊及《春秋》雜誌，找到陳彬龢後來發表的幾篇回憶錄及與他多所交往的金雄白、高伯雨（林熙）等人的回憶文章，甚至由他本人口述，胡敘五（拾遺）筆錄的長文〈一個逃避漢奸罪刑者的自述〉，從而梳理出他的生平大要，這篇文稿可說是至今最完整而詳細的資料。對於趙叔雍也有類似的情形，因此文友黃岳年兄在看過我寫的趙叔雍的文稿後覆信說：「先生大作，亦破迷之作也，先睹為快，我之幸也。」他認為對於趙叔雍：「內地出版物刊載的文章連生卒年也多沒有弄清楚，遑論其他，而蔡氏謙稱自己的文章『查考當年與他有過交往的人士，梳理出一些線索，或可拾遺補闕也。』實際是他以近萬言的篇幅，搜盡了目前能找到的關於趙叔雍的資料，還原了一個鮮活的趙叔雍。」

對於附逆這段不光彩的過去，不管傳主本人或親友大都諱莫如深，因此常常找到相關的人的回憶文章，卻僅見一筆代過。例如王新命在一九三四年間是《晨報》的總撰述和主筆，有名的〈中國本位的文化建設宣言〉是由他起草的，按理說他對於事情的來龍去脈，及樊仲雲的個人，當有一手的記載，但當我找到他的回憶錄《新聞圈裡四十年》，翻到相關章節時，卻是令人失望的，不但因有所忌諱而輕描淡寫，許多情況甚至還寫錯了。還好我找到了也參與這事件而沒具名的葉青（任卓宣）寫的〈「中國本位的文化建設宣言」發表經過〉一文，才作了應有的補正。

有失望，當然也有喜悅，這種喜悅常是意想不到的發現。當我為報人管翼賢的資料「上窮碧落下黃泉」搞得焦頭爛額之際，突然在臺灣早期的一本雜誌看到一篇〈抗戰前故都的新聞界〉的轉載文章，映入眼簾的作者的名字是「李誠毅」，那不是和管翼賢一起辦《實報》的，由這篇文章我再追蹤，得知李誠毅後來到了香港，並在一九六一年出版他的回憶錄《三十年來家國》，我在中研院圖書館找到這本由香港振華書局出版的絕版書，摩挲著陳舊昏黃的紙頁，往事歷歷，心中的喜悅油然而生。當然在這之前我就找到與管翼賢有多所交往的報人龔德柏的《回憶錄》，龔德柏說有一天在漢口王芃生處，王芃生拿出一件香港電報給他看。龔德柏得悉管翼賢在香港與日本新聞記者有接觸，即斷定他有投敵之意。而王芃生當時是馳名中外的研究日本問題的權威，有「日本通」之稱，他所主持的國際問題研究所，是「中統」、「軍統」外的第三個情報單位，其消息無疑是可靠的。

為了還原歷史的真相，許多細節是不能輕易放過的。例如梁鴻志抗戰勝利後被捕的經過，許多書籍的說法是不對的。我從後來他在獄中寫給女兒梁文若的遺書看出，他是被黃秋岳的弟弟，也就是他的姪女婿黃竹生所出賣，而通報任援道的。任援道在「維新政府」時是梁鴻志的部屬，抗戰勝利後他亮出了「牌子」，說他是軍統派出潛伏人員，所以沒有當為漢奸，但軍統要他把漢奸一個個「咬」出來，因此他認為黃竹生與梁鴻志有姻婭之誼，遂逼迫黃竹生「交出」梁鴻志躲藏的地點。而至於梁鴻志被關入「楚園」，甚至提藍橋監獄，許多書籍都沒描寫到獄中的細節，作為一個詩人，他在獄中寫下許多詩，也與同因附逆的詩人趙叔雍多所唱和，而金雄白、孫曜東諸人與梁鴻志也關在同一監獄，他們都留有回憶文章，這些文章與梁鴻志的遺詩合看，才能還原歷史的場景與當時梁鴻志的心境。

最後要感謝董橋先生，我在寫朱樸一文，引用他的資料，後來董先生看了我發表在上海《書城》的拙文後，在其〈文窗笱記〉文中寫了一段話：「朱樸舊事：六年前寫張大千《歸牧圖》，我寫了一點張大千與朱樸朱省齋的恩怨。前夜讀蔡登山的〈朱樸與《古今》〉及其他〉，梳理省齋一生事蹟非常詳細。早年林海音先生跟我說起過蔡登山，說他用功得很，整理舊人舊事資料最周全，從此，報刊上一見蔡先生文章我必讀。他這篇新文文末引了我的舊文，也引沈葦窗先生的〈朱省齋傷心超覽樓〉。沈先生說省齋一九五七和一九六〇年都回過上海也去過北京，還在北京遇見瞿兌之。瞿先生晚年境遇不佳，家藏一幅齊白石超覽樓長卷四百元人民幣賣給省齋，省齋大喜，在畫上鈐了收藏印，想着此畫到港可值萬金。不料，回港路上長卷給深圳關員搜出來，說他盜竊國寶，罪無可逭，準備法辦，趕忙託人緩頰，終於沒收了長卷放了人。省齋經此一嚇竟得怔忡之疾，一九七〇年六十九歲歿於九龍寓邸。此事我和南宮搏先生在《大成》編輯室聽沈先生說過，那篇〈傷心超覽樓〉我反而漏讀了。」董先生對字畫文物深有研究，對掌故軼事又多所博聞，豈晚輩所能及哉！先生之言就權當長輩對我的勖勉與鼓勵，心中還是由衷的感激！

感激的還有學者張暉先生及李今女士，因為他們的《龍榆生先生年譜》及〈穆時英年譜簡編〉，翔實豐富的資料，給後來的研究者提供把臂入林的方便。筆者在寫龍沐勛及穆時英之文，便在他們的研究基礎上完成的。另外還有文友秦賢次先生、黃惲先生、黃岳年先生，是我經常請益的對象，他們也不時地提供相關的資料，讓我在寫作中能突破瓶頸，在在都要感激的。

遮蔽的記憶需要還原，歷史的真相才得以明白。本書僅是就其中的一個小小議題，試圖去梳理，希望能拋磚引玉，引起廣泛地研究。前路漫漫，就當它是個起步。

Do人物16　PC0448

叛國者與「親日」文人

作　　者／蔡登山
責任編輯／鄭伊庭
圖文排版／賴英珍、周好靜
封面設計／楊廣榕

出版策劃／獨立作家
發 行 人／宋政坤
法律顧問／毛國樑　律師
製作發行／秀威資訊科技股份有限公司
地址：114 台北市內湖區瑞光路76巷65號1樓
電話：+886-2-2796-3638　傳真：+886-2-2796-1377
服務信箱：service@showwe.com.tw
展售門市／國家書店【松江門市】
地址：104 台北市中山區松江路209號1樓
電話：+886-2-2518-0207　傳真：+886-2-2518-0778
網路訂購／秀威網路書店：https://store.showwe.tw
國家網路書店：https://www.govbooks.com.tw

出版日期／2015年2月　BOD一版　**定價**／480元

|獨立|作家|
Independent Author

寫自己的故事，唱自己的歌

叛國者與「親日」文人 / 蔡登山著 -- 一版. -- 臺北市：
獨立作家, 2015.02
面； 公分
BOD版
ISBN 978-986-5729-62-2 (平裝)

1. 傳記 2. 中國

782.18 103027848

國家圖書館出版品預行編目

讀者回函卡

感謝您購買本書，為提升服務品質，請填妥以下資料，將讀者回函卡直接寄回或傳真本公司，收到您的寶貴意見後，我們會收藏記錄及檢討，謝謝！

如您需要了解本公司最新出版書目、購書優惠或企劃活動，歡迎您上網查詢或下載相關資料：http:// www.showwe.com.tw

您購買的書名：________________________________

出生日期：_______年_______月_______日

學歷：□高中（含）以下　□大專　□研究所（含）以上

職業：□製造業　□金融業　□資訊業　□軍警　□傳播業　□自由業

□服務業　□公務員　□教職　□學生　□家管　□其它_____

購書地點：□網路書店　□實體書店　□書展　□郵購　□贈閱　□其他

您從何得知本書的消息？

□網路書店　□實體書店　□網路搜尋　□電子報　□書訊　□雜誌

□傳播媒體　□親友推薦　□網站推薦　□部落格　□其他__________

您對本書的評價：(請填代號　1.非常滿意　2.滿意　3.尚可　4.再改進)

封面設計____　版面編排____　內容____　文／譯筆____　價格____

讀完書後您覺得：

□很有收穫　□有收穫　□收穫不多　□沒收穫

對我們的建議：________________________________

____

____

____

請貼
郵票

11466
台北市內湖區瑞光路 76 巷 65 號 1 樓
獨立作家讀者服務部 收

（請沿線對折寄回，謝謝！）

姓　　名：＿＿＿＿＿＿＿＿　年齡：＿＿＿＿　性別：□女　□男

郵遞區號：□□□□□

地　　址：＿＿＿＿＿＿＿＿＿＿＿＿＿＿＿＿

聯絡電話：(日) ＿＿＿＿＿＿＿＿ (夜) ＿＿＿＿＿＿＿＿

E-mail：＿＿＿＿＿＿＿＿＿＿＿＿＿＿＿＿